비전, 열정, 창의

GM을 만든 기업가 정신

BILLY, ALFRED, AND GENERAL MOTORS: The Story of Two Unique Men, A Legendary Company, and a Remarkable Time in American History
Copyright © 2006 by William Pelfrey
Published by AMACOM, a division of the American Management Association, International, New York. All rights reserved.
No part of this book may be used of reproduced in any manner whatever without written permission except in the case of brief quotations embodied in critical articles or reviews.
Korean translation Copyrigh© 2011 by Goodmorning Books
Korean edition is published by arrangement with AMACOM through BookCosmos Agency, Seoul.

이 책의 한국어판 저작권은 북코스모스 에이전시를 통한 저작권자와의 독점 계약으로 굿모닝북스에 있습니다. 저작권법에 의해 한국 내에서 보호를 받는 저작물이므로 무단전재와 무단복제를 금합니다.

비전, 열정, 창의

GM을 만든 기업가 정신

윌리엄 펠프레이 지음 | 박정태 옮김

굿모닝북스

차례

- 저자서문 8
  그들은 무엇을 만들어냈는가

1. 운명의 1920년 14
   낙관적인 실적······장밋빛 전망 / 월터 크라이슬러라는 인물을 잃다 / 결단의 순간이 다가오다

2. 학교를 그만두고 대제국을 준비하다 32
   타고난 세일즈맨의 성공 비결 / 아버지와 외할아버지의 핏줄 / 운명을 바꿔놓은 마차 시승 / 이름을 먼저 팔고 제품은 그 다음에 팔다 / 자체 생산의 중요성을 뼈저리게 배우다 / 고객 스스로 자신을 팔도록 하라

3. 조용한 학생이 일류 부품업체를 일궈내다 57
   인생은 노동이며 성공은 목표다 / 너무나도 진지했던 청년 시절 / 초보 CEO가 6개월 만에 회사를 살려내다 / 새로운 시장을 발견하다

4. 새로운 기계가 새로운 질서를 만들어내다 74
   자동차라는 아이디어가 현실화하기까지 / 랜섬 올즈가 등장하다 / 정밀도의 달인 릴랜드 / 헨리 포드와 그의 악령 / 캐딜락이 태어나다 / 알프레드, 헨리 포드를 만나다

5. 마차에서 자동차로　101

플린트에서의 순탄한 삶 / 노사분규 무풍지대 / 일에 몰입하는 데서 희열을 느끼다 / 경고: 자동차가 깔아뭉개기 전에…… / 빌리가 안식년을 떠나다 / 데이비드 뷰익이 발진하다 / 뷰익이 구원자를 찾다

6. 새로운 산업 표준: 수직 계열화　119

뷰익을 전속력으로 달리게 하다 / 또 다른 산업 표준을 세우다 / 오로지 뷰익 생각뿐 / 플린트의 마법사 / 데이비드 뷰익의 잊혀진 이름 / 지평선을 흔들다

7. 제너럴 모터스의 탄생　137

슬로안의 고객들이 고속 주행을 준비하다 / 헨리 포드의 차별화된 제품 전략 / 빌리에게 거대 합병 제의가 들어오다 / 빌리와 빅4가 만나다 / 헨리 포드가 빅딜을 무산시키다 / 빌리가 자신의 딜을 끊어버리다 / 신문에 한 줄도 나지 않은 새로운 회사의 탄생

8. 별을 향해 쏘다　159

올즈모빌을 극적으로 회생시키다 / 장인 정신을 신념으로, 정밀함을 규범으로 / 릴랜드 부자를 겁주다 / 헨리 포드에게 한 번 더 접근하다 / 대단한 레이스, 더 대단한 기회 / 아무도 막지 못하는 좌충우돌 세일즈맨

9. 좌절을 딛고 재기를 노리다　181

　빌리가 일단 물러나다 / 음모 혹은 신중함 / 헨리가 미국을 끌고 당기다 / 잘 나가도 불안하기만 한 부품 공급업자 슬로안의 고민 / 채권단이 브라민 제임스 스터로우를 선택하다 / 빌리가 예전의 부하를 추천하다 / 월터 크라이슬러를 데려오다 / 채권단의 손익 계산 / 은행가의 철학 vs. 헨드 포드의 철학

10. 쉐보레를 앞세워 난관을 돌파하다　206

　천천히 모델 T를 추격하다 / 맨해튼에 자동차 공장을 / 마침내 히트를 치다 / 헨리 포드가 다시 게임의 룰을 바꾸다 / 피에르 듀폰과 존 라스콥이 등장하다

11. 전무후무한 이사회에서의 반란　226

　위임장 전투의 시작 / 경영 철학의 충돌: 피에르 vs. 빌리 / 기반 다지기 제1단계, 크라이슬러를 붙잡다 / 제2단계, 알프레드를 끌어오다 / 알프레드가 빌리와 한 배를 타다

12. 창업자의 장악력이 다시 느슨해지다　246

　헨리 포드의 반전주의와 정치활동 / 빌리 듀란트 vs. 릴랜드 부자 / 회사는 성장하는데 주가는 떨어지다 / 마법사가 다시 도박을 하다

13. 자기 손으로 빚어낸 기업을 영원히 떠나다　260

위기의 서막 / 제너럴 모터스와 포드 모터의 대응 방식 / 창업자도 의심을 품었었다 / 다시 또 월 스트리트에서 일을 저지르다 / 빌리의 마지막 선물 / 한 시대의 마감

14. 알프레드가 지휘권을 잡다　279

피에르가 전면에 나서다 / 케터링의 공랭식 엔진 / 고립에서 좌초로 / 컨설턴트의 의견을 무시하고 쉐보레를 살리다 / 헨리 포드가 시장의 거대한 변화를 놓치다 / 모든 소득계층, 어떤 구매 목적에도 적합한 차

15. 이행기를 거쳐 일인자로　294

자동차 디자인의 새로운 패러다임 / 매년 모델 교체를 정례화하다 / 미국을 넘어 세계로 / 재무적 통제 시스템의 확립 / 최고의 인재를 데려오고 키우고 붙잡다 / 소요 사태에도 성장세를 이어가다 / 정치인과 경영자의 겸직 금지 / 슬로안의 경영 철학과 그 유산

- 에필로그　309

　　제너럴 모터스에 유익한 것은……

- 주요 연표　317

■ 저자서문

그들은 무엇을 만들어냈는가

두 사람은 모든 면에서 대조적이었다. 고등학교를 중퇴한 윌리엄 C. 듀란트(빌리)는 정열적인 몽상가이자 도박사였고 위험한 모험과 인맥 쌓기에 집중했다. 반면 알프레드 P. 슬로안 주니어는 MIT 출신의 엔지니어로 냉정한 조직 관리자이자 경영자였고 (수익성은 물론이고) 데이터와 논리에 초점을 맞추었다. 빌리는 당대의 산업 및 금융 권력에 맞서 당당히 제너럴 모터스를 창조해냈다. 알프레드는 제너럴 모터스를 역사상 가장 성공한 세계 최대의 기업으로 키워냈다. 오늘날 전 세계적으로 어느 분야의 경영자나 근로자든 좋건 싫건 이 두 사람이 20세기 전반기에 공들여 빚어낸 기업이 파생시킨 결과물과 씨름하고 있다.

두 사람이 회사에 남긴 유산은 두 사람의 인생만큼이나 대조적인 연구 대상이다. 빌리는 인수합병과 신주 발행이라는 마법 지팡이를 휘두르며 그의 제국을 넓혀나갔다. 알프레드는 기업의 비전과 핵심 경영이라는 기술을 마스터했다. 하지만 안타깝게도 그는 근로자와 회사, 정부 사이의 관계가 변해간다는 점을 이해하지 못함으로써 아직까지 이어지고 있는 불신과 반목이라는 유산을 남겼다.

두 사람의 마지막 초상화를 들여다 보면 이들의 대조적인 성격은 물론 치열했던 전투와 승리의 흔적들을 놀랍도록 분명하게 읽을 수 있다.

GM의 창업자인 빌리 듀란트는 앉은 자세인데, 주름진 검정색 정장이 다소 헐거워 보인다. 시선은 화가를 똑바로 응시하기 보다는 약간 옆쪽을 흘겨보는 듯하다. 입가에는 고난의 의미를 직접 느껴본 사람만이 보여줄 수 있는 한 줄기 긴장된 미소가 흐른다. 여전히 자부심을 갖고 있지만 자신을 바라보는 사람들을 얼마나 더 신뢰할 수 있을지 확신하지 못하는 모습이다. 그의 뒤를 이은 알프레드 슬로안은 꼿꼿이 서있는 자세인데, 완벽한 청회색 정장 차림에 단추 역시 빈틈이 없다. 미소를 짓는 것도, 그렇다고 찡그린 표정도 아닌 채로 화가를 향해 약간 아래로 시선을 두고 있는데, 자연스럽게 모든 것을 장악한 모습으로 자기 자신과 세상에 아무런 두려움도 느끼지 않고 왼손에는 메모지를 들고 있다.

 빌리가 친구들의 강력한 권유로 자동차 사업에 뛰어든 1904년 당시 미국인의 평균수명은 47세였고, 욕조가 있는 가정은 14%에 불과했다. 시간 당 평균임금은 22센트였고, 전국적으로 자동차는 고작 8000대가 달리고 있었으며, 자동차가 주행할 수 있는 포장도로는 144마일이 전부였다. 뉴욕 시내에는 10만 대 이상의 마차가 다녔는데, 거리마다 말들의 배설물로 지저분했다. 이로부터 50년 후 알프레드가 자서전을 쓰기 위해 팀을 짰을 무렵 시간 당 평균임금은 30배 가까이 뛰어올랐다. 대부분의 미국 근로자들이 65세 이후에 연금을 받으며 퇴직할 수 있게 됐고, 전국을 잇는 주간(州間) 고속도로 망 덕분에 이동성이 새로운 의미를 갖게 됐다. 제너럴 모터스라고 불리는 거대 제국은 새로 진입하는 모든 시장을 휘어잡으며 미국 기업의 제조 및 마케팅 방식에 가히 전무후무한 파급을 미쳤다. 빌리와 알프레드가 만들어낸 것은 역사상 최대의 불가사의한 기업체였다.

빌리는 1847년 3월 18일 뉴욕에서 85세를 일기로 조용히 숨을 거뒀다. 그 자신이 일궈낸 미시간 주 플린트의 한 호텔에서 첫 심장발작을 일으킨 지 5년 만이었다. 그는 그레이머시 파크 아파트에 사는 동안 알프레드를 비롯한 네 명의 기업인(모두 듀란트가 GM의 이사회 멤버로 영입한 인물들이다)이 은밀히 보태준 생활비의 도움을 톡톡히 봤다. 그는 제너럴 모터스를 세웠고, 한 번도 아닌 두 번씩이나 회사를 빼앗겼으며, 엄청난 개인재산을 모았다가 날린 것은 몇 차례나 됐다. 1929년의 주식시장 붕괴와 대공황으로 전 재산을 잃은 뒤 마침내 파산을 선언했을 때 그가 가진 재산이라고는 스스로 가격을 매긴 250달러의 옷이 전부였다.

빌리의 부음기사는 그가 자동차 산업과 기업 경영에 기여한 업적보다는 극적인 몰락에 초점을 맞췄다. 당연한 일이었다. 〈뉴욕타임스New York Times〉는 그가 "제너럴 모터스 설립의" 주역이었다고 짧게 언급했을 뿐이다. 사실 그는 혼자 힘으로 이 회사를 빚어냈다. 조용한 농촌마을로 목재업이 중심이었던 미시간 주 플린트에 새로이 숨결을 불어넣어 미국의 핵심 산업 도시로 변모시킨 그의 역할 역시 전혀 소개되지 않았다. 그가 세상을 떠났을 무렵 플린트에서 유행하던 우스갯소리 가운데 이런 게 있다:

"미국에 지금 모두 몇 개 주가 있을까?"
"47개 주. 테네시 주가 플린트로 이사갔거든." †

---

† [역주] 당시 미국은 알래스카와 하와이가 주로 편입되지 않아 모두 48개 주였는데, 제너럴 모터스가 성장하면서 남부 지역 노동자들이 대거 플린트로 몰려들자 테네시 주가 몽땅 플린트로 옮겨왔다는 얘기다.

이와는 대조적으로 알프레드 슬로안의 이름은 40여 년간이나 대형 비즈니스와 성공의 동의어처럼 불렸다. 알프레드가 제너럴 모터스의 이사회 의장으로 있던 1950년대 텔레비전 프로그램 진행자 다이나 쇼는 미국인들의 귀에 못이 박히도록 이렇게 노래했다. "당신의 쉐보레를 타고 미국을 둘러보세요." 슬로안의 지휘 아래 매년 새로운 승용차 모델이 선보였고, 소비자 금융과 대중을 상대로 한 마케팅이 자리잡았다. 누구나 다음해 신모델을 사려고 아우성쳤고, 이전 모델을 모는 건 쑥스럽게 여겼다. 어느새 세상은 완전히 달라진 것이었다.

알프레드가 1966년 90세를 일기로 타계하자 모든 신문의 부음기사는 그가 어떻게 해서 제너럴 모터스를 최정상으로 끌어올렸는지에 초점을 맞췄다. 그가 제너럴 모터스를 지휘하는 동안 미국 자동차 시장 점유율은 12%에서 52%로 높아졌다. 회사의 조직 구조와 생산 전략은 세계 각지의 기업들이 따라 하는 전범이 됐다. 제너럴 모터스의 연간 매출액은 지구상의 절반 이상 나라의 국가총생산(GNP) 규모보다 많았다.

알프레드는 자신이 어떻게 회사 경영에 공헌했는지 알리기 위해 개인적으로 20명의 조사팀을 구성해 사내 문서와 보도자료, 공식적인 기사 내용 등을 광범위하게 모았고, 그 결과 베스트셀러가 된《제너럴 모터스와 함께한 세월My Years with General Motors》을 펴냈다. 반면 빌리는 자신이 거둔 성공과 좌절에 대해 그저 개략적인 회상만 몇 가지 남겼을 뿐이다. 그의 기억들 대부분은 앞뒤도 잘 맞지 않고 완결되지도 않은 형태의『제너럴 모터스의 진짜 이야기The True Story of General Motors』라는 45페이지짜리 미출간 자서전에 담겨 있다. 이 문서는 물론 슬로안을 포함해 그를 비판하고 적대시하는 세력들의 공격과 비난으로부터 자신이 남긴 유산을 보호하려는 의도에서 작성된 것이었지만 끝내 완성되지도 못했고 출판되지도 않았다. 듀란트가 남긴 다른 문서로는 여기저기서 무작위로 입수할 수 있었던 편지와 메모, 신문기사가 있을 뿐이다.

빌리는 80세가 되던 1941년 겨울 딸 마거리에게 자신의 초고를 검토해달라며 원고 일부를 보냈다. 함께 보낸 편지에는 이렇게 적었다. "지금 언론에서 쓰고 있는 이야기 대부분은 과장만 일삼을 뿐 팩트는 안중에도 두지 않아. 나야 뛰어난 작가 근처에도 못 가겠지만, 이 『진짜 이야기』는 하나에서 끝까지 팩트에 기초하고 있어. 나는 네가 지금까지 나에게 해준 것만으로도 어떻게 고마워해야 할지 모르겠구나."

빌리가 이처럼 "팩트"를 강조한 것은 아이러니하게도 알프레드 자신의 공식적인 철학과 일맥상통한다. 슬로안이 일관되게 듀란트를 비판한 것은, 그가 팩트가 아닌 본능과 충동에 따라 행동했다는 것이다. 하지만 몽상가로서 듀란트가 내린 결정과 그가 이룬 업적은 슬로안이 그야말로 탁월한 경영자로 뻗어나갈 수 있는 버팀목이 돼주었다.

이 책은 폭로물도 아니고 그렇다고 회사 측에서 검열한 "공식" 사사(社史)도 아니다. 오히려 두 사람이 이겨낸 온갖 난관과 가능성을 다시 한 번 살펴보고자 하는 시도다: 그들이 얼마나 다른 시각으로 바라봤으며, 기업이 어떠해야 하는지에 관해 얼마나 상반되는 정의를 내놓았는가는 오늘날 정부와 투자자, 근로자들을 대하는 모든 대기업들의 방식에 영향을 미치고 있다.

현재 기업 세계에서는 인수합병과 통합, 수직 계열화가 그 어느 때보다 활발히 이루어지고 있다. 다름아닌 빌리 듀란트가 1908년 제너럴 모터스를 탄생시키면서 마음껏 보여주었던 방식이다. 이와 동시에 경영이

론가와 경영진, 투자자들은 알프레드 슬로안이 구축한 조직 구조와 정책들이 21세기 기업이 요구하는 스피드와 혁신에 장애가 되고 있지 않느냐며 의문을 던지고 있다. 이제 세상은 빌리와 알프레드가 생각지도 못했을 정도로 엄청나게 복잡해졌고 상호 연관성이 높아졌으며 또 불확실해졌다. 이런 기업 환경 아래서 최고경영자(CEO)들은 기업 규모에 관계없이 자신들의 기업을 새롭게 정의해나가야 하는 것이다. 이들은 또한 빌리와 알프레드가 직면했던 것과 똑같은 숱한 핵심 과제들을 풀어나가야 한다. 이런 과정이 계속되면서 무엇이 작동하고 무엇이 작동하지 않는지에 대해 최고경영자와 회사가 새로이 눈을 뜨게 되면 빌리와 알프레드, 그리고 이들이 일궈낸 제너럴 모터스가 어떻게 커나갔는지에 관한 이야기가 훨씬 더 가슴에 와 닿고 더 많은 교훈도 얻을 것이다.

이 모든 일이 어떻게 가능했는가? 두 사람 모두 사랑해마지 않았던 제너럴 모터스가 비약적으로 성장해나갔음에도 불구하고 왜 두 사람의 운명은 그토록 극명하게 달라질 수 있었는가?

답을 하자면 복잡하지만 충분히 고민해볼 만하다. 슬로안 자신의 독백처럼 말이다. "빛나는 성공을 계속해서 이어가고, 동종 업계의 경쟁사가 도저히 따라올 수 없는 탁월한 1위 기업 자리를 유지한다는 것은 최초의 성공이나 맨 처음 1위 기업이 되는 것보다 더 어려울 때가 많다. 이것이야말로 어느 산업에서든 1위 기업이 부딪치는 가장 큰 도전이다."

1 운명의 1920년

1920: The Fateful Year

알프레드 프리처드 슬로안 주니어에게는 결단의 한 해였다. 호리호리한 체격에 브루클린 말투를 쓰는 내향적인 성격의 경영자 알프레드는 이 무렵 역사상 가장 위대한 기업인을 향해 달려가고 있었다. 이로부터 3년 만에 그는 제너럴 모터스를 위기에서 건져낸 구원자로 이름을 높일 터였다. 이를 계기로 그에게는 현대 기업 경영의 아버지이자 소비자 대중을 상대로 한 마케팅의 달인, 역사상 가장 생산적인 최고경영자(CEO)라는 찬사가 쏟아지게 된다.

그러나 1920년 여름 이 모든 것은 전혀 알 수 없는 미래의 일이었다. 슬로안은 자신의 스승이기도 했던 빌리 듀란트에게 질려버려 도저히 더 이상 참을 수 없는 지경이었다. 그는 자신의 운명을 결정지을 회사를 그만둘 것까지도 심각하게 고려하고 있었다.

겉으로 드러난 것만 보자면 그해 여름 알프레드에게는 모든 게 더할 나위 없이 순조로웠다. 자기가 꿈꿔왔던 것보다 더 많은 재산을 갖게 됐고, 제너럴 모터스의 이사회 임원이자 부사장 자리에 올랐다. 제너럴 모터스는 월스트리트에 있는 모든 사람이 주목하는 회사가 됐다. 슬로안 개인 역시 자동차 업계를 통틀어 가장 빈틈없고 활기 넘치는 유능한 경영자로 널리 알려졌다. 자동차 업종은 이미 미국 경제에서 가장 중요한 산업으로 부상했고, 이전과는 비교할 수 없는 성장세를 구가할 태세였다.

주주들에게 보낸 1920년도 제너럴 모터스의 사업보고서에서는 자동차 산업의 성장과 그 중요성에 대해 짧지만 강력한 어조로 이렇게 진단하고 있다:

> 기록에 의하면 자동차의 보관 및 수리를 위한 정비소는 1899년 봄 매사추세츠 주 보스턴에서 처음 문을 열었다. 그해 자동차 산업 투자액은 576만8000달러였고, 자동차 생산대수는 3700대에 불과했다. 1919년에 이르자 투자액은 18억 달러에 달했으며 생산대수는 197만4300대로 늘어났다. 20년 사이 자본 투자액은 300배 이상, 생산대수는 500배 이상 증가한 것이다.

사업보고서에서는 또 자동차 산업에서 일하는 근로자 수가 1904년(빌리가 자동차 사업에 전력을 기울이기 시작한 해)에는 1만3000명을 조금 넘었으나 1919년에는 65만1000명을 상회했다고 지적했다. 무려 50배나 불어난 것이었다. 같은 기간 자동차 산업의 연간 임금 총액은 850만 달러 미만에서 20억 달러 이상으로 늘어났다. 자동차 생산은 미국의 10대 산업에서 1위로 부상했다. 자동차에 이어 남녀 의류 산업이 멀찌감치 떨어진 2위였고, 석탄, 건초, 건설, 금속채굴, 밀, 면화, 선철, 석유 산업이 그 뒤를 따랐다.

한마디로 자동차 산업은 마땅히 가야 할 자리를 차지했고, 슬로안은 맨 앞에서 이를 지휘할 채비를 갖추고 있었다.

하지만 슬로안은 그 어느 때보다 자신의 미래가 불확실하다고 느꼈다. 개인적인 성공과 밝기만한 향후 전망에도 불구하고, 그는 문제가 곪아가고 있음을 느끼고 있었다. 물론 다른 사람들은 회사의 계속적인 흑자 행진과 매출 성장세에 만족해 그 이상은 아무것도 보지 못했다. 그는 자신에게 최고의 기회를 선사해준 회사에 남아 힘을 보태야 한다는 도덕적 의무감을 갖고 있었다. 그러나 다름아닌 자신을 고용한 인물이자 꿈을 좇기만 하는 설립자의 리더십 결여로 인해 회사가 위협을 받고 있는 것도 분명했다.

슬로안이 보기에는, 언론에서 뉴스메이커로 띄워준 데다 오로지 무한한 욕망을 향해 내달리다 보니 야심만만한 빌리 듀란트가 결국 희생양이 된 것 같았다. 제너럴 모터스의 성장은 현금이나 설비자산보다는 신규 주식 발행과 빌리가 개인적으로 조달한 외부 자금에 너무 크게 의존하고 있다는 게 슬로안의 생각이었다. 또한 수십 개에 달하는 회사 내의 독립적인 사업 단위들이 제멋대로 돌아가고 있었다. 모든 생산 라인과 관리 인력, 공장들이 중복돼 있었고 책임 소재가 불분명했다. 그는 이런 문제가 최고 경영진의 분명하고도 단호한 정책의 결여에서 비롯된 것이라고 봤다.

동료 경영진과 임직원들이 빌리를 천재로 여기고 있다는 사실을 슬로안도 알고 있었다. 하지만 이들 누구도 제너럴 모터스의 각 사업 단위들이 서로에게 필요한지 알지 못했다. 당연히 각 사업 단위들이 얼마나 지출하고 얼마나 차입하고 있는지, 또 장부상의 부채는 얼마나 되는지도 모를 것이었다. 제너럴 모터스의 5개 자동차 부문(뷰익, 올즈모빌, 캐딜락, 쉐보레, 오클랜드)은 분사되더라도 제조 및 마케팅 면에서 완전히 통합된 형태로 살아남을 것이었다. 그런데 듀란트는 이런 독자적인 브랜드의 강점을 활용해 회사 전체의 생산성과 효율성을 강화하기 보다는 각 사업 부문이 알아서 운영하도록 놔뒀다. 내부 경쟁은 촉진하기는커녕 아예 배제해 버렸다.

알프레드가 할 일은 무엇일까? 회사 내부에서 변화를 불러일으킬 수 있는 자신의 영향력을 잃는다 해도 설립자에게 이런 문제점을 직언해야 할까? 회사를 그만둘까? 혹은 시간이 흘러 위기가 닥쳐온다 해도 새로운 경영진이 문제를 바로잡을 때까지 회사가 오래 견뎌내기만을 바라고 있어야 할까?

그 답에 따라 슬로안은 전설적인 존재가 될 것이었고, 어찌됐든 미국 기업의 구조와 나아갈 방향을 영원히 바꿔놓을 터였다.

낙관적인 실적······장밋빛 전망

이렇게 알프레드가 고민하고 있는 사이 듀란트와 대부분의 미국인들은 그해 대통령 선거에 나선 공화당 후보 워렌 G. 하딩이 공언한 "정상성(normalcy)"의 회복에 열광하고 있었다. 사실 이 말은 하딩이 "normality"를 잘못 발음하는 바람에 갑작스럽게 만들어진 단어였다. 하딩은 그 유명한 선거 연설을 통해 국가적인 분위기를 이렇게 집어냈다. "미국이 요구하는 것은 영웅적인 행위가 아니라 따뜻한 손길이며, 신비함이 아니라 정상성이며, 혁명이 아니라 회복이며, 대수술이 아니라 평온함입니다."

사실 하딩이 당선된 1920년 내내 KKK가 전국적으로 유례가 없는 단원 모집을 성공리에 진행했음에도 불구하고 반대의 목소리는 거의 들리지 않았다. 또 당시 세계적으로 가장 혁신적이고 영리한 사업가로 알려졌던 헨리 포드가 자신이 소유한 주간지 〈디어본 인디펜던트Dearborn Independent〉를 동원해 국가적으로 유대인들이 만병의 근원이라는 자신의 믿음을 퍼뜨렸지만 별 반응은 없었다.

정치 경제 사회 모든 분야에서 진보주의가 KKK나 헨리 포드의 편집증보다 대부분의 미국인들에게 훨씬 더 큰 반향을 일으켰다. 사상 처음으로 도시에 사는 미국인이 농촌에 사는 미국인보다 많아졌다. 미국 헌법 제18조 수정조항(금주법)이 통과됐지만 여성의 치마 길이는 더 짧아졌고 밀주는 넘쳐났다. 전쟁에 대한 기억을 지워버리기로 한 세대의 쾌락주의적 취향을 대변하는 "재즈 시대(the Jazz Age)"라는 신조어가 유행했다. 여성들에게도 참정권이 주어졌지만 그로 인해 하늘이 무너지지는 않았다.

듀란트의 느슨한 경영 스타일과 리더십 부족 및 일관된 정책의 부재에서 드러난 문제점을 슬로안은 간파했지만 그것은 미국인들 대부분, 특히 제너럴 모터스 투자자에게는 아무 상관도 없었고 보이지도 않는 것이었다. 미국이 제1차 세계대전에 참전하면서 사상 유례없는 산업 동원령이 내려졌고, 덕분에 미국의 신규 제조 설비 및 장치 투자액은 1915년 6억 달러에서 1918년에는 25억 달러로 급증했다. 전쟁이 끝나자 기업은 다시 소비재 생산에 집중하기 시작했다.

자동차 산업은 일부 시설만 전시 물자 생산에 돌렸는데, 종전 후

교통 수단을 찾는 미국인들의 강력한 수요에 대응해야 했다. 이제 자동차는 일상 생활의 이기일뿐만 아니라 꿈을 좇는 수단이었다. 제너럴 모터스가 당시 세계 최대의 업무용 빌딩이 될 신사옥을 짓고 있던 미시간주 디트로이트는 미국에서 가장 빠르게 성장하는 도시가 됐다. 디트로이트 인구는 1910년 46만7000명에서 1920년 99만4000명으로 10년 사이 두 배 이상이 됐다. 어쩌면 이보다 더 중요한 사실은 디트로이트의 흑인 인구 비중이 1910년 1.2%에서 1920년 4.0%로 네 배 가까이 불어났다는 점이다.

제너럴 모터스의 실적에 낙관적인 믿음이 가는 이유는 더 있었다. 듀란트는 회사를 가리켜 "내 아이(my baby)"라고 부르며 자랑스러워했고, 각종 수치는 이런 자부심을 뒷받침해주었다. 제너럴 모터스의 고정자산(공장 설비 및 기계장치)은 1912년 1900만 달러에서 1919년 1억7900만 달러로 증가했다. 1919년의 승용차 및 트럭 판매대수는 전년도의 거의 두 배였다. 더욱 인상적인 것은 1919년의 순이익이 전년도에 비해 500% 이상 늘어났다는 점이다. 1920년에도 모든 게 순조로워 1분기 승용차 및 트럭 판매대수가 1919년 1분기보다 45% 이상 증가했다.

그 무렵 제너럴 모터스의 시장 점유율은 11%로 포드 모터 컴퍼니(Ford Motor Company)의 42%에 한참 뒤진 2위였지만, 모두들 듀란트야말로 헨리 포드를 따라잡을 수 있는 유일한 경쟁자라고 생각했다. 특히 디트로이트보다 월스트리트에서 빌리와 제너럴 모터스를 다크호스로 주목했다. 1914~20년 사이 제너럴 모터스 주식의 시가총액은 네 배 이상 불어났다.

더욱 두드러진 것은 임직원 수로 1918년 말 4만9118명이던 것이 1919

년 말에는 8만5980명으로 급증했다는 사실이다. 신규 고용 인력의 대다수가 남부지역과 유럽에서 이주해온 근로자들로 미시간 주에 있는 제너럴 모터스의 거점 생산기지에서 일했다. 빌리는 주주들에게 보낸 서한에서 회사는 근로자와 그 가족들뿐만 아니라 이들이 거주하는 지역 공동체를 위해 지금까지 없었던 신규 주택 건설 프로그램을 도입했다고 설명했다. 1919년에는 신규 근로자 주택 건설 자금으로 250만 달러가 투입됐는데, 이는 회사의 자본지출 항목 가운데 다섯 번째로 많은 금액이었다.

1919년에는 또 제너럴 모터스의 모든 사업 부문에서 근로자와 회사가 같은 금액을 적립하는 투자 프로그램을 출범시켰다. 이것은 현재의 퇴직연금 프로그램의 원조로 근로자가 임금의 20% 범위 안에서 투자하면 회사가 동일한 금액을 출연해 투자하는 것이었다.

무엇보다 중요한 사실은 자동차 산업의 성장과 통합이 더욱 가속화할 것이라고 내다본 빌리의 비전에 따라 1919년 마침내 제너럴 모터스의 핵심이 될 여러 건의 기업 인수가 성사됐다는 것이다. 인수 기업 가운데는 향후 생산 규모와 원가 경쟁력에 결정적으로 기여할 피셔 바디(Fisher Body)와 전기 냉장장치 제조업체인 프리지데어(Frigidaire)가 있었다. 프리지데어는 빌리가 자기 돈 10만 달러로 사들인 다음 제너럴 모터스에 같은 금액을 받고 넘겼는데, 인수한 지 1년 만에 급성장하는 냉장장치 사업을 휘어잡았고, 곧 에어컨 사업마저 장악했다.

빌리가 낳은 아이는 1919년에 GMAC(General Motors Acceptance Corporation)를 새로운 사업 부문으로 설립했다. GMAC의 설립 목적은 "딜러들이 제너럴 모터스 제품을 구입하는 데 금융지원을 해주고, 소비자들에게도 어느 정도의 구입자금을 빌려준다"는 것이었다. GMAC는 곧 미국인들이 고가의 물건을 매입하고 돈을 지불하는 방식에 "할부 구입"이라는 혁명적인 변화를 가져왔는데, 이것은 오늘날 할부 금융과 신용카드의 원조라고 할 수 있다.

빌리는 특유의 간결하고도 낙관적인 어조로 미래를 진단하며 주주들에게 보내는 서한을 마무리했는데, 1920년 1분기에 대한 전망 역시 장밋빛이었다:

> 회사 제품에 대한 수요는 전혀 줄어들지 않아 1920년 3월 31일까지의 1분기 승용차와 트럭, 트랙터 판매대수는 11만9779대로 전년도 같은 기간의 8만2456대보다 45.2% 증가했습니다. 1분기 세전(稅前) 순이익은 2650만 달러를 상회할 것으로 추산됩니다. 회사 임원들은 간부 사원과 일반 근로자들의 애사심과 생산성에 감사하고 있습니다.

그런데 왜 알프레드 슬로안은 고심하고 있었을까?

월터 크라이슬러라는 인물을 잃다

슬로안이 듀란트의 리더십에 의구심을 품기 시작한 것은 1919년 봄부터였다. 그때는 제너럴 모터스가 멈추지 않을 것 같은 가속 페달을 막 밟아가던 시점이었다. 그런데 듀란트의 가장 유능한 참모이자 슬로안과 절친한 사이인 월터 P. 크라이슬러가 갑자기 사임한 것이다.

크라이슬러는 1911년에 당시 제너럴 모터스 사장을 맡고 있던 찰스 내쉬가 영입했는데, 내쉬는 제너럴 모터스 같은 회사를 아무도 상상하지 못했던 1890년에 듀란트가 자신의 마차 공장 주물공으로 고용한 인물이었다. 크라이슬러는 1916년에 이미 제너럴 모터스의 제조부문 책임자가 됐고, 급여와 보너스를 합쳐 60만 달러 이상을 받아 자동차 업계에서 연봉 1위의 스타 경영자였다. 1919년 무렵 크라이슬러와 슬로안은 남북전쟁 이후 세대를 대표하는 자동차 업계의 가장 뛰어난 두 명의 "신세대" 경영인으로 손꼽혔다.

1937년에 출간된 크라이슬러의 자서전 《어느 미국인 노동자의 일생 Life of an American Workman》을 보면 인간 듀란트에 대한 애정과 존경을 읽을 수 있다:

> 왕초(듀란트)의 매력에 대해서는 뭐라고 표현할 길이 없다. 그는 지금까지 내가 만나본 인물 가운데 사람 마음을 잡아 끄는 인품 면에서 최고였다. 내가 생각하기에 그는 나무 위의 새도 잘 달래서 곧장 내려오게 할 위인이었다. 아내와 함께 처음 그의 집을 방문했을 때가 기억난다. 벽면은 아주 훌륭한 태피스트리로 장식돼 있었다. 내가 그렇게 호화스러운 저택을 본 것은 빌리 듀란트의 집이 처음이었다. 그런데 5분만에 그는 마치 내가 그 집 주인인 것처럼 느끼게 해주었다.

하지만 빌리의 리더십에는 좀 오만한 스타일이 있었다: "왕초가 불러서 갔다가 오랫동안 기다린 끝에 만났더니, 막상 급히 논의해야 할 문제라는 게 최고 경영진이 신경 쓸 필요 없이 공장에서 즉각 처리하면 될 아무것도 아닌 일이었던 적이 한두 번이 아니었다." 이 글을 읽어보면 크라이슬러가 빌리를 대단하게 여기면서도 한편으로는 얼마나 당혹스러

워 했는지 알 수 있다:

> 한번은 듀란트의 호출을 받고 뉴욕에 갔다. 무슨 문제가 있으니 나를 보자고 한 것이었다. 나는 며칠 동안이나 계속해서 그의 사무실에서 기다렸지만, 그는 너무 바빠 나와 얘기할 시간이 없었다. 내가 보기에 그는 미국 전역과 통화하는 것 같았다. 8~10대의 전화기가 그의 책상에 연결돼 있었다. 일에 관한 한 그는 초인적인 능력을 발휘했다. 용기 또한 대단했다. 자신이 가진 전부를 걸고도 전혀 위축되지 않을 사람이었다. 그는 위대한 기업을 향한 그의 비전을 현실화하기 위해 최선을 다했다. 인재들, 아주 뛰어난 인재들을 불러모아 그의 휘하에 두었다. "듀란트가 사고 있어"라고 하면 월스트리트에서는 모두들 고개를 끄덕였다. (……) 나는 나흘이나 기다린 끝에 플린트로 돌아왔다; 그리고 지금까지도 왜 빌리가 나를 뉴욕으로 불렀는지 그 이유를 모른다. 내가 플린트에서 고민해야 했던 문제들과 비교하자면 그는 틀림없이 훨씬 더 큰 고민거리가 있었을 것이다.

크라이슬러는 더 이상 참지 못하고 1919년 결별을 선언했다. 슬로안은 듀란트를 제외하고 그의 마음을 돌리기 위해 애썼던 유일한 인물이었다. 크라이슬러가 사표를 제출하자, 인사 및 행정 담당 부사장 J.A. 해스켈은 원가 자료 수집 차 유럽으로 출장을 떠나는 슬로안을 수행해 달라고 요청했다. 공식적인 출장 목적은 빌리가 그토록 인수하고 싶어하는 프랑스 자동차 업체 시트로엥의 생산 설비와 경영 상태를 분석하는 것이었지만, 크라이슬러를 잘 구슬려 사의를 번복시키기 위한 시간 벌기 용이기도 했다. 크라이슬러는 슬로안까지 두 부부의 동반 여행 비용을 회사가 대주기로 하자 비공식 자문역을 맡기로 했다.

슬로안과 크라이슬러는 최종적으로 시트로엥 인수는 재앙이 될 것이라는 데 의견이 일치했다. 제너럴 모터스는 이런 회사를 운영할 만큼 경영 능력이 뛰어나지 못했고, 시트로엥의 생산 공장은 너무 노후화돼 이를 새로 교체하는 데 드는 비용이면 전면 최신 설비를 구축하고도 남았다. 빌리는 실망한 표정으로 시트로엥을 인수하지 말라는 제안을 받아들였지만, 출장 여행을 기회로 크라이슬러를 붙잡으려던 슬로안의 시도는 실패로 돌아갔다.

사실 슬로안은 빌리에 대한 의구심만 키운 채 귀국했다. 슬로안과 크라이슬러 두 사람은 크라이슬러가 자신의 이름을 붙인 경쟁사를 설립한 뒤에도 평생 친구로 지냈다. 이로부터 20여 년이 지난 뒤 슬로안은 크라이슬러가 그때 회사를 그만둔 것은 전적으로 듀란트의 변덕 탓이라고 지적했다.

결단의 순간이 다가오다

월터 크라이슬러가 떠난 뒤인 1919년 8월 슬로안은 제너럴 모터스의 설립자 앞으로 아주 딱 부러지는 내용의 개인적인 서한을 보냈다. 이 내용은 듀란트의 문서에 그대로 남아있다. 가장 시급한 문제는 현장 근로자와 본사 관리 인력을 대상으로 한 새로운 근로자 저축 프로그램이 어떤 파급 효과를 가져올 것인가였다. 알프레드는 이 프로그램이 이직률을 낮추고 근로자들을 붙잡아두는 데 효과 만점일 것이라고 판단했다. 따라서 빌리가 이 프로그램을 현업 부서가 아닌 재무 담당이 관리하도록 하자 그는 격렬하게 반대했다.

알프레드가 편지에서 주장한 내용은 훗날 업종 구분 없이 모든 기업의 모든 현장 관리자들에게 중요한 관심사가 됐다: 한마디로 서로를 믿지 못하는 두 개의 적대적인 세력이 생겨날 수 있는 것이다. 현업 쪽에서는 재무 쪽에서 "데려온 자식" 취급한다고 볼 수 있고, 그러면 최고경영자조차 양쪽의 골을 메울 수 없는 것이다. 슬로안의 서한은 줄 띄움도 없이 세 페이지나 됐고, 가끔 두서 없는 내용도 섞여 있지만 저축 프로그램 관리에 관한 문제는 오늘날 대기업 조직에도 여전히 민감한 주제다:

> 재무 및 회계, 원가 관리 업무는 기본적으로 재무 부서 소관이며 재무위원회의 지휘를 받는다는 관점에서 보자면, 현업 영역에 속한 업무는 전혀 그쪽 소관이 아니라는 우리 현업 부서 사람들 입장도 고려해야 할 것입니다. 어느 쪽 입장이 됐든 이런 식으로 생각해봐야 합니다. 다시 말해 조직에는 기업 활동의 두 영역, 즉 현업과 재무를 맡는 부문이 있습니다. 우리 모두가 알고 있듯이 이번 저축 및 투자 펀드(The Saving and Investment Fund)는 우리 근로자들의 안정에 기여하고 이직률을 낮추는 데 크게 기여할 것입니다. 현재 우리 현업 관리자들에게 가장 큰 문제는 근로자들의 만족도와 생산성을 높이는 것입니다. 따라서 이 과업을 완수하는 것, 즉 저축 및 투자 프로그램을 우리 현업 인력들에게 시행하는 것은 재무 부서가 아닌 현업 부서의 문제입니다. 이를 재무위원회 산하 재무 부서에 넘기는 것은 우리 현업 부서가 볼 때는 패배한 것입니다. 또한 관리자로서 내가 겪은 숱한 경험에 비춰볼 때 현재 산적해 있는 문제들에서도 현업 부서는 지게 될 것입니다.

저축 및 투자 펀드가 발전해나가려면, 즉 참여자를 늘릴 뿐만 아니라 계속 유지하기 위해서는 시행하는 데 상당한 노력이 필요합니다. 이 문제는 재무 관리자들도 할 수 있겠지만 현업 관리자들이 더 잘 할 것이라는 게 내 생각입니다.

이 서한에 대해 두 사람이 따로 논의를 했는지는 알 수 없지만 빌리가 죽을 때까지 이 편지를 보관하고 있었다는 점은 그가 슬로안의 비판을 어떻게 받아들였는지 짐작해볼 수 있는 대목이다. 1919년 사업보고서 상의 주주들에게 보내는 서한에서 듀란트는 근로자 저축 프로그램에 관해 아주 핵심적인 내용만 간략하게 밝히고 있다:

당해 연도 중 회사에서는 근로자 저축 프로그램을 만들었습니다. 근로자들은 자신의 임금이나 급여의 일정 부분을 이자가 붙는 저축 펀드에 독자적으로 불입할 수 있습니다. 근로자들이 저축 펀드에 돈을 불입하면 회사에서는 그 금액만큼 근로자 투자 펀드에 납입하는데, 이 투자 펀드는 이사회에서 선정한 유가증권에 투자하게 됩니다. 이 프로그램에 참여할 수 있는 근로자 6만2297명 가운데 3만3641명이 이미 가입해 혜택을 받고 있습니다.

알프레드는 1919년에 개인적으로 작성한 장문의 보고서를 한건 더 제출했다. 제너럴 모터스가 일목요연한 조직 구조를 구축하는 데 실패했다는 내용이다. 여기에는 일종의 조직 설계도가 포함돼 있었다. 이런 조직 구조는 당시 거의 주목 받지 못했으나 훗날 모든 기업과 심지어 정부 및 비영리 단체의 전범이 됐다. 그의 생각은 "현업 부서를 분권화하되 지휘 체계는 조화를 꾀하는" 것이었다. 이 같은 인식에 따라 그 후 대기업 및 기관의 관리 방식은 영원히 바뀌게 됐다. 알프레드는 이런 조직 구조 개혁안을 제출했지만 빌리는 꿈쩍도 하지 않았다. 두 사람은 극적인 드라마가 펼쳐진 1920년 내내 전혀 다른 생각을 품고 있었다.

그래도 회사는 계속 성장해나갔고 듀란트가 여전히 자신의 제안을 받아들일 기색조차 보이지 않자, 슬로안은 적어도 회사 내에서는 스스로도 확신을 갖지 못했다. 그는 1920년 봄까지도 회사의 일원으로 전력 투구했다. 1919년 8월의 서한과 새로운 조직 설계안은 그가 회사 설립자에게 직접 의구심을 던진 유일한 사례로 남아있다.

그러나 제너럴 모터스 바깥에서는 달랐다. 알프레드 슬로안은 잠재적으로 함께 일할 수 있는 사람들에게는 자신의 불만을 알렸다. 사실 리, 히긴슨 앤드 컴퍼니는 제너럴 모터스가 자금을 조달하는 데 버팀목 역할을 해온 투자은행으로 10년 전 듀란트를 일시적으로 회사에서 축출할 때 결정적인 역할을 하기도 했는데(여전히 듀란트를 불신하고 있었다), 슬로안에게 파트너가 되어줄 것을 강력히 제안해오기도 했다.

상황은 불가피하게 점점 더 분명해졌고, 알프레드는 숭압감에서 벗어나 선택 방안을 고민해보기 위해 전례 없이 긴 휴가를 떠나기로 마음먹었다. 그는 부인 아이린과 한번 더 유럽으로 향했다. 이번에는 두 사람뿐이었다. 그는 영국에서 쓸 수 있도록 미리 롤스로이스까지 주문해, 이 차를 타고 대륙을 돌아다닐 생각이었다.

슬로안은 《어느 화이트칼라의 모험Adventures of a White Collar Man》이라는 제목의 회고록에서 당시 자신이 직면했던 문제와 듀란트의 대응 방식에 대해 적어놓았다. 이 책은 슬로안이 최정상에 있던 1941년에 출간됐는데, 그 무렵까지도 기업인들은 1930년대 대공황의 후유증에서 벗어나지 못한 상태였다. 이 책 역시 월터 크라이슬러의 자서전 집필을 도운 대필작가 보이든 스파크스가 슬로안과 함께 작업했지만, 나중에 출간된 《제너럴 모터스와 함께한 세월》에 비해 슬로안의 인간적인 측면이 더 잘 드러나 있다. 사실 《제너럴 모터스와 함께한 세월》은 알프레드의 인생이나 성격은 거의 다루지 않았음에도 불구하고 1963년 출간되자마자 즉시 베스트셀러가 됐다. 슬로안은 《어느 화이트칼라의 모험》에서 1920년 무렵 자신이 얼마나 곤란한 처지였는지 이렇게 썼다:

> 우리 회사가 그런 식으로 계속 나간다면 결국 갈 데라곤 한 곳밖에 없었다: 그것은 파국이었다. 나는 듀란트를 배신하지 않는 한 내 주식을 팔 수도 없었고 나 자신을 지켜낼 수도 없었다. 그건 불가능한 일이었다. 나는 이 문제를 깊이 생각해보고 싶었다.
> "듀란트 씨, 한 달간 떠나 있어야겠습니다."
> 그는 전화를 하고 있었다. 사실 그의 손에 수화기가 들려있지 않은 적은 거의 없는 것 같았다. 그의 사무실에는 전화기가 20대쯤 있었고 전화 교환기도 하나 있었다. 전국의 증권회사 지점과 연결되는 직통 전화회선도 있었다. 그는 샌프란시스코 지점에서 주식을 사는 동시에 보스턴 지점에서 팔 수 있었다.
> 나는 손가락으로 그의 책상을 두드렸다. 내 생각으로는 기업의 현업 책임자가 주식시장에 너무 신경을 써서는 안 될 것 같았다. 비록 자기 회사 주식에 관한 문제라 할지라도 말이다. 그가 나를 돌아봤다.

"무슨 일이지요?" 미소를 머금은 표정이었다. 그는 아무리 힘들어도 상대를 친절하게 맞았다.

"쉬고 싶습니다. 별로 안 좋거든요." 이건 전혀 과장이 아니었다.

"그러세요." 그가 대답했다. "나도 그랬으면 좋겠군. 좀 휴식을 취하게."

나는 유럽으로 떠났다. 나는 런던에서 결단을 내렸다. 뉴욕으로 돌아가면 사직하겠다고. 그런데 귀국한 당일 뉴욕 사무실로 갔더니 뭔가 이상한 분위기였다.

"듀란트 씨는 어디 갔나?"

"자리를 비우셨습니다. 한 달간 휴가를 떠나셨어요."

참으로 기가 막힌 일이었다. 지금까지 그는 이런 식으로 휴가를 간 적이 한 번도 없었다. 나는 회사를 그만두는 것을 연기하기로 했다. 나는 제조 전문가였고, 우리 회사는 일찍이 없었던 세계 최대의 제조 기업이 될 수 있었다. 나는 떠나고 싶지 않았다. 그래서 속으로 다짐했다. "좀더 가보자고, 그리고 무슨 일이 벌어지는지 지켜보자고."

곧 이어 최후의 승부처가 만들어졌다. 온갖 종류의 소비재 수요가 폭발적으로 늘어났던 전후 붐이 1920년 여름 갑작스럽게 식어버린 것이다. 제너럴 모터스의 성장 전략은 확대되기는커녕 갑자기 기울기 시작한 자동차 시장의 상황과 정면 충돌해버렸다.

야심만만했던 1919년의 확장 계획은 제너럴 모터스의 생산 능력을 두 배로 늘려놓았지만, 이건 어디까지나 판매대수가 꾸준히 성장해간다는 전제를 바탕으로 한 것이었다: 오늘날까지도 이런 가정 때문에 잘 나가던 벤처기업과 재벌기업들이 업종 불문하고 숱하게 무너져 내렸다. 당시 확장 계획에는 5280만 달러가 투자될 예정이었고, 대부분의 금액은 신주를 발행해 조달하기로 했다. 1919년 말 당시 각종 주식과 회사채 발행액을 전부 합치면 제너럴 모터스에 투자된 금액은 10억 달러가 넘었는데, 이는 미국 역사상 U.S. 스틸에 이어 두 번째였다.

빌리와 대부분의 이사회 임원들은 신주를 발행해 기존 주식의 지분을 희석시키는 식으로 자금을 조달하는 게 별로 위험하지 않다고 생각했다. 자동차 산업이 휘청거렸던 적은 태동한 이래 딱 한 번 1907년 패닉 때뿐이었고, 제너럴 모터스 보통주의 주가 상승률은 꾸준히 시장 평균을 상회했다. 하지만 알프레드는 먹구름을 보고 있었다. 과도한 확장과 과잉 생산, 감당하기 힘든 부채, 어렴풋이 모습을 드러내고 있는 관리 및 지휘 체계의 부실이 그것이었다.

알프레드 슬로안과 빌리 듀란트, 제너럴 모터스가 1920년에 직면했던 위기는 기업 역사상 일찍이 보지 못했던 가장 극적인 장면, 즉 이사회에서의 반란을 연출했다. 빌리와 알프레드뿐만 아니라 회사의 운명마저 결정한 순간이었다. 이 일은 오늘날까지도 기업에게 가장 중요한 문제인 회사 지배권과 리더십이라는 이슈를 공식화하는 계기가 됐다. 대부분의 기업과 경영자들은 지금도 여전히 두 사람이 문제를 인식하고 다뤘던 방식대로 이들 이슈를 받아들이고 있다.

제너럴 모터스가 1920년에 부딪쳤던 위기는 미국 기업들이 어떤 식으로 조직 구조를 짜야 하며 책임은 어떻게 분담해야 하는지에 관한 분수령이 됐다. 제너럴 모터스가 조직 구조와 생산 통제 및 예측, 브랜드 관리, 재무, 리더십 고양, 의사소통을 다룬 방식은 그 후 50년간 모든 대기업이 따라 하는 패러다임이 됐다.

그렇다면 숱한 문제와 위기가 어떻게 커 나왔으며, 그에 대응한 조치들이 대성공을 거두고 다른 기업들에게 그렇게 큰 영향을 미치게 된 이유는 무엇인가?

여기에 대한 답과 그것에 담긴 교훈은 제너럴 모터스의 핵심에 있던 두 사람의 대조적인 배경과 가치관에서 찾을 수 있다. 두 사람의 인생 역정과 성격은 사실 대기업 제국을 건설하고 발전시켜 나가는 데 도움이 되기도 했고 그렇지 않을 때도 있었던 거울과도 같았다. 또한 우리가 얻을 수 있는 교훈은 빌리 듀란트와 알프레드 슬로안이 그것을 검증하고 실행했을 때와 마찬가지로 오늘날에도 여전히 유효하다.

슬로안이 문제를 주시하고 있는 가운데, 1920년 가을로 접어들자 빌리 역시 대부분의 기업인에게 목숨과도 같은 문제를 고민해보기 시작했다. 하지만 빌리는 다른 때와 마찬가지로 이 위기 역시 단단히 뿌리 박힌 낙관적 시각으로 바라봤다. 이런 낙관주의로 인해 그는 아무도 예상치 못했던 여행을 떠나버렸던 것이다.

이런 낙관주의는 어디서 나왔던 것일까? 미시간의 시골 고등학교를 중퇴하고도 세상을 바꿀 만한 거대 제국 건설을 꿈꾸었던 빌리의 유전자와 타고난 성격이 원래 그랬던 것일까? 그가 그토록 슬로안과 달랐던 것은 무엇 때문이었을까? 리더십과 회사 경영에서 두 사람이 그렇게 상반되는 시각을 가졌던 것은 무엇 때문이었을까? 두 사람은 절대 인정하지 않았겠지만 어쩌면 누구보다 서로 닮았던 것이 아니었을까?

이 같은 물음이나 여기에 대한 답을 찾으려면 미국에서 자동차 산업이란 말이 나오기도 전으로 거슬러 올라가 디트로이트에서 북쪽으로 65마일 떨어진 플린트라는 시골마을을 돌아봐야 한다.

2 학교를 그만두고 대제국을 준비하다
A Precocious Dropout Forges His First Empire

윌리엄 크레이포 듀란트는 20세기의 위대한 기업가이자 혁신가였지만 결국 잊혀진 존재가 됐을 뿐만 아니라 여전히 수수께끼 같은 인물로 남아있다. 그는 이런 사람이었다:

- 그의 아버지는 알코올중독자였고 가족들에게 버림받았다.
- 이혼녀를 경원시하던 시절 사교계의 명사였던 홀어머니 밑에서 자랐다.
- 고등학교를 중퇴했다.
- 어머니에게는 효자였지만 자식들에게는 차가운 아버지였다.
- 자기 딸과 나이가 같은 열아홉 살 처녀에게 구혼했을 정도로 로맨틱한 성격이었다.
- 금주법을 열렬히 지지한 절대 금주자였다.
- 한 가지 일만 하거나 하나의 기업 혹은 목표에 집중하는 것으로는 절대 만족하지 못하는 영원한 몽상가였다.
- 훗날 세계 최대 규모에 생산성 역시 가장 뛰어난 기업이 될 회사를 만들어냈으나 한 번도 아닌 두 번씩이나 그 회사에서 쫓겨났다.

- 당대의 워런 버핏 같은 인물로, 한때 40억 달러가 넘는 투자 조합을 이끌었다.

빌리 듀란트는 처음 심장발작을 일으킨 지 5년 만인 1947년 3월 18일 뉴욕에서 숨을 거뒀다. 〈뉴욕타임스〉는 그의 이력과 그가 남긴 유산을 이렇게 요약했다:

한때 듀란트의 재산은 1억2000만 달러에 달했다. 그러나 1936년 파산 신청을 했을 때 그의 재산은 250달러의 옷가지가 전부였다. 월스트리트에서 전성기를 구가할 무렵 그의 주식 중개인이 올린 연간 수수료 수입은 600만 달러에 이르렀다. 그가 한창 투기 거래에 열을 올렸을 때는 뉴욕 증권거래소가 개장해 있는 동안 매시간 5000주씩 매매했다고도 한다. 그는 시세조종의 천재였고, 금융시장 역사에 기록될 허세의 장본인이었다. 듀란트는 또한 미국 경제를 좌우하는 기업 중 하나인 제너럴 모터스를 설립한 인물이기도 하다.

제너럴 모터스는 그저 한 줄 걸쳤을 뿐이다. 하지만 〈뉴욕타임스〉가 "허세"라고 표현한 것은 당시까지 사상 최대의 주식 공개 매수였다. 빌리는 누구도 예상하지 못했던 이 카드를 꺼냈던 것이다. 그는 〈뉴욕타임스〉가 지적한 대로 "제너럴 모터스를 설립"했을 뿐만 아니라 혼자 힘으로 당대의 자동차 업계 거물과 은행가들에 당당히 맞서 제너럴 모터스를 창조해낸 인물이었다.

그를 잘 안다고 하는 사람들, 심지어 그의 적들조차도 그의 특징적인 성격을 이야기할 때면 성실성을 맨 먼저 꼽는다. 그에 관해 제일 많이 아는 미시간 주 플린트에서는 어두운 기억들이 없지 않음에도 불구하고 그를 부정적으로 얘기하는 사람은 하나도 없다. 어렸을 적에 또 사춘기 시절 그가 친구와 사귄 일화 따위는 남아있지 않다. 그가 첫 번째 부인과 어떻게 만났는지도 자세한 사연은 알 수 없다. 설사 이와 관련된 이야기나 기록이 있었다 해도 이제는 다 사라져 버렸다. 그러나 20대 초반 무렵 듀란트는 사람들에게 호감을 주는 그의 매력만큼이나 큰 열정과 가능성을 가진 젊은이였던 것만은 분명하다.

어린 시절 그의 애칭은 윌리였다. 어려서는 물론 나중에 성인이 되어서도 빌리는 무뚝뚝하거나 격식을 차리는 법이 없었다. 키 170센티미터에 몸무게는 62킬로그램을 절대 넘어서지 않았다. 갈색 눈에 항상 미소를 머금은 얼굴이었고, 넘치는 정력과 겸손한 억양으로 사람들의 마음을 금방 사로잡았다.

그의 딸 마거리는 그가 1920년 위기의 와중에 불명예스럽게 몰락한 뒤 자동차 업계와 월스트리트를 무대로 재기하려고 애썼던 1920년대 말의 모습을 전하고 있다. 그녀가 쓴 《나의 아버지My Father》는 1929년에 출간돼 별로 주목을 끌지 못했는데, 찰스 린드버그의 베스트셀러 자서전을 공동 집필한 피츠휴 그린이 대필작가로 함께 작업했다. 이 책이 완성되기 전 그녀의 세 번째 남편이 세상을 떠났고, 책이 나오자 마거리는 그린과 결혼했다. 그녀는 적어도 표면적으로는 세계 여행을 다니는 사교계의 명사로 살고자 했다.

마거리는 이렇게 회상한다. 아버지에게 그의 친구 한 명이 물었다. "자네 걱정해본 적 있나?"

"없어." 빌리는 예의 미소를 지으며 대답했다. "낮에는 너무 바쁘거든. 밤에는 너무 피곤해서 걱정할 틈이 있어야지."

타고난 세일즈맨의 성공 비결

고등학생 시절 빌리는 야구를 즐겼고 코넷(트럼펫과 비슷한 관악기-옮긴이)을 연주했다. 학업성적은 뛰어났지만 자신의 재능을 교실보다는 현실 세계에서 발휘하고 싶어했다. 같은 세대의 미국인들이 대부분 그랬던 것처럼 공식적인 교육의 필요성을 별로 느끼지 못했다. 빌리가 성장하던 무렵 미국 대중들은 교육이나 지식이 아니라 근면과 야망이 성공의 열쇠라고 생각했다. 남북전쟁 이후 미국 전역에는 강한 신념과 낙관주의의 물결이 일었는데, 이건 학생이나 지식인이 아닌 발명가와 몽상가들이 몰고 온 것이었다. 젊은이라면 모름지기 자기 부모 세대보다 더 잘 살아야겠다는 정신과 야망을 가져야 했다. 더 나은 삶으로 가는 길은 근면함과 창의성이었지 학교 수업이 아니었다. 그러다 보니 기업체에 취직하려는 젊은 대학 졸업자가 "현실 세계"를 모르는 먹물 소리를 듣지 않기 위해 학력을 숨기기까지 했다.

그래서 1877년 겨울 열여섯 살 된 빌리가 학교 수업은 충분히 받았으니 사회로 나가야겠다고 선언했을 때 그의 어머니 레베카 듀란트도 크게 놀라거나 충격을 받지 않은 것이다. 마거리가 《나의 아버지》에서 묘사한 장면을 읽어보자:

하루는 그(빌리)가 학교에서 돌아와 서재 탁자 위에 책을 던져놓더니 폭탄 선언을 했다.

"엄마, 이제 학교에 가지 않을래요."

그가 내세운 구실은 말도 안 되는 것이었다. 세상 물정을 잘 알지 못하는 열여섯 살짜리에게 그건 적당한 이유가 되지 않았다. 그는 교장선생님조차 대단하게 여기지 않았다. 한마디로 평생 그를 따라다니며 괴롭혔던 성미가 모습을 드러냈던 것이다. 똑같이 반복되는 따분한 일상을 못 참는 성격 말이다.

"근데, 그럼 뭘 한 건데?" 이미 답을 알고 있는 어머니가 물어봤다.

"일할 거에요, 엄마."

고등학교 졸업을 불과 6개월 앞둔 시점이었다. 며칠 뒤 빌리는 외할아버지가 세운 회사인 크레이포 목재하치장으로 갔다. 그는 사무실에서 하는 일을 시킬 것으로 기대했다. 그런데 뜻밖에도 된통 얻어맞게 된 것이다. 빌리는 마거리에게 이렇게 회고했다:

목재하치장 창업자의 손자다 보니 남들보다 더 잘 해야겠다는 생각이 들더군. 그래서 일찍 일어났어. 전날 밤에는 미리 양복 정장도 꺼내두었지. 양복을 입은 다음에는 조심스럽게 머리를 빗었고, 구두도 반짝거리게 닦았어. 새로 산 갈색 장갑도 서랍장에서 꺼내 손에 끼었고…….

내가 회사 오너의 혈족이라는 점을 감안해 당연히 사무직 일거리를 줄 것이라고 생각했지. 그런데 끔찍한 착각이었어.

곧장 하치장으로 가서 십장에게 보고하라고 하더군. 십장은 덩치 큰 아일랜드계였는데, 어깨는 떡 벌어졌고 목소리는 우렁찼지.

"이름이 뭔가?" 바로 앞에 서 있었는데도 쩌렁쩌렁하게 소리치더군.

"듀란트요."

그가 잠깐 머뭇거리는 것 같았어. 하지만 아일랜드인 특유의 재치를 발휘하더군. 내가 창업자의 손자일지는 몰라도 어쨌든 자기는 이 젊은 녀석한테 일을 시켜야 한다고 생각한 거지.

그가 나를 훑어보더군. 그러더니 내 손에서 눈길이 멈췄지. 거기서 구실을 잡은 거야. "그 장갑 벗어!" 그가 소리치더군. "나 원, 무슨 생각을 하고 여기 온 거야?" 나는 그가 시키는 대로 복종해야 했지. "코트도 벗고 저기 구석에 있는 목재를 쌓도록!"

빌리는 군소리하지 않고 육체노동을 받아들였다. 그러나 곧이어 75센트의 일당보다 더 많은 돈을 벌기 시작했다. 그가 보기에 자기 적성에 잘 맞는 영업 일을 한 것이다.

처음에는 근처 드러그스토어(약 외에도 담배와 화장품 같은 잡화를 파는 가게-옮긴이)에서 야간 종업원으로 일했다. 다음에는 가게 주인을 설득해 근무 시간 외에 집집마다 돌아다니며 약을 판매했다. 그리고는 시가 판매에도 나섰는데, 수수료를 기준으로 미시간 주 서부 지역에서 가장 큰 영업자가 됐다. 스무 살도 되기 전에 그는 매일 가게의 다른 영업자 3명을 합친 것보다 더 많은 시가 판매 실적을 올렸다. 가게 주인은 3명을 내보내고 빌리에게 모든 영업권을 줬다.

빌리는 이렇게 돌아다니면서 영업을 하는 동안 두 가지 습관에 푹 젖어버렸는데, 시가와 체커였다. 훗날 기업 총수로 있던 시절 그는 시가가 아닌 궐련 담배를 태우는 사람을 보면 호통을 치거나 회사에서 내쫓아버리기도 했고, 수위나 엘리베이터 보이와 체커 게임을 하다가 끝이 나지 않는 바람에 회의를 연기하기도 했다. 시가는 50대로 접어들어 끊었으나 체커를 비롯한 게임은 죽을 때까지 즐겼다.

플린트에서 성공한 영업자로서 입지를 넓혀감에 따라 그의 명성도 높아져갔다. 그보다 경험 많은 사업가들조차 꺼려하는 힘든 일을 전혀 두려워하지 않는 젊은이라는 평가였다. 새로운 일을 벌일수록 더 많은 돈이 들어왔다. 그러나 이보다 더 중요한 것은 더욱 강한 자신감이 붙었고, 자신을 바라보는 동네사람들의 눈빛도 달라졌다는 것이다. 결국 동네사람들이 그를 찾아와 시에서 하는 상수도 사업을 획기적으로 바꿔줄 것을 요청했을 때 그는 거절할 수가 없었다.

상수도 사업은 적자를 보고 있었고 민원이 끊이지 않았다. 그러다 보니 많은 사용자들이 요금 내는 것을 거부했다. 빌리가 이 일을 맡은 지 8개월도 안 돼 상수도 사업은 흑자로 돌아섰고, 비난이 아니라 찬사가 쏟아졌으며, 새로운 사용자들도 늘어났다. 빌리의 경영 덕분이었다.

마거리는 그녀의 책에서 상수도 사업을 획기적으로 바꿀 수 있었던 성공 비결은 다른 수많은 최고경영자들이 경험을 통해 어렵게 배우고 있는 것과 똑같은 원칙이었다고 말한다: 첫째는 불만에 찬 고객들의 목소리를 귀담아 듣는 것, 그리고 이보다 더 어려운 둘째는 조직의 역량을 과거 업무의 반복이 아니라 잘못된 곳을 고치는 데 집중하는 것이다. 마거리는 이렇게 요약했다:

젊은 시절 빌리가 아무 생각도 없이 시가를 팔러 다니고 보험 영업을 한 건 아니었다. 타고난 세일즈맨이 다 그렇듯이 빌리도 사업 성공의 열쇠는 훌륭한 영업이라는 사실을 금방 깨달았다. 탁월한 세일즈맨이 되기 위해서는 단순히 제품만 팔아서는 안 된다는 점을 배웠다. 그는 본능적으로 자기 자신을 팔아야 한다는 점을 알았다; 아이디어를 팔고, 뛰어난 제품뿐만 아니라 뛰어난 관리와 뛰어난 공급을 제공해야 했다.

그가 맨 처음 한 일은 상수도망을 자세히 살펴본 뒤 고객들을 만나러 돌아다닌 것이었다. 그는 집집마다 찾아 다니며 주부들은 물론 남편들의 의견까지 들었다. 그는 양쪽의 입장에서 문제를 바라봤다. 불만을 터뜨리는 사용자와 편리하게 쓰는 사용자, 수요자와 공급자, 시민과 시 당국, 공정성과 정치논리를 비교해봤다. 그리고 서로 다른 시각이 있음을 알렸고, 결국 양쪽 모두에게서 동의를 구해냈다.

8개월 만에 플린트 시 상수도 사업은 정상화됐고, 사용자는 만족해 했으며, 은행에서는 안도의 한숨을 내쉬었다.

상수도 사업을 하는 동안 빌리는 친구와 함께 보험 에이전시 회사를 차렸다. 이 회사 역시 빠르게 성장해 빌리의 성가는 더 높아졌다. 그는 나이 스물둘에 어머니 집 근처에 자기 명의로 저택을 구입했다.

이미 아버지가 꿈꿨던 것 이상으로 많은 돈을 번 듀란트는 플린트에서 일등 신랑감이었다. 그는 1885년 6월 17일 자기가 산 새 집에서 결혼식을 올렸는데, 신부는 철도회사 차표 판매부장의 딸인 클라라 피트였다. 신부 사진은 남아있지 않지만 모든 면에서 클라라는 동네에서 가장 매력적인 처녀였다.

빌리의 모친과 누나는 결혼식에 참석했지만 아버지는 참석 여부가 불분명하다. 마거리도 그녀의 책에서 할아버지 이름을 단 한 번도 언급하지 않았다. 빌리는 과거 기억에서 아버지에 대한 부분을 지워버렸다. 적어도 그가 생각하기로는 그랬다.

아버지와 외할아버지의 핏줄

젊은 빌리가 그렇게 멀리, 그렇게 열심히, 그렇게 빠르게 내달릴 수 있었던 원동력은 무엇일까?

사람들은 아버지의 형편없는 성격보다는 외할아버지의 탁월한 자질을 더 많이 물려받았다고들 생각한다. 그의 아버지는 좋게 말해 "쓸모없는 인간"이었지만 실은 훨씬 더 나쁜 사람이었다. 어쨌든 그의 내면에는 훌륭한 외할아버지의 핏줄과 악령 같은 아버지의 유전자가 함께 섞여있었고, 이는 평생 빌리를 따라다니며 종종 그 모습을 드러낼 모순된 낙관주의를 낳았다.

빌리의 아버지 윌리엄 클라크 듀란트는 1827년 뉴햄프셔의 시골마을에서 태어났다. 그의 아버지는 여인숙 주인이었고, 그가 5세 때 돈 한 푼 안 남기고 사망했다. 어머니와 여러 친척들이 그를 키웠는데, 열심히 일하기 보다는 몽상하는 스타일이었다. 그는 26세 되던 해 부유한 크레이포 집안을 알게 돼 이 집안의 셋째 딸 레베카와 사귀기 시작했다. 당시 그는 보스턴의 내셔널 웹스터 은행에서 대출자금 회수 담당으로 일하고 있었는데, 이게 그가 평생 가져본 유일한 정식 일자리였다. 1855년 11월 29일 결혼한 뒤 그는 곧 은행을 그만뒀지만 두 사람은 계속 보스턴에서 살았다. 실업자 신세에 알코올 중독자까지 된 그는 일하기를 끔찍하게 싫어했다. 주식시장에 푹 빠져 아무한테서나 돈을 빌렸지만 일자리 제의는 한사코 거절했다.

빌리의 외할아버지 헨리 하울랜드 크레이포는 이와 정반대로 청교도 정신과 성공의 본보기 같은 인물이었다. 그는 1804년 매사추세츠 주 다트머스 인근의 농장에서 태어나 어린 시절부터 낮에는 들에서 일하고, 고된 노동을 마친 밤에는 촛불 아래서 직접 자신의 사전을 써나갔다. 헨리는 독학으로 공부한 끝에 학교 교사와 토지 조사인, 경매사라는 세 가지 직업을 동시에 가졌다. 또 마을 사무소의 서기와 재무 담당, 세금 징수인으로 선출되기도 했는데, 그러고도 남는 시간은 원예 개량 작업에 투자해 150종의 배 변종과 120종의 장미 변종을 육종했고, 〈뉴잉글랜드 원예 저널New England Horticultural Journal〉에도 정기적으로 기고했다.

헨리는 딸 레베카가 결혼한 뒤 3년도 채 안 돼 나머지 가족을 데리고 과거 모피 무역의 중심지였던 미시간 주 플린트로 이주했다. 플린트 강변에 자리한 이 지역은 남쪽에 있는 디트로이트와 65마일밖에 떨어져 있지 않아 서서히 일고 있는 미시간 주의 목재 붐 시대에 운송 및 가공의 요충지로 완벽한 조건을 갖춘 곳이었다. 헨리는 이를 잘 읽고 있었다. 미시간이 정식으로 주로 승격한 1837년에는 매일 1000명의 사람들이 디트로이트 항에 내렸다. 이들 중 상당수가 북쪽을 향해 플린트로 왔는데, 덕분에 지역 경제의 영역이 농업(특히 밀과 감자)뿐만 아니라 목재업으로까지 빠르게 확대됐다.

헨리는 멀리서 이런 성장세를 눈여겨보다 1850년부터 플린트 인근의 토지를 매입하기 시작했다. 1854년에는 제재소 부지 1만4000에이커를 15만 달러에 사기도 했다. 곧 이어 그는 플린트에서 대형 제재기까지 구입해 자신의 목재뿐만 아니라 다른 사람들의 목재까지 가공해주었다.

사실 헨리가 플린트에서 사업을 키워나간 것은 뉴베드포드에서의 이력을 감안하면 그리 대단한 것도 아니었다. 그가 플린트로 이주한 1858년 당시 그는 54세였다. 그는 곧 지역 정치판에 뛰어들었고, 목재업에서 철도업까지 사업 영역을 넓혀 1863년에는 디트로이트를 비롯한 남쪽 지역과 플린트를 잇는 철도인 플린트 앤드 홀리 노선을 개설했다. 이주한 지 2년 만인 1860년에는 플린트 시장에 당선됐다. 또 1862년에는 미시간 주 최대의 목재 재벌로 부상해 공화당 소속으로 주 상원의원이 됐고, 1864년과 1866년에는 연속해서 주지사에 선출되기도 했다.

레베카는 아버지와 다른 가족들이 번창해 나가는 것을 멀리서 지켜봐야 했다. 그녀의 남편 윌리엄 클라크 듀란트는 손대는 부동산과 주식 투기 사업마다 잇달아 실패하고 있었다. 얼마 안 있어 그녀는 보스턴을 떠나 부모와 자매들이 있는 플린트로 여행하는 일이 잦아졌다. 그녀의 남편이 증권회사를 만들겠다고 뛰어다니던 1858년 11월 24일 그녀는 딸 레베카("로지")를 낳았다. 4년 후인 1861년 12월 8일에는 아들 윌리엄 크레이포 듀란트를 역시 보스턴에서 출산했다.

빌리의 외할아버지 헨리는 매사추세츠로 돌아간 아들 윌리엄 왈라스 크레이포(빌리의 외삼촌)에게 보낸 편지에서 뉴잉글랜드 출신다운 특유의 가치관과 빌리의 장래에 대한 걱정을 토로했다. 레베카 부부가 다녀간 직후인 1863년 8월 13일의 편지 내용은 이렇다:

듀란트(빌리의 아버지)가 여기 왔을 때 보니 주식 투기에 완전히 미쳐있더구나. 은행으로 돌아가서 자리를 잡고, 주식 투기라는 혼란스럽고 불확실한 구렁텅이에서 빠져나와 처신을 똑바로 하라고 얘기해주었다. 주식 투기란 내가 보기에 직업으로 하든 그렇지 않든 다른 도박과 마찬가지 같더구나. 그 사람도 이제 그만 했으면 싶다. 수중에 약간이라도 남아있을 때 주식에서 손을 떼고 제대로 된 사업을 해보는 게 나을 테니 말이다.

세상에 주지사의 충고도 먹혀들지 않았다. 빌리가 일곱 살 되던 해인 1868년 그의 가족들이 플린트에 있는 헨리의 집을 방문했을 때 마침내 사단이 벌어졌다. 사위가 술에 취해 난리를 피우자 헨리는 딸 레베카에게 100달러를 줘서 남편은 놔둔 채 아이들만 데리고 집으로 돌아가도록 했다. 딸과 손주들이 떠난 1868년 7월 30일 헨리는 아들에게 이렇게 썼다:

레베카와 아이들이 여기 있는 동안 듀란트는 "무작정 헤매고" 다니더구나. 위로는 슈피리어 호수로 아래로는 디트로이트로 떠돌았고, 그 외에도 핑계만 댈 수 있으면 어디든 쏘다녔다. 그 친구는 술에 취해 우리 모두가 보는 앞에서 레베카를 손찌검했고, 결국 우리가 그 자리를 떠나야 했단다. 불쌍한 레베카! 그 아이는 예정했던 일정의 절반도 안 돼 남편한테 상처만 입은 채 집으로 돌아갔단다.

그 친구는 늘 술집에 마음이 가있는 것 같아. 거기서 무슨 큰 돈을 벌 수 있을 거라고 생각하는지 말이야.

이 일이 있는 지 얼마 안 돼 헨리는 유언장을 변경해 딸 레베카와 손주들에게만 유산을 주고 사위에게는 재산을 하나도 주지 않도록 했다. 그로부터 1년 만인 1869년 7월 23일 주지사 자리에서 이제 막 물러난 헨리가 심각한 담석증으로 숨을 거뒀다.

몇 달 뒤 레베카는 남편과 헤어지기로 하고 아이들과 함께 플린트로 이사했다. 레베카와 아이들은 그녀의 누이 로다 부부와 함께 살았고, 어머니가 1875년 세상을 떠나자 유산을 받아 따로 살 집을 마련했다.

빌리로서는 사춘기 시절에 이미 어머니가 혼자가 돼 이혼 여성을 바라보는 사회의 냉담한 시선을 경험했다. 레베카가 산 집은 자기 아버지가 살던 집에서 걸어서 갈 수 있는 곳이었다. 이 집으로 이사한 지 2년 만에 빌리는 고등학교를 그만두겠다는 폭탄 선언을 한 것이다.

그는 늘 나이에 비해 성숙했고 낙관적이었지만, 한편으로 항상 조바심치고 실수하고 알코올에 빠져들었던 아버지의 영향이 평생 그를 따라다녔다. 그는 금주법의 열렬한 지지자였다. 또 어머니를 끔찍이 생각하는 효자였지만 첫 부인 클라라와는 사이가 좋지 않았다.

빌리가 그의 첫 번째 기업 제국을 건설하는 동안 두 사람 사이에는 아이가 둘 태어났다. 1887년에 마거리가, 1890년에는 클리프가 태어난 것이다. 빌리는 아들과는 좀 거리감이 있었지만 딸과는 어머니보다도 훨씬 더 가깝게 지냈다. 훗날 그는 자녀들이 성장하던 결정적인 시기에 사업상 바깥으로 나돌아다니며 아이들과 떨어져 지낸 것을 깊이 후회했다. 어쩌면 자신도 정을 붙이지 못했던 아버지에 대한 기억만큼이나 뼈아픈 후회였을 것이다.

자수성가한 인물들이 대부분 그렇듯이 빌리도 아버지나 자신의 가족사에 대해서는 한 번도 언급하지 않았다. 하지만 어머니만큼은 한시도 잊지 않았고, 1925년 어머니가 세상을 떠날 때까지 거의 매일 편지를 썼다.

그는 가까운 친구는 별로 없었지만 사업상 만나는 동료는 수없이 많았다. 이들은 하나같이 빌리를 잘 안다고 주장했다. 그러나 무엇이 그를 그토록 열정적으로 만드는지에 대해서는 하나도 몰랐다. 겉으로만 보면 그는 성공한 기업가의 전형이었고 주지사까지 지낸 외할아버지와 똑같은 덕성을 지녔다. 하지만 빌리 역시 아버지처럼 주식시장에 빠져들었다. 투기에 따르는 리스크를 즐겼고 위험을 무시했다. 다행히 젊은 빌리 듀란트가 빈약해 보이는 신식 마차를 탈 때까지는 행운의 여신이 그와 함께 했다. 이 세상과 그에게 펼쳐진 가능성을 바라보는 그의 눈은 이 마차를 올라타면서 완전히 달라졌다.

운명을 바꿔놓은 마차 시승

빌리는 1886년 9월의 어느날 그저 도전에 응한다는 생각으로 마차에 올라탔다. 그리고 마차에서 내렸을 때 그는 이미 새로운 제국을 건설하겠다는 비전을 품고 있었다.

외할아버지 헨리가 플린트에서 사업을 본격화하기 직전인 1854년 당시 플린트에는 불과 5곳의 수제 마차상만 있었고, 그나마 대량 생산 시스템이나 전일제 생산 체제를 갖춘 곳은 한 곳도 없었다. 그러다 빌리의 명성이 플린트 훨씬 너머까지 퍼져나간 19세기 말 무렵에는 플린트의 마차 제조업자가 30곳 이상으로 늘어나 "마차 도시"라는 이름까지 붙게 됐는데, 도시의 주요 도로가 철제 아치로 장식되었을 정도였다.(지금도 새로 붙여놓은 아치를 볼 수 있다.) 윌리엄 A. 패터슨 컴퍼니도 이들 마차 제조업체 가운데 하나였다. 1869년에 설립된 이 회사는 한창 때 30종류의 마차를 만들어내기도 했다.

　세세한 부분에서는 약간씩 차이가 나기는 하지만 모두가 맞다고 하는 이야기의 줄거리는 이렇다. 빌리가 플린트 시 상수도사업소의 이사회에 참석하기 위해 시내를 걸어가고 있었다. 자칫하면 늦을 것 같았다. 그런데 아주 친하게 지내는 댈라스 도트를 만나 반갑게 인사를 나눴다. 그는 빌리보다 10개월 먼저 태어난 동갑나기로 플린트에 있는 기계 제작소의 지분 일부를 갖고 있었다. 두 사람이 얘기를 하는데, 또 한 명의 친구인 존 앨저가 처음 보는 마차를 타고서 그쪽으로 다가왔다. 마차의 네 바퀴는 지름이 120센티미터에 불과했고, 좌석과 차축은 너무 약해 보여 어디에 부딪치거나 급회전을 하면 견뎌내지 못할 것 같았다.

　앨저는 빌리에게 마차에 올라타보라고 했지만, 빌리는 그 정도 좌석에 두 사람이 앉을 수 있을지도 의문스러웠고 마차가 제대로 달릴지조차 걱정스러웠다. 앨저는 마차의 안전은 문제없다며 타볼 것을 강권했다. 좌석 밑에는 새로 나온 아주 특별한 스프링을 달아놓아 말이 달릴 때 충격을 최소화했다는 점도 자랑했다. 빌리는 무엇보다 이사회에 늦을 것 같아 일단 올라탔다.

　울퉁불퉁한 도로를 빠르게 달렸는데도 마차는 별로 흔들리지 않았다. 빌리는 바로 그자리에서 신형 마차의 열렬한 지지자가 됐다. 빌리는 이 별나게 생긴 장치면 틈새 시장을 완벽하게 뚫을 수 있을 것이라고 생각했다. 짐이 거의 없는 단거리 여행에는 기존의 역마차나 전통적인 사륜마차처럼 클 필요가 없었다. 그렇다고 말 한 마리에 안장을 얹는 것보다는 더 큰 장비가 필요했다. 한마디로 최초의 통근용 마차를 구상한 셈인데, 이런 틈새 시장은 아무도 주목하지 않았다. 그는 앨저에게 자기도 한 대 살 수 있게 해달라고 청했다. 앨저는 에이전트를 통해 플린트에서 남서쪽으로 120마일 떨어진 미시간 주 콜드워터에 있는 마차 제조업자에게 주문했다.

바로 다음날 빌리는 기차를 타고 콜드워터로 향해 이튿날 아침 콜드워터 카트 컴퍼니(Coldwater Cart Company)의 주인인 토머스 오브라이언과 윌리엄 슈메들렌을 만났다. 공장은 여느 철공소보다도 작았고, 완성되지 않은 차축과 바퀴, 금형, 목재가 여기저기 굴러다니고 있었지만 빌리는 전혀 놀라지 않았다.

빌리는 두 사람이 만든 마차를 타본 얘기며 마차가 정말 대단했다는 칭찬으로 서두를 꺼낸 뒤 곧장 그들의 사업 지분 일부를 팔 생각이 있다면 자신이 파트너가 되는 게 어떻겠느냐고 물었다. 그런데 놀랍게도 두 사람은 즉각 회사의 전체 지분과 생산한 마차에 대한 권리를 1500달러에 통째로 팔겠다고 제안해왔다. 그들이 팔지 않겠다고 한 것은 두 사람이 쓰는 연장뿐이었다. 빌리는 그래서 그 가격에는 마차의 스프링 장치에 대한 특허권도 포함돼 있느냐고 물었다. 그거야말로 가장 값나가는 부분이고, 또 그가 지금까지 본 다른 마차와 차별화되는 장치였다.

두 사람은 처음에 스프링 장치에 대한 로열티를 요구했다. 그러나 곧 포기했다. 빌리의 미출간 자서전을 보면, 빌리는 이들과 딜(deal)을 마무리하면서 이렇게 털어놓았다:

이미 말한 것처럼 나는 수중에 돈이 별로 없습니다. 당신들 회사를 매입하기에는 턱없이 부족하지요. 하지만 나와 함께 법률사무소에 가서 회사 매각 및 특허권 양도 계약에 서명하고, 모든 서류를 은행 금고에 예치해

두십시오. 그러면 나는 오늘 오후 플린트로 가서 돈을 구할 수 있는지 알아보겠습니다. 시한은 5일만 주십시오. 그래도 안 되면 계약은 없었던 것으로 하지요.

이름을 먼저 팔고 제품은 그 다음에 팔다

플린트로 돌아온 빌리는 은행에서 돈을 구하기로 했지만, 외할아버지의 사업과 조금이라도 관련된 곳에서는 안 빌리기로 했다. 그는 또 1500달러가 아닌 2000달러가 필요할 것이라고 생각했다. 콜드워터에서 플린트까지 각종 장비와 재고를 옮기는 데도 만만치 않은 비용이 들 것이었기 때문이다.

하지만 플린트에서 공장 부지를 어디로 하고 어떤 식으로 생산할지는 일단 나중 문제였다. 빌리에게는 늘 딜이 최우선이었고, 세부 사항은 그 다음이었다.

그는 그동안 한 번도 거래해본 적이 없는 은행가를 찾아갔다: 씨티즌스 내셔널 뱅크의 로버트 웨일리 행장이었다. 웨일리 행장의 집무실에 들어간 지 몇 분 만에 그는 2000달러를 빌리는 데 성공했다. 그는 자서전에 쓸 요량으로 이 장면을 3인칭 시점으로 이렇게 적어두었다:

새지나우 스트리트에서 약간 북쪽으로 올라가면 절대 안 무너질 은행으로 오래 전부터 신망 받아온 씨티즌스 뱅크가 있다. 은행장은 스코틀랜드 출신의 로버트 웨일리인데, 인근에서 가장 부유한 목재업자 가운데 한 명인 알렉산더 맥파란의 사위다. 그런데 그와는 잘 알지도 못하고 한 번도 사업상 거래를 해본 적도 없는 한 젊은 친구가 불안한 마음으로 그를 만나러 다가갔다. 은행장 집무실로 이어지는 좁다란 계단은 옛날 은행 그대로였다. 세련된 가구나 깨끗한 양탄자 따위는 없었다.

집무실 정면의 잘 정리된 책상 앞에 앉은 그 신사가 놀랍게도 젊은이를 알아봤다. 그는 젊은이에 관한 이야기를 자세히 들었으며 아주 흥미로웠다고 말했다. 이야기를 마치더니 그가 물었다: "내 말이 맞나?" 젊은이는 이렇게 대답했다. "웨일리 씨, 그렇지 않다면 내가 여기 오지 않았겠지요." 그리고는 깜짝 놀랄 일이 벌어졌다: "따라오시게." 은행장은 젊은이를 아래층으로 데려가더니 출납담당인 헨리 반 두센 씨에게 90일짜리 어음 2000달러를 끊어주고, 신용대출도 쓸 수 있도록 해주라고 말했다.

하지만 신규 고객이 된 젊은이가 말했다: "나는 이 어음을 90일 안에 못 갚을지도 모르는데요." 그러자 웨일리 행장은 헨리 반 두센에게 알아서 하라고 이른 뒤 위층으로 올라가버렸다. 신용대출이 이뤄졌으니 사업은 확실해진 셈이었다.

빌리가 이 반가운 소식을 친구 댈라스 도트에게 전하자 새로운 운전자본용 자금이 굴러들어왔다. 도트는 기계 제작소 사업에 싫증이 났다며 듀란트에게 자기를 파트너로 삼을 수 없겠느냐고 부탁했다. 빌리는 주저하지 않고 승낙했다. 도트가 1000달러(일부는 기계 제작소 지분을 판 돈이고 나머지는 어머니한테서 받은 것이다)를 출자해 회사 지분의 절반을 갖겠다고 했을 때 역시 빌리는 조금도 망설이지 않았다.

빌리와 도트는 즉시 두 사람의 새로운 회사 이름을 플린트 로드 카트 컴퍼니(Flint Road Cart Company)로 바꿨지만, 정확히 어느 곳으로 회사를 옮길지는 여전히 정하지 못했다. 서류상으로는 도트가 사장이 됐다. 그러나 플린트 사람들은 누구나 듀란트가 주도권을 쥐고 있다는 사실을 알고 있었다. 그는 그런 직책에는 단 한 번도 관심을 가져본 적이 없었다고 나중에야 가볍게 얘기했다. 그에게 중요한 것은 핵심적인 역할을 하는 것이었다. 그게 바로 그였다.

빌리는 세일즈맨 시절부터 최고의 제품은 항상 자기 스스로 이야기한다는 사실을 알고 있었다. 또한 써본 사람들의 입소문이야말로 제품을 직접 보여주는 것보다 더 좋은 최선의 영업 수단이라는 점도 잘 알고 있었다. 따라서 그의 마차가 갖고 있는 장점을 시장에서 이해하기만 한다면 입소문은 들불처럼 퍼져나갈 것이며, 마차는 저절로 팔릴 것이라고 확신했다.

당장 해결해야 할 과제는 최대한 많은 사람들에게 마차를 보여주는 것이었다. 그것도 아주 빨리.

빌리의 해결책은 자신한테도 그랬던 것처럼 대중들 앞에 마차를 가져다 보여주는 것이었다. 카운티에서 주최하는 농업 박람회나 전시회가 좋은 기회였다. 미시간 주에서는 이미 그해 예정됐던 박람회와 전시회가 다 끝났지만 위스콘신 주 최대의 연례 박람회는 아직 열리지 않은 상태였다. 그는 박람회 책임자에게 전보를 쳐 가장 멋진 마차를 뽑는 선발대회에 자신의 마차를 출품하기로 했다.

박람회와 마차 심사는 월요일에 시작될 예정이었다. 빌리는 오브라이언과 슈메들렌의 재고 창고에서 제일 근사한 마차 완제품 2대를 골라 기차에 실었다. 그는 다른 기차를 타고 떠났다. 일요일 아침 도착해 박람회 책임자를 만나 자기 마차의 특장점을 각인시켜주었다. 다시 한번 빌리의 매력이 얼마나 대단한지 드러났다. 마차의 도착이 늦어져 박람회 개막 일정을 맞추지 못했지만 책임자는 심사를 연기해달라는 빌리의 부탁을 들어준 것이다.

마침내 마차가 박람회장에 도착해 심사위원들이 점수를 매기기 시작하자 빌리는 주문 받을 준비를 했다. 그날 듀란트의 마차는 1등에게 주어지는 블루 리본 상을 탔다. 게다가 그 자리에서 자신의 마차를 운반해준 운송회사로부터 100대의 주문을 받았다. 그는 나중에 술회하기를, 당초에는 제품 이름을 "더 플린트(the Flint)"로 하기로 했었는데, 곧장 "그 유명한 블루 리본 라인(the Famous Blue Ribbon Line)"으로 바꿨다고 했다.

박람회가 열린 매디슨에서 플린트로 오는 도중에 빌리는 밀워키에 멈췄다. 박람회에서 알게 된 또 한 명의 잠재 고객을 만나기 위한 것이었다. 이번에는 기차 한 량 분의 마차 35대를 주문 받았는데, 정기적으로 추가 주문을 하겠다는 다짐까지 받아냈다.

다음으로는 시카고에 들러 속보(速步) 경마 경주에 쓰이는 1인승 이륜 경마차 공급업자인 J.H. 펜톤을 만났다. 펜톤은 빌리의 마차를 약간 개조해 좀더 좋은 경주용 마차를 만들 수 없겠느냐고 물었다. 빌리는 주저 없이 가능하다고 답했다. 그러자 펜톤은 그렇게 만든 마차를 "펜톤의 애마차(the Fenton Favorite)"로 이름을 바꿔도 좋겠느냐고 물었다. 이번에도 망설임은 없었다.

빌리가 탄 기차가 플린트 역에 도착했을 때 그의 주머니에는 600대 분의 주문서가 들어있었다. 그와 파트너 도트는 아직 단 한 대의 마차도 만들어보지 못했을 뿐만 아니라 마차를 만들 만한 공장조차 갖고 있지 않은 상태였다.

자체 생산의 중요성을 뼈저리게 배우다

빌리는 세일즈맨 시절부터 마차를 주문한다면 개인적으로 플린트의 최고 마차 제조업자는 윌리엄 패터슨이라고 이야기해왔다. 당시 패터슨은 다양한 역마차를 만들고 있었는데, 소형 마차는 하루에 단 두 대만 제작했다. 빌리는 패터슨에게 박람회에 전시했던 모델과 똑같은 마차를 1200대 만들어 줄 수 있겠느냐고 물었다. 빌리의 스타일을 단번에 알아챈 패터슨은 주저 없이 그러겠노라고 답하고, 그 대신 1대 당 12.50달러를 달라고 했다. 빌리는 그렇게 만든 완제품을 두 배 금액에 팔 수 있으리라고 확신했지만 굳이 패터슨에게 그런 말을 할 필요는 없었다. 빌리는 좋다고 대답했다.

도트는 여전히 공장 부지를 물색 중이었으므로 빌리는 다시 한번 주도권을 잡고 패터슨의 제조 공장과 생산 라인을 평가해봤다. 사실 패터슨 입장에서도 한꺼번에 그렇게 많은 물량을 만들어본 일이 없었기 때문에 어떤 제안이든 받아들일 입장이었다. "그 유명한 블루 리본 라인"은 부품도 몇 개 안 되고, 그나마도 전부 쉽게 복제해 조립할 수 있을 만큼 단순한 구조였기 때문에 비록 생산 경험이 전혀 없는 빌리였지만 금세 생산 라인을 직접 설계해 마차 제조에 필요한 모든 부품을 완비한 다음 매일같이 필요한 만큼 만들어내기 시작했다.

화려한 선전도 없이 빌리는 세계 최초의 마차 생산 라인을 창조해냈다. 플린트 로드 카트 컴퍼니는 생산 첫 해에만 4000대를 판매했고 1만

8000달러의 순이익을 올렸다.

　패터슨도 결국 듀란트와 도트가 마차를 1대당 22.50달러에 팔고 있다는 사실을 알게 되자, 두 사람은 새로운 생산 계약이 필요해졌다. 빌리는 친구와 고객들을 통해 패터슨이 그의 시카고 지역 핵심 딜러를 만나, 빌리가 아니라 패터슨 자신이 베스트셀러 마차의 생산을 관리하고 있다고 주장한다는 사실을 알게 됐다.

　빌리와 도트는 재빨리 플린트 강변의 버려진 모직물 공장을 사들여 그곳에서 자체 생산 공장을 가동하기 시작했고, 회사 이름도 듀란트 도트 캐리지 컴퍼니(Durant Dort Carriage Company)로 바꿨다. 빌리는 패터슨의 배신으로 인해 배워야 했던 쓰라린 교훈을 절대 잊지 않았다: 당신 회사의 생산 관리는 반드시 당신이 하라. 그리고 가능한 한 제품 공급망도 스스로 관리하도록 하라.

　빌리는 끝내 완성하지 못한 자서전 원고에서 패터슨의 배신에 개인적으로 어떻게 대응했는지 적어놓았다:

　　생산 규모는 엄청난 수준이었고, 패터슨의 큰 공장을 풀 가동해야만 했다. 당연히 패터슨도 알 만한 우리 고객 명단을 숨기려고 하지 않았다. 모든 일이 순조롭게 잘 돌아가고 있는 것처럼 보였을 때 상상도 못했던 상황이 벌어진 것이다. 패터슨은 시카고에 가서 브리스톨 앤 게일이라는 회사를 찾아갔다. 그는 자신을 미시간 주 플린트의 마차 제조업자라고 소개하고, 그쪽에서 관심을 가질 만한 제품이 있다고 했다. 그쪽에서는 이미 플린트에서 제품을 공급받고 있으며, 아주 만족하고 있다고 답했다. 그러자 패터슨은 제품을 보여달라고 했다. 그는 제품을 보고 나자 듀란트-도트 회사의 마차는 자기 공장에서 만들고 있으며, 자신한테서 구입하면 돈을 절약할 수 있을 것이라고 말했다. 패터슨은 결국 훌륭한 고객을 확보하게 됐고, 우리의 사업 계획은 즉각 바뀌게 된 것이다.

이런 일을 또 당하지 않으려면 다른 어느 마차 회사에도 의존하지 않고 우리 제품을 자체적으로 생산해내야 했다. 우리 계획은 경마차의 모든 주요 부품을 제조한다는 것이었다. 이 같은 아이디어에 입각해 우리는 마차의 차체와 바퀴, 차축, 단조 부품, 가죽, 페인트를 비롯한 온갖 부속들을 생산 관리하는 완전한 라인을 쉬지 않고 만들어나갔다. 그러나 우리 제품이 최고의 품질과 가격 경쟁력을 갖게 된 것은 액세서리 공장이 가동에 들어간 다음이었다. 이로써 우리는 마차의 주문량이 얼마가 되든 생산 라인에서 처리할 수 있게 사업을 관리해나가게 됐다.

잃어버린 고객이 결국 새로운 사업 패러다임을 가져다 주었고, 곧이어 전 세계 생산 현장을 근본적으로 뒤바꿔놓게 된 것이다. 다름아닌 판매 회사가 소유하고 경영하는 제조 공장에서 완제품에 들어가는 모든 부품 생산을 수직 계열화하는 방식이었다.

패터슨의 쓰디쓴 배신에서 교훈을 얻은 뒤 빌리가 취한 행동은 마차 산업 자체를 근본적으로 변모시켰다. 비록 그에게 그런 공이 돌아간 적은 없지만, 그의 마차 생산 전략은 곧 이어 등장할 자동차 산업은 물론 수많은 다른 산업의 20세기 생산 모델이 됐다. 이 같은 전략에서는 똑같은 기본 제품 모델을 다양하게 변형한다; 표준화된 제품을 대량으로 생산한다; 핵심 부품(마차의 경우 차축과 바퀴, 바퀴살, 스프링, 목재, 천으로 만든 덮개, 페인트, 니스)은 직접 보유하고 관리한다; 전국적인 프랜차이즈 딜러

망을 구축한다.(빌리는 직접 만나고 방문해서 표준 프랜차이즈 계약을 통해 딜러 네트워크를 구축했다.)

빌리는 제너럴 모터스를 설립할 때도 이 마차 회사 모델을 따랐다. 이 같은 경영 방식에 따라 그가 고용한 알프레드 슬로안은 이 모델을 완벽하게 구현했다.

고객 스스로 자신을 팔도록 하라

듀란트-도트 회사의 생산 규모가 증가함에 따라 대당 원가는 떨어졌다. 타본 사람들의 입소문이 광고 효과를 일으켜 "그 유명한 블루 리본 라인"의 인기는 갈수록 높아졌다. 빌리가 이 마차를 처음 타본 지 10년도 채 되지 않은 1895년에 이 회사는 7만5000대를 생산했고 연간 매출 500만 달러를 기록했다. 회사가 소유한 생산 및 공급망에는 미국과 캐나다에 있는 14개 공장이 포함됐다. 회사의 카탈로그에는 원래의 이륜 마차 외에 다양한 모델의 역마차와 소형 마차, 사륜 마차가 스탠더드, 빅토리아, 몰라인, 다이아몬드 같은 이름표를 달고 손님을 끌고 있었다.

자동차가 막 미국인들의 시선을 끌며 상상력을 자극하기 시작했던 1900년에 듀란트-도트 회사는 미국 최대의 마차 제조업체로 부상했고, 아직 마흔 살도 되지 않은 빌리는 이미 백만장자의 반열에 올라 있었다. 플린트뿐만 아니라 전국에 퍼져 있던 종업원과 사업상 만나는 사람들은 빌리를 가리켜 예전의 "젊은 친구"나 "사장"이 아니라 "왕초(the Man)"라고 불렀다.

하지만 그는 여전히 겸손했고 솔직했다. 다른 사람들을 바라볼 때면 살짝 미소를 지었고, 자기 자신보다는 상대방의 입장을 더 생각했다. 먼 훗날 빌리는 자신의 세일즈 철학을 이렇게 설명했다:

> 당신이 말하고 있는 상대방이 당신보다 훨씬 더 많이 알고 있다고 생각하라. 너무 많이 말하지 말라. 고객에게 생각할 시간을 주라. 다시 말하자면 고객 스스로 자신을 팔도록 하라는 것이다.

빌리가 마흔 살이 되었을 때는 모든 사람이 "마차 산업의 제왕"에게 찬사를 보냈다. 1920년에 그가 추락하게 되리라고는 아무도 상상하지 못했다.

아무것도 모르는 낙관주의가 넘쳐나고, 미국 전역에 번영과 자유로운 이동의 물결이 휘몰아치던 "도금 시대(Gilded Age)"가 정점에 와 있던 시기였다. 1879년 토머스 에디슨이 백열전구를 완성했고, 다음해에는 뉴욕의 브로드웨이가 위대한 빛으로 환하게 밝혀졌다. 1893년에는 미국 최초의 휘발유 자동차가 선보였다. 빌리의 마차만큼이나 연약해 보이는 장치였다. 하지만 많은 장인들이 이를 모방하고 개선하기 시작했는데, 이 가운데는 미시간 주 출신의 "농부의 아들" 헨리 포드도 있었다.

새로운 시대가 열리기 시작했고, 빌리는 쉬지 않고 성장해 나갔다.

그 한편에서는 호리호리한 체격에 진지한 성격의 열아홉 살 난 MIT 최우등 졸업생 알프레드 슬로안이 일거리를 찾고 있었다.

3 조용한 학생이 일류 부품업체를 일궈내다
A Quiet Student Becomes a First-Class Supplier

빌리 듀란트와는 달리 알프레드 슬로안은 자신이 지나온 삶의 역정에 관해 딸에게 말한 일도 없고 사적으로 문서를 남기지도 않았다. 하지만 슬로안은 그것이 틀림없이 사람들 입에 오르내릴 것이며, 그렇다면 자기 방식대로 이야기될 것이라고 생각했다.

그에 관해 이야기할 때는 당연히 슬로안이라는 인간보다는 그가 제너럴 모터스에서 이룬 업적에 초점이 맞춰졌다. 그가 1966년 90세를 일기로 타계할 무렵 그의 이름은 제너럴 모터스와 동의어로 쓰였다. 그의 부인은 늘 조용히 지냈고 따로 후계자도 두지 않았지만, 그의 업적은 전 세계적으로 인정받았다. 〈뉴욕타임스〉는 1966년 2월 18일자에서 그의 부음기사로 한 면 전부(듀란트의 경우 4분의 1면 크기였다)를 할애했는데, 기사의 내용은 슬로안 본인이 바랐던 대로 회사에 초점이 맞춰졌다:

> 슬로안이 제너럴 모터스의 생산 담당 부사장이 된 1920년 당시 GM의 미국 자동차 시장 점유율은 12%에도 채 못 미쳤다; 그가 회장 직에서 물러난 1956년 시장 점유율은 52%였다. 또한 제너럴 모터스는 세계 최대의 기

업으로 성장했다. 수익성도 가장 높고 생산성 역시 최고 수준이었다. 이런 성과를 거둘 수 있었던 것은 슬로안의 경영 정책 덕분이다. 그는 서로 관련되는 부서를 함께 묶는 방식으로, 관리 부문은 집중화하고 생산 부문은 분산화했다. 이와 함께 회사의 제품 라인도 다시 배열해 어떤 자동차 브랜드도 다른 브랜드와 영역이 겹치지 않도록 했다.

기사에서는 빌리 듀란트에 관해 한마디도 하지 않았다. 당연했다. 알프레드 슬로안이 최고경영자로 있는 동안 듀란트의 이름은 제너럴 모터스에서 사실상 지워져 버렸다. 오늘날 창업자의 흔적을 찾아볼 수 있는 유일한 흔적은 디트로이트에 있는 15층짜리 옛 제너럴 모터스 빌딩의 꼭대기 한쪽 벽면에 새겨져 있는 "D"라는 글자뿐이다. 이 사옥은 원래 듀란트 빌딩으로 이름 붙여질 예정이었는데, 듀란트 본인이 극구 반대했다. 제너럴 모터스는 이 건물을 1990년대 말 미시간 주에 기부했고, 비용 문제 때문인지 아무도 눈치채지 못해서인지는 모르겠지만 어쨌든 "D"라는 글자는 그대로 남아있다.

슬로안의 부음기사에서 언급하지 않은 사실은 또 있다. 전미자동차노조(UAW)를 비롯해 제너럴 모터스 근로자들을 조직화하려 했던 모든 노동조합에 대해 그는 노골적인 반감을 드러냈다. 내부 스파이들을 심기도 했고, 공장에 각종 무기와 최루탄을 숨겨두기도 했다. 1936~37년에 벌어진 플린트의 그 격렬했던 연좌농성 파업은 유혈 사태로 번지기도 했지만, 결과적으로 포드 모터의 참극 수준까지는 가지 않았다. 1937년의 파업 사태에도 불구하고 제너럴 모터스는 자동차 업체 중 유일하게 시장 점유율을 높였고, 대공황 중에도 흑자 행진을 이어갔다. 그러나 이런 위기를 겪으며 슬로안의 반(反) 노조주의와 정부 불간섭주의 철학은 한층 굳어졌고, 그의 이런 생각은 죽을 때까지 더욱 강화됐다.

제너럴 모터스는 결국 1937년 노동조합의 요구를 받아들여 의료보험료와 연금을 회사가 지급하고 매년 임금 인상을 의무화하며 고용 보장 등의 혜택을 주기로 했다. 하지만 이 과정에서 슬로안은 단 한 명의 노동조합 지도자도 만나기를 거부했고, 파업 사태의 결과와 분열의 책임을 프랭클린 루즈벨트 대통령 탓으로 돌렸다. 그는 루즈벨트 대통령을 향해 작심하고서 아주 신랄한 비난을 퍼부어댔다.

하지만 미국이 공식적으로 제2차 세계대전에 참전하게 되자 슬로안은 루즈벨트의 전시 산업 동원 프로그램을 적극 지지했고, 제너럴 모터스는 연합군에 120억 달러(요즘 금액으로 환산하면 수천 억 달러) 상당의 군수품을 공급했다. 전쟁 기간 동안 제너럴 모터스는 75만 명의 신규 근로자를 훈련시키거나 재훈련시켰다. 놀랍게도 이들 가운데 25%가 여성이었고, 이들은 미국의 노동 현장을 영원히 바꿔놓았다.

종전 후 슬로안은 완전히 새로운 제품 라인업을 구축하고, 80만 명 이상의 근로자들이 일하는 100곳이 넘는 공장을 소비재 생산으로 전환하는 작업을 지휘했다. 전장에서 돌아온 퇴역군인과 공장에서 일하던 여성 근로자들은 새로운 자부심과 자신감으로 가득 차 회사에서 더 많은 복지 혜택을 주기를 바랐다. 제너럴 모터스는 곧 "제너러스 모터스(Generous Motors, 아낌없이 주는 회사라는 의미-옮긴이)"로 불리게 됐고, 제너럴 모터스 근로자들이 받는 처우는 미국 산업계의 기준이 되었다.

그 와중에도 알프레드는 줄곧 침묵을 지키며, 보이지 않게 마스터 플랜을 짜고 회사를 경영해 나갔다. 많은 동료들이 그를 "말없는 슬로안

(Silent Sloan)"이라고 부른 것도 이상한 일이 아니었다. 결국 그가 남긴 유산은 그가 하나로 모아 이끌어 나갔던 조직의 성과일 것이다. 하지만 현대적인 최고경영자(CEO)로서의 완벽한 이미지를 보여주는 그의 이면에는 어두운 구석이 있다. 그의 마음속에는 응어리 같은 게 있었다; 그는 당사자가 아무리 부정해도 바보처럼 손해 보는 것을 참지 못했다. 그리고 다른 무엇보다 반드시 흑자를 내야 했다.

인생은 노동이며 성공은 목표다

제너럴 모터스의 회사 기록 보관소에서 읽을 수 있는 알프레드의 흔적은 각종 연설과 선전물, 부음기사, 홍보팀에서 작성해 그가 죽은 뒤 6주 만인 1966년 1월 1일 발간한 21페이지짜리 공식 전기(당연히 사전에 알프레드 자신이 승인한 내용이다)가 있을 뿐이다. 그는 1934년에 설립한 알프레드 P. 슬로안 재단에 10억 달러가 넘는 재산을 기부했지만, 재단에서는 설립자에 관한 어떤 기록도 갖고 있지 않다. 알프레드가 최우등으로 졸업한 MIT 대학이 그가 죽기 2년 전에 그의 이름을 붙인 슬로안 경영대학원 역시 마찬가지다.

제너럴 모터스의 홍보(PR) 부문은 1930년대 슬로안 자신이 만들었다. 당시 대기업들은 여론으로부터 호된 비난을 받았다. 그러다 보니 자신에게서 기자를 멀찌감치 떨어뜨려놓고, 이들이 회사가 주고 싶어하는 내용만 쓰도록 하고자 홍보 부문을 만든 것이었다.(제너럴 모터스는 홍보만 전담하는 간부를 둔 첫 번째 회사였다.) 모든 메시지는 알프레드 개인의 영광이 아니라 회사의 사명을 널리 알리는 게 목적이었다.

1930년대 초 무렵 알프레드 슬로안은 세계적으로 가장 부유한 인사 가운데 한 명으로 손꼽혔다.(1위는 헨리 포드였다.) 시사주간지 〈타임Time〉의 표지 인물로 등장하기도 했지만 그는 이렇다 할 취미 하나 없었고 단 1주의 제너럴 모터스 주식도 팔지 않았다. 제너럴 모터스와 관련되지 않은 곳에 시간이나 돈을 투자했던 적은 딱 한 번 있었는데, 친구와 아내의 강력한 권유로 요트를 한 척 구입한 것이었다. 그는 나름대로 기대를 갖고 요트를 마련했지만 금세 흥미를 잃었다.

1966년 2월 18일자 〈뉴욕타임스〉에 실린 부음기사를 다시 보자:

세련된 옷차림의 이 늘씬한 기업인은 잠시 망설이다 길이가 71미터나 되는 100만 달러짜리 요트를 사기로 했다. 그는 이 요트에 르네라는 이름을 붙여주었고, 43명의 선원을 고용해 연간 11만9609달러를 임금으로 지출했으며, 몇 차례 항해에 나서기도 했다. 하지만 바닷바람을 쐬는 것도 금방 지루해졌다. 결국 요트는 1941년에 17만5000달러에 매각될 때까지 그냥 정박해있었다.

르네는 슬로안이 손해를 본 몇 안 되는 투자였다. 그는 담배를 피우지 않았고, 술을 마셔본 일도 없었으며, 골프를 쳐본 적도, 다른 어떤 스포츠를 즐긴 적도 없었다. 〈타임〉이 표현한 대로 그는 "일만 알고 아무 재미도 없는 사람"이었다. 《제너럴 모터스와 함께한 세월》 프로젝트로 그의 곁에서 9년간이나 일했던 존 맥도널드는 그를 이렇게 묘사했다. "그는 아주 격식을 차리는 19세기식 인물이었다. 칼라 깃이 감싸고 있는 그의 얼굴은 조각한 것 같았다. 그는 미스터 슬로안이었고, 나는 그냥 존이었다; 그를 알프레드라고 그저 이름만 부르는 사람은 거의 없었다. 그가 아무리 멀리 떨어져 있다 하더라도 말이다."

슬로안은 아내 아이린에게 헌신적이었고, 그녀의 이름이나 얼굴이 알려지지 않도록 애썼다. 그녀가 결혼 58년 만인 1956년 팜비치에 있는 겨울별장에서 지병으로 숨지자 그도 제너럴 모터스의 회장직에서 물러났다. 맥도널드의 말을 더 들어보자:

> 문화적으로 또 사상적으로 그는 이런 유파에 속해 있었다. 기술은 진보고, 인생은 노동이며, 돈은 성공을 가늠하는 척도고, 성공은 목표라고 생각하는 것이다. 부인이 죽기 전까지 그가 종교적인 감정을 드러낸 적은 한 번도 본 적이 없었는데, 빈소에서 그는 여러 종교 지도자들을 맞았다: 스펠만 주교는 두 번이나 다녀갔고, 빌리 그레이엄 목사도 왔다; 하지만 이런 방문은 고위 인사들이 서로 인사하는 차원의 의례적인 것으로 비쳐졌다.

《제너럴 모터스와 함께한 세월》은 출간 즉시 베스트셀러가 됐고, 미래의 기업 지도자가 될 인사들에게 필독서가 되었다. 알프레드는 당연히 기뻐했지만 논평은 삼갔다. 심지어 제너럴 모터스에서 이 책의 출간을 막으려 했을 때조차 말을 아꼈다. 제너럴 모터스의 법률팀은 반독점 분위기가 고조되고 있는 시점에 이 책과 저자의 위상이 높아지면 회사에 타격이 될 수 있다고 주장했다. 대필작가로 작업했던 맥도널드가 책의 출간을 위해 초고를 반환하라고 회사를 상대로 소송을 제기하자 슬로안은 그의 편에 서서 중재에 나섰고 결국 책은 출간될 수 있었다. 그리고 알프레드가 세상을 뜰 때까지도 이 책은 여전히 베스트셀러 자리를 지키고 있었다.

너무나도 진지했던 청년 시절

빌리 듀란트가 그랬던 것처럼 알프레드 슬로안의 어린 시절에서도 미래의 위대함을 알려주는 단서는 하나도 발견할 수 없다. 그러나 청년 빌리가 끊임없이 꿈을 좇은 몽상가였던 반면 청년 알프레드는 늘 진지한 학생이었다.

그는 1875년 5월 23일 코네티컷 주 뉴헤이번에서 다섯 자녀 중 첫째로 태어났다. 그해는 빌리의 홀로 된 어머니가 자녀들과 함께 독립해서 살 집을 구입한 해이기도 하다. 알프레드가 열 살이 되던 1885년 가족들은 아버지의 사업 때문에 뉴욕의 브루클린으로 이사했다. 그곳에서 알프레드는 금세 브루클린 말투를 익혔고, 기계 공학과 역학에 깊은 흥미를 갖게 됐다. 브루클린 폴리테크닉 인스티튜트에서 고등학교 과정을 마친 그는 1892년 열일곱 살 나이로 MIT에 입학했다. 가장 어린 학생이었던 그는 3년 만에 최우등으로 졸업했을 뿐만 아니라 MIT의 역내 공학계열 졸업생 가운데 최고 점수를 기록했다.

그해 이후부터 기록으로 남아있는 내용은 사실상 거의 전부가 기업인으로 보낸 알프레드의 삶뿐이다. 472페이지나 되는 《제너럴 모터스와 함께한 세월》에서 그의 부모님과 성장 과정에 관한 이야기는 한 페이지 분량도 채 되지 않는다:

아버지는 베넷-슬로안 컴퍼니라는 회사에서 커피와 차, 시가 도매 사업을 했다. 1885년에 아버지 회사는 뉴욕의 웨스트 브로드웨이로 옮겼고, 나는 열 살 때부터 브루클린에서 자랐다. 나는 그래서 아직도 브루클린 액센트로 말한다. 친할아버지는 학교 교사였고, 외할아버지는 메서디스트 교파의 목사였다.

내가 성장하던 시기는 바로 미국에서 자동차 산업이 막 태동하기 시작할 무렵이었다. 발동기로 움직이는 자동차를 실험하던 듀리 형제가 1895년에 내가 알기로는 미국 최초의 휘발유 자동차를 생산하는 회사를 세웠다. 나는 바로 그해에 MIT 전기공학과를 졸업하고 뉴저지 주 뉴어크에 있는 하이야트 롤러 베어링 컴퍼니(Hyatt Roller Bearing Company)에 입사했다. 하이야트에서 생산한 마찰을 감소시켜주는 베어링은 나중에 자동차 부품이 됐는데, 내가 자동차 산업과 인연을 맺게 된 것은 바로 이 부품 덕분이었다.

최고 성적으로 대학을 졸업한 청년 알프레드는 마음먹은 대로 엔지니어링 분야의 직업을 얻고 싶었다. 하지만 그렇게 되지 않았다. 그는 자신이 MIT를 졸업하고 직장을 구하던 시절이야말로 "평생을 통틀어 가장 실망스러웠던 시기"라고 회고했다.

알프레드는 마침내 아버지가 다리를 놓아준 덕분에 뉴욕에 있는 아메리칸 슈가(American Sugar Refining Company)의 사장인 존 E. 시얼스와 인터뷰를 할 수 있었다. 그러나 시얼스는 일자리를 주는 대신 자신이 핵심 투자자로 있는 다른 회사에 근사한 추천서를 써주었다. 뉴저지 주 뉴어크에 있던 이 회사는 그의 회사에 비하면 아주 영세하고 전망도 그리 밝지 않았지만 마침 신입사원을 구하고 있었고, 월급 50달러를 준다고 했다.

알프레드는 《어느 화이트칼라의 모험》(그가 개인적으로 보고 경험한 일화를 모은 얇은 책인데, 그래서인지 나중에 대단한 성공을 거둔 《제너럴 모터스와 함께한 세월》에서조차 한 구절도 인용되지 않았다)에서 이렇게 회고했다:

어쨌거나 내가 얻은 기회의 첫 인상은 무척 실망스러웠다. (……) 잡초가 우거진 시내 변두리에 있는 공장은 오래돼 세월의 흔적이 역력했고 마치 큰 헛간 같았다. 울타리도 없는 공장 마당에는 작은 석탄 무더기가 있었고, 그 옆으로 타다 남은 검붉은 석탄 지꺼기와 회색 재가 산더미처럼 쌓여 있었다. 또 버려진 기계들을 여기저기 모아놓고 있었는데 증기기관을 해체하면서 나온 녹슨 실린더도 눈에 띄었다. 공장 외벽은 옛날에 갈색 페인트 칠을 한 것 같았는데, 한마디로 "지저분하다"는 말밖에 나오지 않았다. 하치장에서 나는 피어오르는 연기에서는 코를 찌르는 악취가 풍겼다. 기찻길에서 가장 가까운 공장 외벽에는 검정색 글씨로 하이야트 롤러 베어링 컴퍼니라고 써놓아 이곳이 어디인지 알려주고 있었다.

그러나 눈에 보이는 건 아무것도 아니었다. 다음 월급이 언제 나올지 이곳 근로자들 누구도 알지 못했다. 그는 회사의 잘못된 경영 상태를 하나씩 관찰해나가면서도, 회사가 잘만 운영된다면 여기서 생산하는 제품의 판로가 꽤 넓을 것이라는 점도 알게 됐다. MIT 출신의 엔지니어인 슬로안은 하이야트에서 생산하는 제품의 특장점을 이렇게 설명했다:

책상 위에 구슬을 놓고 손으로 굴려보라. 같은 식으로 연필도 굴려보라. 책상 바닥 위의 손을 지탱하는 "점"과 "선"이 느껴질 것이다. 그런데 평면 "베어링"이 작용하는 역학을 이해하려면 한 손으로는 연필을 쥐고 다른 한 손으로는 마치 축을 돌리듯이 회전시켜봐야 한다. 일단 축의 아랫부분은 연필을 쥐고 있는 손과 계속해서 부딪칠 것이다. 하지만 축의 윗부분은 쥐고 돌릴 뿐이므로 손과 부딪치지는 않을 것이다. 볼 베어링과 롤러 베어링이 유용하다는 사실은 기계를 다루는 사람들이라면 옛날부터 알고 있던 것이다. (……) 그런데 유연하지 못한 강철 롤러는 만족스럽지 못했다. 하지만 하이야트의 유연한 롤러 베어링은 전혀 달랐다. 나선형으로 감긴 우리의 튜브 롤러는 비록 제조상의 문제로 들쭉날쭉하기는 했지만, 스프링 같은 역할을 해 구조물과 베어링 사이를 자동적으로 조절해주었다.

아이러니하게도 이 회사의 창업자이자 유연한 베어링의 발명가였던 존 하이야트는 다양한 기계장치에 광범위하게 쓰일 수 있는 베어링은 디자인하지 않았다. 다만 아메리칸 슈가의 존 시얼스가 부탁한 사탕수수 분쇄기는 그가 직접 개발했다. 당시 사용되던 분쇄기는 사탕수수가 분쇄되면서 자꾸 기계에 끼여버린다는 문제가 있었다. 하이야트는 유연한 롤러 베어링으로 이런 장애를 줄이는 데 성공했고, 그덕분에 시얼스의 투자까지 유치하게 됐던 것이다.

제품은 이렇게 우수했지만 회사는 늘 어려웠고, 젊은 알프레드는 계속 있어봐야 장래가 없다고 생각했다. 그는 이 즈음 아이린 잭슨과 연애하고 있었는데, 두 사람은 결혼을 약속한 상태였다. 결국 그는 하이야트를 그만두고 하이지에닉 리프리저레이터로 직장을 옮겼다. 이 회사 역시 사정은 좋지 않았지만, 훗날 전기 냉장고 개발을 시도한다.(성공을 거두지는 못했다.) 전기 냉장고는 나중에 프리지데어라는 회사에서 시장을 석권하게 되는데, 다름아닌 빌리 듀란트가 1919년에 제너럴 모터스로 편입시킨 기업이다.

알프레드 슬로안은 1898년 9월 28일 아이린과 결혼했지만 하객이나 신혼여행에 대해서는 아무런 기록도 남아 있지 않다. 이것 역시 슬로안다운 모습이다. 하이지에닉 리프리저레이터로 옮긴 뒤 그는 하이야트에 있을 때보다 좀더 많은 돈을 벌었다. 하지만 그는 하이야트의 베어링을 효율적으로 생산하고 적절하게 마케팅하기만 한다면 제품의 장래성은 밝다는 확신을 여전히 품고 있었다.

초보 CEO가 6개월 만에 회사를 살려내다

알프레드가 결혼할 무렵 존 시얼스는 하이야트 롤러 베어링의 최대 투자자였다. 직원들 월급까지 그에게 기댈 정도로 시얼스의 지원은 결정적이었다. 그러다 1899년 초 그도 더 이상 손실을 견디지 못하고 손을 떼기로 결심했다. 알프레드에게 기회가 온 것이다. 그는 나중에 이렇게 회고했다:

시얼스 씨는 하이야트에 추가로 돈을 대지 않기로 했다. 그도 이제 이 회사의 엔젤 투자자 역할을 접기로 한 것이다. 새로운 후원자를 구하지 못하면 공장은 문을 닫아야 할 처지였다.

시얼스 씨는 친한 사이였던 아버지와 이 문제를 상의했고, 두 사람의 결론은 내가 하이야트로 복귀하는 것이었다. 아메리칸 슈가에서 시얼스 씨와 함께 일했던 도너라는 사람과 아버지가 이 회사를 사들였는데, 내 기억으로는 각자 2500달러씩 냈던 것 같다. 도너 씨는 그게 최대한으로 낸 것이었지만, 아버지는 사업 전망만 좋으면 얼마든지 더 투자할 생각이었다. 어쨌든 그 뒤로는 회사의 경리 책임자인 피트 스틴스트럽이 월급날에 시얼스 씨한테 가는 대신 아버지를 찾아왔다. 피트와 나는 파트너가 됐다.

결국 슬로안은 처음으로 최고경영자에 임명돼 회사를 구해내야 하는 임무를 맡은 셈이었다.

그에게 주어진 임무는 6개월 안에 회사를 흑자로 돌려놓는 것이었다. 어떤 핑계거리도 용납되지 않았다. 후원자들의 도박은 생각보다 훨씬 일찍 성과를 냈다. 슬로안이 생산을 책임지고, 스틴스트럽이 판매를 책임진 뒤 처음 6개월간의 시험 기간 중 회사는 1만2000달러의 흑자를 기록했다.

알프레드는 이번에도 역시 자세한 내막은 남기지 않았지만 MIT 출신의 꼼꼼한 엔지니어가 공장 조직을 다시 구성하고, 생산은 물론 경리 업무까지 효율적으로 만들었으리라는 점은 안 봐도 눈에 선하다. 슬로안은 아버지의 지원만큼은 인정했다:

피트와 나는 가만 있는 법이 없었다. (……) 피트는 영업 책임자였고, 나는 회사의 대표였다. 아버지는 회사 주식을 나한테 넘겨주었는데, 그건 내가 하이야트 롤러 베어링 컴퍼니를 회생시켰다는 점에 만족했기 때문이다.

피트 스틴스트럽은 평생 슬로안의 충직한 동료였다. 슬로안은 그가 제너럴 모터스에서 근사한 보직을 가질 수 있도록 해주었다. 그의 마지막 직책은 뷰익 부문의 태평양 연안지역 영업 책임자였는데, 그곳의 최고 고객은 빌리 듀란트에게서 받은 뷰익 판매권을 잘 활용해 캘리포니아 주에서 손꼽히는 갑부가 된 찰스 하워드라는 인물이었다. 하워드는 오늘날 전설적인 경주마 시비스킷의 마주로 더 잘 알려져 있다.

초창기 슬로안이 하이야트 롤러 베어링에서 힘들게 쟁취한 성공은 그에게 아주 자랑스러운 기억으로 남았다. 그가 1916년 1350만 달러에 회사를 빌리 듀란트에게 매각했을 때 그는 하이야트의 성장 과정을 기술한 장문의 편지를 썼다. 이 편지는 듀란트의 부탁을 받아 은행 쪽에 보낸 것이었다.

슬로안의 책에서는 이 편지에 대해 일절 언급이 없지만, 빌리는 후대를 위해 남겨둔 문서에다 이 편지를 넣어두었다. 알프레드는 편지에서 냉정하지만 자부심 가득한 어조로 이렇게 적었다:

> 기업 조직은 계속 커나가되 회사의 생산적인 발전에 장애가 되는 변화는 없어야 합니다. 그래야 기업이 성공할 수 있습니다. 공장은 개별 작업으로 이뤄지는 노동력의 95%까지 철저하게 조직화돼 있습니다. 원가 시스템이 무엇보다 중요하기 때문입니다. 사실 동부 지역 공장들은 이런 점을 당연하게 받아들이고 있습니다. 공장 안에는 가장 현대적인 물리화학 연구소가 갖춰져 있습니다. 원재료는 과학적이고 선진화된 방법으로 검사

한 뒤 공장으로 들어옵니다. 사내 연구소의 조직과 장비는 제품의 품질을 유지하는 데 무엇보다 중요합니다.

회사에서는 하이야트만의 독자적인 롤러 베어링을 생산하고 있으며, 이 베어링은 당사에서만 생산하고 있는 고유한 모델입니다. 이 베어링의 가장 큰 판매처는 자동차 제조업체며, 미국에 있는 모든 자동차 제조업체가 당사의 고객입니다.

알프레드는 편지에서 언급하지 않았지만 하이야트는 성장 과정에서 필요한 자금을 듀란트처럼 주식시장이나 인수합병을 통해 조달하지 않고 직접 번 이익을 재투자해서 조달했다. 이건 기본적인 전략의 차이였고, 1920년 제너럴 모터스에게 닥친 위기와 최후 담판에서 결정적인 변수로 작용한다. 위기가 지나간 다음 제너럴 모터스는 회사의 핵심 사업에 대한 대중들의 관심을 다시 불러모으기 위해 주주 모두에게 팜플렛을 보냈는데, 이걸 보면 당시 회사의 액세서리 사업 부문이라고 부르던 자동차 부품을 만드는 독립 단위들이 어떤 역할을 하고 있는지 기술해놓고 있다. 이들 독립 단위 가운데 하나가 하이야트 롤러 베어링이었고, 그 경쟁력은 20년 전 슬로안이 처음 발견했을 때와 변함이 없었다.

팜플렛에서는 또 하이야트 베어링이 자동차 외에도 수십 가지 제품을 생산하는 데 쓰이고 있다고 소개했다. 각종 기계공구와 크레인, 광산용 차량, 기중기, 방직 기계, 제철 장비, 전차, 기관차 등이었다. 슬로안이 맨 처음 거둔 성공은 자신의 경영 역량에 대한 확신과 함께 계속해서 더 커져갔는데, 이 같은 확신을 갖게 된 계기는 1899년에 만났다.

새로운 시장을 발견하다

슬로안이 하이야트를 수렁에서 건져냈던 1899년 미국의 자동차 산업은 몇몇 장인들의 좀 이상한 집착이거나 이들을 후원하는 부유한 투자가들의 즐거운 오락거리 수준에 그쳤다. 대개의 사람들은 여전히 자동차를 비실용적인 장난감 내지는 위험한 장애물로 취급했다. 슬로안이 하이야트에 복귀하고 몇 달 후 수백 곳의 이런 영세 자동차 생산업체 가운데 한 곳에서 사업상 연락해왔다.

인디애나 주 코코모에 있는 엘우드 하인즈라는 인물이 보낸 편지였는데, 하이야트 베어링에 대해 들었다며 좀더 자세한 내용을 알고 싶다는 내용이었다. 마침 하인즈는 존스 홉킨스 대학 출신으로 1894년 코코모에서 열린 독립기념일 퍼레이드에서 직접 제작한 자동차를 선보인 인물이었다. 그의 자동차는 듀리 형제가 매사추세츠 주 스프링필드에서 미국 최초의 자동차를 선보인 뒤 5개월 만에 나온 미국에서 두 번째로 만들어진 작품이었다. 하인즈는 이 편지에서 자신이 5년 이상 자동차를 만들어 왔지만 1년에 몇 대밖에 생산하지 못하고 있다고 썼다. 나중에는 그 역시 자신이 듀리 형제보다 먼저 자동차를 제작했다며 미국 자동차 산업의 아버지라는 칭호를 얻으려 했다. 심지어 그는 모든 광고 문구에 "하인즈 자동차는 미국 최초의 자동차"라는 문구를 집어넣었다.

하인즈의 편지가 하이야트에 그리 대단한 흥분거리는 아니었지만, 슬로안은 피트를 코코모에 있는 하인즈의 작업장으로 보냈고, 곧바로 약간의 주문을 받았다. 그 순간 슬로안의 뇌리에서는 뭔가가 섬광처럼 지나갔다. 그는 훗날 이렇게 회고했다: "하인즈의 첫 주문부터 진짜 모험은 시작됐다. 잠자던 우리를 깨운 것이다. 당시 자동차 제조업체들은 통상 그리스를 친 마차용 차축을 사용하고 있었다. 일단 한 곳에서 이보다 더 좋은 것을 쓰려고 한다면 다른 곳들에도 팔 수 있지 않겠는가?"

문제는 하인즈가 주문한 것이 단지 샘플에 불과했고, 이 샘플은 하인즈가 특별히 주문한 규격에 맞아야 했다. 고객의 요구를 만족시켜주자 자동차를 제작하는 다른 곳에서도 수십 건의 주문이 들어왔다. 전부들 하인즈처럼 1년에 몇 대밖에 생산하지 않는 곳들로 자기네 규격에 맞는 샘플을 원했다.

공장으로서는 이 같은 신규 주문이 번거로운 일이었지만 슬로안은 그래도 새 고객들의 요구를 다 들어주었을 뿐만 아니라 다른 수십 곳의 회사에 편지까지 보내 고객 유치에 나섰다. 여기에는 헨리 포드라는 장인이 한창 고생하며 자동차를 만들고 있는 곳도 포함돼 있었다.

새로이 자동차 시장에 진출하려는 슬로안의 집념은 그에게 생애 최고의 보상을 가져다 주었다. 1900년 여름 마침내 그의 사업 전체를 다시 바라보게 만든 주문이 들어왔다. 올즈모빌이라는 자동차 회사에서 주문한 것이었는데, 이 회사는 곧 자동차 산업을 가내 수공업 단계에서 대량 생산 및 대량 판매 단계로 이행시키게 된다. 40년 후 슬로안은 이렇게 회고했다:

> 피트는 계속 나에게 장거리 전화를 해댔다. 그는 동부로 돌아와서는, 일요일에 공장에서 나와 만나자고 했다; 올즈 자동차 공장에서 시험 주문을 받아온 것이었다. 그쪽에서는 베어링을 120개 주문했는데, 자동차 한 대 당 4개씩 모두 30대 분이었다. 피트는 정신이 나간 상태였고, 나 역시 제정신이 아니었다.

피트는 일요일에 공장에서 슬로안을 만나자 올즈 자동차 공장의 수석 엔지니어인 하워드 코핀이 말하기를 내년에는 1000대 이상을 제작할 것이라고 했다고 전했다.

슬로안의 회고를 들어보자. "그건 정말 환상적이었다. 우리 베어링이 정말로 뛰어난 것으로 확인된다면 아, 우리가 그 여름날 일요일에 대화를 나누고 그림을 그리고 계획을 세운 것은 오로지 그것 때문이었다. 그쪽에서 이 시험 주문에 만족한다면 당장 우리 공장 규모를 두 배로 늘려야 했다."

4 새로운 기계가 새로운 질서를 만들어내다
A New Machine Creates a New Order

알프레드 슬로안은 탁월한 제품과 사업가로서의 명성 덕분에 정확한 시점에 정확한 자리에 서 있을 수 있었다. 어중이떠중이 같은 자동차 조립 공장 한두 곳에서 시작된 것이 바야흐로 자동차에 푹 빠져들게 될 미국의 진짜 산업으로 모양을 갖춰가고 있었다.

알프레드와 피트가 올즈모빌의 주문을 받은 지 몇 달 만인 1900년 가을 미국 최초의 자동차 전시회가 뉴욕의 메디슨 스퀘어 가든에서 열렸다. 300대 이상의 자동차가 전시됐고, 이를 보기 위해 5만 명 이상의 유료 관람객이 입장했다. 그해 말에는 100곳이 넘는 회사가 자기들만의 자동차 고유 모델을 개발하거나 팔고 있다고 주장했는데, 그 중 3분의 2는 증기기관이나 전기 배터리로 움직이는 것들이었다.

슬로안이나 듀란트 둘 다 이때까지는 자동차가 그들 자신의 운명이 되리라고는 생각도 못한 상태였다. 하지만 강력한 의지의 소유자라는 점은 미국 자동차 산업의 밑바탕을 그린 인물들과 두 사람의 공통점이었다. 강력한 의지야말로 빌리와 알프레드의 사업 철학에 큰 영향을 미쳤고, 결국 그들의 운명을 결정지었다. 두 사람 다 초창기 개척자들에게서 배운 가르침을 토대로 미래를 개척해나갈 터였다. 빌리와 알프레드, 제너럴 모터스는 미국 경제를 바꿔놓았고, 그들이 활용한 기법들은 자동차 산업이 태동하면서 지나온 길고도 지난하고 전혀 예상할 수조차 없었던 과정에서 발전해온 것들이었다.

자동차라는 아이디어가 현실화하기까지

자동차(automobile은 '스스로'를 뜻하는 그리스어 auto와 '움직임'을 의미하는 라틴어 mobils를 합친 단어다)는 멀리 14세기까지 거슬러 올라가는 꿈과 이상의 존재였다. 당시 이탈리아 화가 프란체스코 디 지오르지오 마르티니는 네 바퀴 위에 올려진 플랫폼을 디자인했는데, 각각의 바퀴는 손으로 돌리는 크랭크와 기어로 움직이게 돼 있었다. 레오나르도 다빈치도 위에 전투용 철판을 씌운 비슷한 기계를 디자인했다. 네덜란드에서는 1600년대에 범선처럼 돛대를 이용한 마차가 사용되기도 했지만 기계식 추진체라는 개념은 이로부터 한 세기 이상이 지나서야 실제로 작동 가능한 기계 장치로 발전하게 된다.

1769년에 프랑스의 포병 장교였던 니콜라-주세프 퀴뇨는 야전 포대를 운반하기 위해 증기기관으로 움직이는 세 바퀴 자동차를 디자인하고 실제 제작했다. 그러나 이 세 바퀴 자동차는 20분마다 증기기관의 머리 부분을 새로 갈기 위해 서야 했고, 이 때문에 말이 끄는 포대 운반기보다 성능이 훨씬 떨어졌다. 1839년에는 스코틀랜드 출신의 로버트 앤더슨이 최초의 전기 자동차를 선보였지만, 배터리의 수명이 퀴뇨의 세 바퀴 자동차에 쓰인 증기기관 머리 부분과 마찬가지로 아주 짧았다. 1860

년 프랑스의 장-조세프-에티엥 르느와르가 내연기관 엔진을 발명해 특허를 얻었다. 1876년에는 독일의 니콜라스 오토가 르느와르의 개념을 한 단계 발전시킨 4기통 휘발유 엔진을 내놓았으나 자동차 추진체로 쓰이기에는 너무 일렀다.

이로부터 1년 뒤 조지 셀든이라는 선견지명이 있는 인물이 스스로 "달리는 엔진(the road engine)"이라고 이름 붙인 일련의 설계도를 제출해 특허를 신청했다. 셀든은 발명가가 아닌 변호사로 자동차는 물론 엔진조차 한 번 만들어본 적이 없지만, 그의 특허로 인해 미국의 휘발유 자동차 제조업자들은 먼저 그에게서 특허 라이센스를 받아야 하는 고통을 감수해야 했다. 결국 셀든 카르텔이라고 불린 라이센스 자동차 제조업자 협회(ALMA)가 만들어졌고, 1903년 헨리 포드가 특허 사용료 지불을 거절함으로써 법정 공방이 벌어졌다. 1911년까지 이어진 소송에서 셀든의 최초 설계도는 너무 모호하며 그 후 발전한 실제 자동차와 전혀 다르다는 판결이 내려졌다. 그때서야 비로소 미국 자동차 업계는 자유롭게 경쟁할 수 있게 됐다.

셀든이 미국에서 서류상의 특허로 장사를 하는 동안 휘발유를 연료로 한 세계 최초의 자동차가 마침내 만들어졌다. 칼 벤츠라는 독일 엔지니어가 1885년에 성공적으로 개발한 이 모델은 세 바퀴 자동차로 운전용 손잡이가 달려 있었는데, 이듬해 1월 특허를 받았다.

1885년에는 또 한 명의 독일 엔지니어인 고틀립 다임러가 오토의 휘발유 엔진을 더 발전시켜 실린더에 직접 연료를 분사하는 카뷰레터를 부착했다. 다임러의 엔진은 크기는 작아지고, 무게는 가벼워진 반면 효율성은 높아져 휘발유 자동차를 실용화하는 데 결정적인 돌파구가 됐다.

다임러는 1886년에 역마차를 뜯어고친 차체에 자신의 엔진을 달아 세계 최초의 네 바퀴 자동차를 선보였다.

다임러의 사륜 자동차가 나온 지 10년이 다 되도록 미국에서는 자동차 개발이 추가로 이뤄지지 않았다. 당시 대중들은 더 나은 자동차의 출현이 그저 유럽에서 벌어지고 있는 일이라고만 여겼을 뿐 크게 주목하지 않았다.

1893년에 열린 시카고 세계 박람회의 중심 테마는 기술의 미래였지만, 전시장에는 내연기관으로 움직이는 자동차가 달랑 한 대뿐이었고, 그나마도 독일에서 가져온 벤츠의 모델이었다.

미국에서 최초의 자동차가 만들어져 도로를 달린 해인 1894년에도 대중들의 관심은 그리 높지 않았다. 자전거 기술자인 듀리 형제가 개발했다고 해서 이 자동차는 듀리로 불렸는데, 현재 스미소니언 박물관의 한 자리를 차지하고 있다. 그러나 당시에는 자동차를 독자적으로 개발해 보겠다는 장인 기술자들을 제외하고는 아무도 눈여겨보지 않았다.

듀리 자동차는 공식적으로 1894년 1월 14일 처음으로 선보였다. 알프레드의 첫 주요 고객이 되는 엘우드 하인즈가 몇 달 뒤 자신의 고유 모델 자동차를 공개했고, 그 뒤를 이어 알렉산더 윈턴과 알버트 포프 대령, 랜섬 올즈, 찰스 킹이 차례로 자동차를 개발했으며, 1896년 6월 4일에는 헨리 포드가 자신이 직접 고안한 사륜 자동차를 처음 운전했다.

듀리 자동차가 첫 선을 보였을 때까지도 과연 미국에서 얼마나 많은 사람이 자동차를 개발하고 있는지 아무도 알지 못했다. 〈시카고 타임스 Chicago Times〉와 〈시카고 헤럴드 Chicago Herald〉는 미국 최초의 자동차 경주대회를 1년 뒤 개최하기로 했는데, 신문 편집자들은 기껏해야 대

여섯 명 정도가 출전할 것이라고 예상했다; 그런데 무려 80명의 신청자가 전국 각지에서 몰려들었다. 이 경주대회는 미국인들이 자동차에 푹 빠지게 만든 대형 이벤트였을 뿐만 아니라 빌리 듀란트 같은 미래 기업가들의 마음속에 자동차 생산이라는 비전을 각인시켜준 계기가 됐다.

대회에 출전하기 위해서는 세 바퀴 이상을 달고 있어야 하고, 동물이 아닌 기계 수단으로 동력을 얻어야 하며, 최소한 두 사람 이상이 타야 했는데 한 명은 주최측 심판이었다. 대회 날짜는 1895년 11월 2일, 경주 코스는 시카고에서 밀워키까지였다. 그러나 출전자들이 연기를 요청해 결국 11월 28일 추수감사절에 열렸고, 대회 전날 눈보라로 인해 코스도 시카고에서 에반스톤까지 55마일 거리로 조정됐다. 대회 당일 아침 눈은 15센티미터나 쌓였고 바람은 시속 60마일로 몰아쳤지만, 출전하기로 한 자동차 79대 가운데 11대를 제외하고는 모두 눈보라를 무릅쓰고 달려나갔다.

결국 완주한 자동차는 두 대뿐이었다; 하나는 벤츠였고, 다른 하나는 듀리였다. 시간은 듀리가 벤츠보다 1시간 30분 이상 빨랐다. "미국산(Made in America)" 자동차가 당대의 유럽산 수입차를 추월한 대사건이었다.

그러나 이보다 더 중요한 점은 최악의 조건 아래서 듀리가 완주하는 데 성공함으로써, 사람들에게 말없이 달리는 마차도 충분히 타고 다닐 만한 기계라는 인식을 확실히 심어주었다는 것이다. 사실 말이 끄는 마차는 그런 악조건 아래서 그렇게 달릴 수 없었다.

대회 소식은 AP와 UPI를 통해 타전됐고, 미국뿐만 아니라 유럽에서도 자동차 경주와 관련된 이야기가 화제에 올랐다. 이듬해 봄 뉴욕에서 바넘 앤 베일리 서커스가 열렸을 때 대회에서 우승한 듀리 자동차는 퍼레이드의 선두 대열에서 달렸다.

1896년에는 듀리 자동차가 영국에서 벌어진 런던-브라이튼 간 55마일 경주 대회에 참가했다. 40대의 참가 자동차 중 미국 자동차는 듀리 하나뿐이었고, 나머지는 프랑스와 독일, 영국 자동차들이었다. 아무도 이 미국 자동차가 우승할 것이라고 예상하지 못했지만 결승점에 1등으로 골인한 자동차는 듀리였고, 그것도 2등보다 1시간이나 앞선 기록이었다. 이건 미국과 유럽에서 모두 1면 뉴스가 됐다. 자동차라고 하는 새로운 물건이 사람들의 시선을 붙잡기 시작한 것이었다.

랜섬 올즈가 등장하다

1896년은 곧 하이야트 롤러 베어링 컴퍼니가 그토록 기다려왔던 고객이 될 인물, 랜섬 E. 올즈에게 전환점이 된 한 해였다.

올즈는 1864년 6월 3일 클리블랜드에서 60마일 떨어진 오하이오 주 제네바에서 태어났다.(빌리 듀란트보다는 세 살 적고, 알프레드 슬로안보다는 열한 살 많다.) 그의 아버지 플리니 올즈는 뛰어난 대장장이로 자기 소유의 기계 제작소를 여는 게 꿈이었다. 플리니는 결국 1880년에 가족들을 데리고 미시간 주 랜싱으로 가 기계 제작소를 열었다. 랜섬(통상 래니라고 불렸다)도 아버지의 영향으로 기계 전문가가 되었고, 휘발유 엔진에 관심을 쏟았다. 두 부자는 곧 공장과 농장, 선박에 쓸 수 있는 다양한 크기의 휘발유 엔진을 만들어냈다.

1887년 스물세 살의 래니는 자신의 손으로 말없는 마차를 처음 만들었다. 증기 엔진을 단 세 바퀴 자동차로 애초부터 팔 생각은 없었다. 1894년에는 가족 사업이 성장함에 따라 휘발유 엔진 자동차를 설계했지만, 시카고에서 열린 경주 대회 일정에는 못 맞춰 참가하지 못했다. 하지만 그는 경주 대회를 관람하기는 했는데, 여기서 세 가지 깊은 인상을 받았다: 유럽 자동차도 이겨낼 수 있다는 점, 미래의 동력은 틀림없이 휘발유가 될 것이라는 점, 사람들은 자동차가 달리는 것을 보는 즉시 이 새로운 기계에 매혹 당한다는 점이었다. 래니는 마침내 1896년 봄 첫 자동차를 완성한 뒤 친구들에게 이렇게 말했다: "우리가 만약 시카고에서 열린 경주 대회에 참가했다면 우승은 식은죽 먹기였을 거야, 확실해."

엔진을 만드는 가족 사업이 그 어느 때보다 번창하고 성장을 계속해 나가자, 이듬해 아버지 플리니는 공장을 떠나 캘리포니아로 갔다. 이제 사업은 래니의 손에 맡겨진 것이다. 래니는 즉시 자동차 생산에 집중하기로 하고, 오로지 자동차만 생산하는 미국 최초의 공장을 짓는 데 필요한 자금을 외부에서 조달했다.

래니는 1년 만에 랜싱에 자기 공장을 지었다. 네 명이 탈 수 있는 두 번째 모델도 만들었다. 하지만 랜싱 공장은 그가 꿈꾸는 물량을 생산하기에는 턱없이 작았다. 그는 디트로이트에서 자금 지원을 받아 1899년 5월 8일 올즈 모터 워크스(Olds Motor Works)라는 자본금 50만 달러의 새로운 회사를 설립했다. 그리고는 곧바로 대규모 공장의 신축 공사에 착수했다. 새 공장은 디트로이트의 이스트 제퍼슨 애비뉴에 지어졌는데, 조립(assembly), 주조(foundry), 기계 작업장(machine shop)과 관리본부 등 모두 4개의 독립된 건물로 이뤄졌다. 이와 동시에 랜싱에서 이미 만들었던, 크기도 다양하고 디자인도 서로 다른 11개 모델의 생산 라인 설계 및 구축 작업을 시작했다.

그러나 디트로이트 공장에서 생산한 첫 자동차는 래니의 기대에 못 미쳤다. 다행히 고정식 휘발유 엔진 사업이 여전히 호황을 구가해 1899~1900년의 자동차 사업 손실을 만회해주었다.

성공적인 사업 모델을 강구하던 래니는 대규모 시장을 창출하는 길은 단순하면서도 신뢰할 수 있고 너무 비싸지도 않은 소형차에 집중하는 것이라고 확신하게 됐다. 이렇게 해서 만들어진 게 미국 최초의 대량 생산 자동차로 기록될 커브드 대쉬 올즈모빌(Curved Dash Oldsmobile)이었다. 작고 가볍고 군더더기 하나 없는 디자인의 이 차는 다른 자동차들을 압도했는데, 이건 마치 15년 전 빌리 듀란트가 자신의 마차를 처음 생산해 경쟁자들을 따돌렸던 것과 비슷했다.

훗날 래니 올즈는 그에게 성공을 가져다 준 디트로이트에서의 첫 2년간 그가 얼마나 힘들고 고달팠으며 어떤 전략을 썼는지 이렇게 회고했다:

> 당시(1899년) 우리 계획은 생산한 자동차를 1250달러에 판다는 것이었다. 그때까지 나온 최신 장비들, 공기식 클러치와 쿠션 타이어, 전기 버튼식 스타터를 다 갖추었다. 우리는 정말 멋진 차를 만들었다고 생각했지만, 대중들한테 그건 너무 복잡하게 보였다. 결국 첫 해에만 8만 달러의 적자를 봤다.
>
> 불면의 밤을 수없이 보내고 난 뒤 나는 마침내 당초 계획을 포기하고 1기통짜리 소형 자동차를 만들기로 했다. 단순한 기계장치라야 성공할 수 있다는 확신이 들었기 때문이다.

무게 500파운드에 가격은 500달러 정도 하는 자동차를 만들겠다는 게 내 생각이었다. 그렇게 해서 커브드 대쉬 "올즈모빌"이 생산됐는데, 무게는 700파운드, 가격은 650달러였다. 이 차를 만들 때의 기본적인 아이디어는 누구든 운전할 수 있을 정도로 조작 방법이 간단하고, 시내 자동차점에 가면 어디서든 수리할 수 있을 정도로 내부 구조가 단순해야 한다는 것이었다.

비록 그의 업적으로 인정받고 있지는 못하지만, 랜섬 올즈는 자동차뿐만 아니라 20세기 후반의 컴퓨터에 이르기까지 헤아릴 수 없이 많은 산업에서 성공의 핵심이 되는 제품 전략을 처음으로 선보였다.

그러나 계획을 실행에 옮기는 것은 더 어려운 일이었다. 커브드 대쉬 올즈모빌 1호차를 생산하기도 전인 1901년 3월 9일 공장에 화재가 발생했다. 조립공장에서 휘발유 폭발로 시작된 불은 한 시간 만에 모든 건물로 번졌다. 잿더미에서 겨우 건져낼 수 있었던 것은 시험용 차량 한 대와 차량 설계도뿐이었다.

올즈는 꿈쩍도 하지 않았다. 그는 랜싱에 훨씬 더 큰 공장을 짓기로 하고, 일단 공장을 짓는 동안 자동차를 생산할 수 있도록 모든 부품들을 공급해달라고 협력업체들에게 부탁했다. 그해 말 그가 말했던 소형 자동차가 히트를 쳤다. 곧 이어 1901년에만 400대가 생산돼 팔려나갔다. 이듬해에는 랜싱의 신공장이 가동에 들어가 생산대수는 2500대까지 늘어났고, 커브드 대쉬 올즈모빌은 시장에서 가장 인기 있는 자동차가 됐다.

이 같은 놀라운 판매 신장세는 올즈의 혁신적인 신모델을 대중들이 원한다는 반증이었다. 새로 준공한 공장에는 또 하나의 혁신이 있었으니, 소위 말하는 일관 작업 라인이었다.

물론 빌리 듀란트가 플린트 마차 공장에서 일관된 조립생산 라인을 사용했고, 이것이야말로 일관 작업 라인을 "탈 것"을 생산하는 데 처음으로 적용한 것이었다. 하지만 랜섬 올즈는 최초로 오로지 자동차만 생산하는 공장을 세웠을 뿐만 아니라 일관 작업 라인을 처음으로 자동차에 적용한 인물이었다. 부품들은 일련의 작업장에 설치돼 있는 일관 작업 라인으로 들어간다. 그러면 근로자들은 한 작업장에서 한 가지 일만 하고, 다음 작업장에서는 앞서의 작업장에 이어 다른 근로자들이 다른 일을 한다. 부품들은 바퀴가 달린 상자에 실려 각각의 작업장으로 옮겨진다.

올즈의 이 같은 생산 시스템은 이로부터 10여 년 후 헨리 포드가 근로자들은 가만 놔둔 채 일관 작업 라인을 통째로 이동시키는 혁명적인 대량 생산 방식을 도입할 때까지 모든 자동차 공장의 기준이 됐다.

랜섬 올즈의 비전과 결단력은 그 자신뿐만 아니라 엄청난 물량의 주문에 기쁨의 비명을 지르게 된 부품 생산업자들에게도 현금 보따리를 안겨 주었는데, 그 중에서도 알프레드 슬로안의 하이아트 롤러 베어링이 제일 컸다. 올즈모빌의 자동차 판매 대수는 1903년에 4000대에 달했고, 1904년에는 5000대가 팔려나가 자동차 업계 1위가 됐다. 올즈의 두 가지 기본 아이디어, 즉 자동차만 생산하는 공장에서 대량으로 생산하며, 소비자의 욕구를 겨냥한 광고 선전을 해나간다는 전략은 곧 다른 모든 자동차 생산업체들이 따라 하게 됐다.

올즈의 이 같은 업적은 거의 알려지지 않았다. 슬로안 역시 《제너럴 모터스와 함께한 세월》에서 올즈의 업적이나 공헌에 대해 일절 언급하지 않았다. 올즈에 대한 그의 평가는 《어느 화이트칼라의 모험》에서 딱 세 줄로 요약해놓았을 뿐이다: "스피드! 그게 랜섬 E. 올즈가 무엇보다 중요하게 여겼던 단어다. 그는 대량 생산 분야의 선구자였다."

정밀도의 달인 릴랜드

미국 자동차 산업을 통틀어 가장 독특하면서도 다재다능했던 인물을 꼽는다면 은빛 수염을 길렀던 냉정한 성격의 헨리 마틴 릴랜드가 될 것이다. 알프레드 슬로안이 가장 존경했고 또 모방하기도 했던 릴랜드가 자동차 산업에 뛰어든 것은 랜섬 올즈 덕분이었다. 캐딜락 모터 컴퍼니(Cadillac Motor Company)를 창업한 릴랜드는 어느 경쟁자보다 높은 기준을 설정하고 그것을 달성하려고 노력했던 완벽주의자였다. 그는 어떤 변명이나 실수도 용납하지 않았다. 훗날 알프레드 슬로안의 모습이 바로 이랬다. 슬로안은 다른 누구보다 릴랜드한테서 배운 내용을 상세하게 적어두었다.

1843년 2월 16일 버몬트 주 바턴에서 태어난 헨리 릴랜드는 슬로안과 마찬가지로 어린 나이에 고향을 떠났다. 가족들과 함께 이사한 매사추세츠 주 워체스터에서 젊은 릴랜드는 금세 기계장치에 흥미를 붙였고, 특히 엔진에 관심이 높았다. 16세 되던 해에는 기계 견습공이 됐다. 남북전쟁 당시 나이가 어려 북군으로 징발되지는 않았지만, 전쟁에 나간 형이 죽자 자신의 기계를 이용해 소총을 생산하기도 했다.

남북전쟁에 대한 기억은 그에게 평생 잊혀지지 않는데, 그가 73세의 나이로 마지막 자동차 사업을 시작했을 때 회사 이름을 링컨으로 한 것도 링컨 대통령에 대한 기억 때문이었다. 이 회사는 1년 뒤 포드 자동차가 인수했지만 링컨 브랜드는 여전히 남아 있다.

남북전쟁이 끝나자 릴랜드는 워체스터 출신의 엘렌 헐과 결혼했으나 수입이 일정한 직업을 찾을 수 없었다. 결국 1872년에 두 아들을 데리고 로드아일랜드 주의 프로비던스로 이주했는데, 그곳에 있는 미국 제일의 공구 제작소 브라운 앤 샤프에 취직했다. 여기서 그는 1000분의 1인치 오차 범위 안에서 공구와 부품을 정밀하게 제작하는 방법을 배웠다. 이런 기술은 한창 성장해나가던 모든 산업 분야에서 아주 절실한 것이었다. 그는 최초의 이발 기계도 발명했는데, 브라운 앤 샤프는 회사 이름으로 특허를 받아 전 세계를 상대로 판매했다. 그는 또 기관차의 새로운 에어 브레이크 시스템에 들어갈 아주 정밀한 피스톤과 실린더를 완벽하게 만들어냈다.

1883년에는 안정적인 휘발유 엔진을 만들어보겠다는 그의 집념에다 회사에서도 이발 기계 발명 같은 그의 공로를 인정해 피츠버그 서쪽 지역의 영업 책임자로 발령이 났다. 당시 성장가도를 달리고 있던 디트로이트에는 수십 명의 발명가와 회사들이 서로 다른 용도의 휘발유 엔진을 개발하고 있었는데, 그는 이곳의 유망한 고객들을 찾아 다니게 됐다.

그는 곧 자신의 기계 제작소를 열기로 마음먹었다. 마침내 1890년 9월 19일 디트로이트의 자전거 생산업자와 미시간 주 알페나의 목재 기업가로부터 자금 지원을 받아 릴랜드, 팔코너 앤 노턴(Leland, Falconer & Norton)이라는 이름의 새로운 기계 제작소를 개설했다. 의사가 되기 위해 브라운 대학에서 공부하던 그의 아들 윌프레드도 학교를 그만두고 아버지의 새 사업에 합류했다.

릴랜드 부자의 기계 제작소에는 주문이 폭주했는데, 하나같이 보다 정밀한 엔진을 만들을 수 있도록 부품을 재가공해달라는 것이었다. 릴랜드의 사업이 번창함에 따라 유별나게 엄격한 감독이라는 그의 명성도 함께 높아졌다. 이 "노인네"가 조립공장과 주조공장을 걸어 다니며 잘못된 주물을 일일이 내던져버리거나 걷어차버린 일화는 전설이 됐다. 때로는 그가 설정한 기준에 미달해 끄집어낸 부품을 고객들이 괜찮다고 하는 경우도 있었다. 그래도 릴랜드는 그런 고객들의 말은 귓등으로도 듣지 않았다.

랜섬 올즈가 1901년 커브드 대쉬 올즈모빌에 쓸 작지만 아주 특이한 새로운 휘발유 엔진의 제작자로 릴랜드 부자를 첫 손에 꼽은 것도 다 이런 명성 덕분이었다. 릴랜드는 적극적으로 엔진 제작에 나섰고, 뛰어난 내구성과 신뢰할 만한 품질을 갖춘 올즈 엔진은 금세 고객들을 사로잡았다.

하지만 헨리 릴랜드는 자기 고객의 신차가 대성공을 거두었음에도 불구하고 올즈 엔진의 효율성과 성능에 만족하지 않았다. 그는 다시 휘하 엔지니어와 기계공들과 함께 더 나은 엔진 제작에 착수했다. 곧 10.25마력의 완전히 새로운 엔진을 만들어냈는데, 이건 앞서 만든 올즈 엔진의 3마력과는 비교도 되지 않는 것이었다.

그러나 1902년 여름 릴랜드가 올즈 제작소의 경영진에게 새 엔진을 자랑스럽게 보여주자 그들은 그자리에서 퇴짜를 놨다. 랜섬 올즈보다는 핵심 자금줄인 프레드 스미스의 목소리가 더 컸던 올즈 경영진은 새로운 엔진에 맞춰 신차를 다시 설계하고 공장을 다시 구축하는 비용이 그렇게 해서 추가로 거둬들일 수익보다 크다고 설명했다. 릴랜드는 곧바로 디트로이트에서 자금 지원자들을 찾아냈는데, 불과 네 달 전 헨리 포드에게 돈을 대주었던 사람들이었다. 이들은 새 엔진을 보자 릴랜드에게 돈을 대주기로 하고 포드는 버리기로 했다.

헨리 포드와 그의 악령

헨리 포드가 자동차 대량 생산 시대를 연 최초의 인물이라는 영예를 헨리 릴랜드에게 빼앗긴 것은 너무 자신감이 넘치는 기업가나 벤처 캐피탈리스트들이 음미해볼 만한 귀중한 가르침이다. 포드의 성장 과정과 가치관은 빌리 듀란트나 알프레드 슬로안과 극적인 대조를 이룬다. 그는 1863년 7월 30일 디트로이트에서 서쪽으로 10마일 떨어진 농촌마을에서 태어났다.(듀란트보다는 두 살 적고 슬로안보다는 열두 살 많다.) 이 지역은 나중에 디어본 시내로 편입되지만, 포드가 어릴 적에는 그저 숲에 둘러싸인 농장밖에 없었다.

   빌리와 알프레드처럼 포드도 어린 시절에 가난한 편은 아니었다; 하지만 이들의 비슷한 점은 그게 끝이다. 그의 아비지 윌리엄은 1847년 끔찍했던 감자 기근 때 아일랜드에서 미국으로 떠나온 이민자였다. 앞서 1830년대에 이민을 온 윌리엄의 두 삼촌은 그때 이미 디어본 일대에서 손꼽히는 대지주가 돼 있었다. 그들은 조카가 농사를 지을 수 있도록 돈을 빌려주었고, 헨리가 태어났을 무렵에는 윌리엄 혼자 힘으로 그 지역에서 가장 크고 수입도 좋은 농장을 일궈놓은 상태였다.

   여섯 남매 가운데 첫째였던 헨리는 자라면서 가족 농장에서 일했지만 그는 농사일을 좋아하지 않았다. 그는 아버지가 농사 짓는 것을 도와주었으나 부자지간에는 늘 긴장된 분위기가 감돌았다. 가령 헨리는 어려서부터 기계를 다루고 싶다고 한 반면 아버지는 그가 농장에서 일하기를 바랐다.

헨리의 어머니 매리는 그가 13세 되던 해인 1876년 아이를 사산한 뒤 힘든 일을 하다 합병증으로 세상을 떠났다. 당시 매리는 37세였고, 헨리가 아버지와 다툴 때면 늘 든든한 후원자 노릇을 해주었다. 헨리는 훗날 자신의 성공이 어머니가 불어넣어준 가치관 덕분이었다고 이야기했지만 아버지에 대해서는 거의 언급하지 않았다:

> 어머니는 이렇게 가르쳤다. 마음에 들지 않는 일일수록 용기와 인내, 자기 단련을 요구한다고 말이다. 어머니는 또 "어디서도 다른 일꾼을 구하고 싶지 않을 정도로" 일하라고 가르쳤다.
> 내가 불평을 할 때면 늘 이렇게 말하곤 했다. "살아가다 보면 하기 싫은 일을 해야 할 때가 많단다. (……) 네게 주어진 일이 때로는 힘들고 마음에 안 들고 고통스러울 수도 있지만 그래도 해야만 한다. 네가 다른 사람들을 동정해줄 수는 있지만, 절대 너 자신을 동정해서는 안 된단다."

아버지에 관해서는 이 정도 회상이 고작이다: "아버지는 내가 기계에 흥미를 느끼는 것을 전혀 달가워하지 않았다. (……) 아버지는 무조건 내가 농부가 돼야 한다고 생각했다."

어머니가 돌아가시자 헨리는 아버지와 더 멀어져 방에서 많은 시간을 보냈는데, 주로 시계를 분해했다 다시 조립하면서 시계가 어떻게 작동하는지 궁리했다. 이렇게 2년이 흘러 나이가 열다섯이 되자 헨리는 집을 도망쳐 나와 디트로이트에서 견습 기계수리공으로 일하기 시작했다. 그를 수소문하던 아버지는 예전부터 헨리가 나가 살고 싶다고 했던 숙모 집에서 그를 찾아냈다.

4년 뒤 헨리는 농장으로 돌아왔는데, 그는 결혼 후 서른 살이 다 될 때까지 아버지와 함께 살았다. 그가 23세가 되던 해인 1886년 아버지는 그에게 80에이커의 토지와 집을 주었다. 그는 결혼 3년 만인 1891년 디트로이트에서 정규 직장을 얻어 이주했다.

헨리가 평생 딱 한 번 가져봤던 정규 직장은 디트로이트에 있던 에디슨 일루미네이팅 컴퍼니(Edison Illuminating Company)로, 그가 여기서 한 일은 발전기 유지감독 업무였다. 그는 2년간의 연애 끝에 결혼에 성공한 클라라를 마침내 디트로이트로 데려올 수 있었는데, 클라라는 농장에 살면서 헨리에게 한마디 불평도 하지 않았고 디트로이트로 가자는 말에도 아무런 불평 없이 따라 나섰다. 헨리는 늘 아내를 "열렬한 지지자(the Believer)"라고 부르며, 그녀야말로 자신의 꿈과 아이디어를 믿어준 유일한 사람이었다고 이야기했다.

헨리는 야간근무를 할 때면 발전소에서 사유시간을 활용해 자신이 설계한 실험용 엔진을 만들었다. 또 집에서는 엔진을 장착한 사륜 자동차를 만드는 데 시간을 보냈다. 헨리와 클라라의 외동아들인 에드셀이 1891년에 태어났지만, 헨리는 이에 아랑곳하지 않고 시간만 나면 집 뒤의 임차한 헛간에 만들어 둔 작업장에서 사륜 자동차를 제작했다.

헨리는 마침내 1896년 6월 4일 저녁 사륜 자동차를 완성했다. 당장이라도 차를 몰아보고 싶었다. 하지만 작업장의 문으로는 차가 빠져나갈 수 없었다. 그동안 신경을 차 만드는 데만 쏟다 보니 차를 작업장에서 갖고 나가는 방법은 전혀 생각해놓지 않았던 것이다. 그는 도끼를 들고 와서 문틀을 부수고, 벽돌로 된 외벽도 상당 부분 허물었다. 결국 새벽 네 시가 되어서야 클라라가 보는 앞에서 그는 승리의 나팔을 불며 차를 몰고 나갈 수 있었다.

다음 며칠 동안 헨리는 차를 몰고 디트로이트 시내 전역을 달렸다. 사람들은 "저기 크레이지 헨리(Crazy Henry)가 지나간다"고 떠들어댔다. 주말에는 가족 농장이 있는 디어본까지 몰고가 가족들을 전부 태워주었다. 아버지 딱 한 명만 빼고서.

비록 실패하고 말았지만 헨리가 맨 처음 상업적인 모험을 시도해본 것은 아버지 덕분이었다. 당시 디트로이트 시장이었던 윌리엄 메이버리는 부동산으로 큰돈을 번 인물인데, 헨리의 아버지와 삼촌들과 친한 사이였다. 그는 1897년 헨리가 에디슨 회사에 다니면서 두 번째 자동차를 제작할 수 있도록 자금을 대주었다. 이 두 번째 차가 완성되자 메이버리는 디트로이트 최고의 갑부였던 목재 기업가 윌리엄 머피를 헨리에게 소개시켜주었다.

메이버리를 비롯한 디트로이트의 다른 자수성가 형 백만장자들처럼 윌리엄 머피 역시 자동차에 큰 흥미를 느끼고 있었다. 이제 나이 마흔이 가까워오는 헨리를 만난 자리에서 머피는 만일 자기를 새 차에 태우고 디트로이트에서 파밍톤을 거쳐 폰티악까지 간 다음 다시 돌아온다면 (총 60마일 거리) 자동차 공장을 지을 수 있도록 자금줄을 연결해주겠다고 했다. 이 여행은 간단하게 끝났고, 1899년 8월 5일 디트로이트 오토모빌 컴퍼니(Detroit Automobile Company)가 설립돼 헨리가 생산 총감독을 맡았다. 머피를 비롯한 12명의 전주(錢主)가 15만 달러를 출자해 머피가 폰티악까지 타고 간 자동차를 마음껏 만들도록 했다.

헨리는 자신의 꿈과 열정을 위해 즉시 에디슨 회사를 그만두었다. 하지만 새로운 회사에서 그는 시장성 있는 제품을 생산해내기 보다는 자기가 원하는 자동차를 제작하는 데 열을 올렸다. 결국 디트로이트 오토모빌 컴퍼니는 설립한 지 6개월 만인 1900년 11월 불과 12대의 자동차만 생산한 채 투자자들에게 8만6000달러의 손실을 안기고 해산하고 말았다.

헨리는 다시 새로운 자동차를 만들기 위해 후원자를 찾아 나섰다. 포드의 나이 이미 서른일곱이었고, 아들 에드셀은 일곱 살이었다. 돈줄을 찾을 수 없는 데다 직장도 구하기 힘들어지자 포드는 가족들이 있는 농장으로 돌아갔다. 직업도 없이 실의에 빠져있던 이 시기에 친구들이 그에게 와서 윤회를 다룬 신학 책을 읽어보라고 했다. 당시 대중적으로 인기가 높았던 《위대한 질문에 대한 짧은 소견A Short View of the Great Questions》이었다. 이 책을 몇 번이나 읽은 포드는 강력한 윤회 신봉자가 됐다. 그 후 20여 년간 그는 어려운 난관을 이겨낼 때마다 그 특유의 광적인 반 유대주의 편견은 물론 윤회론에 대해서도 서슴없이 토로했다. 그의 전기작가인 피터 콜리어와 데이비드 호로위츠는 이렇게 썼다:

그는 걸어 다니는 미신과 선입관 덩어리였다. 신기술 아이디어가 결정적인 국면으로 접어들었을 때는 검은 고양이가 길을 지나가는 것도 걱정스러워했고, 사다리 아래로는 지나가려고 하지 않았다. 만일 아침에 양말을 뒤집어 신고 나왔다면 절대 다시 뒤집어 신지 않았다. 빨간 머리가 지나가는 것을 보면 반드시 하얀 말을 봐야 했고, 하얀 말을 보면 빨간 머리를 봐야 했다. 둘 사이에는 뭔가 함께 해야 하는 이유가 있다고 믿었다. 13일의 금요일에는 어지간해서는 집밖으로 나오지 않았다.

그의 이 같은 미신과 선입견은 "크레이지 헨리"가 1900년대 초 자동차 산업에 다시 뛰어들려고 했다가 재차 실패하고 다음에 겨우 기회를 얻게 되면서 더욱 강해졌을 것이다.

캐딜락이 태어나다

디트로이트 오토모빌 컴퍼니가 해체된 뒤 1년도 채 되지 않아 헨리 포드는 앞서 이 회사에 돈을 댔던 윌리엄 머피의 지원을 다시 받게 됐다. 디트로이트에서 최고의 갑부이자 유력 인사이기도 했던 머피는 여전히 자동차 산업에 흥미를 느끼고 있었다. 그 무렵 자동차 경주대회가 인기를 끌면서 자동차는 점점 더 대중들의 관심을 모으고 있었다.

포드가 머피에게 다른 차를 전부 따돌릴 경주용 자동차를 한 대 만들겠다고 하자 머피는 딱 한 대만 제작할 수 있는 돈을 지원해주기로 했다. 포드는 열정을 다해 경주용 자동차를 만들었고, 마침내 세계 기록 보유자인 알렉산더 윈턴에게 도전했다. 경주는 1901년 10월 10일 열렸다. 8000명 이상의 관중이 운집했고 전국적인 뉴스거리가 됐다. 자신이 만든 차를 직접 몰게 된 무명의 헨리 포드는 출발하기 전부터 상대가 되지 않을 것으로 보였다.

그러나 행운의 여신은 포드 편이었다. 윈턴의 차가 초장부터 기계적인 고장을 일으킨 것이다. 엔진에서 파란 연기가 솟아오르는데도 불구하고 윈턴은 끝까지 완주했지만 자동차 경주에 처음 나선 포드의 자동차가 조금 더 먼저 결승점을 통과했다.

헨리 포드의 이름은 전국적으로 널리 알려졌다. 이런 유명세에 힘입어 그는 자동차 경주가 끝난 지 두 달도 채 안 돼 새로운 자동차 회사를 설립하는 데 필요한 자금을 다시 모을 수 있었다. 이번에는 자기 이름을 붙인 회사를 만들어 자신의 명성을 최대한 활용하기로 했다. 그러나 포드의 새 공장에 돈을 대준 사람들 역시 신문에 대서특필되는 것보다는 돈을 벌기를 원했던 디트로이트의 백만장자들이었다.

투자자들은 시장성 있는 실용적인 자동차를 생산하기를 바랐다. 하지만 포드는 이번에도 자신의 명성을 높여줄 경주용 자동차를 만들기 시작했다. 전기작가인 로버트 레이시는 이렇게 지적했다: "그는 상대방의 진심을 어떻게 끌어내는지는 알았지만 그 진심에 어떻게 보답해야 하는지는 몰랐다."

포드를 지원해준 후원자들의 인내심은 금방 바닥났다. 그들은 투자한 돈을 회수하기 위해 안간힘을 썼다. 디트로이트의 자동차 생산업자와 부품업체들에게도 이들의 불만 섞인 목소리가 들려왔다. 새로운 엔진을 개발했지만 올즈 모터 경영진에 의해 퇴짜를 맞은 헨리 릴랜드에게 이 뉴스는 예사롭지 않게 들렸다. 투자자들이 헨리 포드에게서 손을 떼려고 한다는 사실을 알게 된 릴랜드는 자신의 엔진을 보여주겠다고 제안했다. 그가 생산한 제품의 품질과 명성을 익히 들어왔던 투자자들은 이 제안을 흔쾌히 받아들였다.

릴랜드의 프리젠테이션이 끝나자 투자자들은 완전히 넘어가버렸다.

헨리 포드의 이름을 붙인 회사에서 포드는 나가게 됐고 그 자리에 릴랜드가 들어오게 됐다. 대신 포드에게는 900달러의 현금과 그동안 개발해 왔던 경주용 자동차를 계속 만들 수 있는 권리를 주었다.

1902년 8월 27일 헨리 포드 컴퍼니(Henry Ford Company) 이사회는 공식적으로 회사를 청산하고, 릴랜드의 엔진을 장착한 새로운 자동차를 만들 수 있는 회사를 재구축하기로 했다. 회사 이름은 릴랜드에게 짓도록 했는데, 그는 캐딜락 오토모빌 컴퍼니(1904년에 캐딜락 모터 카 컴퍼니로 바꾸었다)라고 했다. 1702년에 디트로이트를 처음 발견한 프랑스 탐험가 앙트완 데 라 모세 캐딜락의 이름을 딴 것인데, 마침 그해가 디트로이트 발견 200주년이 되는 해여서 캐딜락이라는 이름이 사람들 입에 자주 오르내리고 있었다. 릴랜드는 또 캐딜락 가문의 문장(紋章)을 새 회사의 상징으로 채택했다.(이 문장은 오늘날에도 캐딜락 브랜드 로고에 그대로 남아있다.)

최초의 캐딜락 자동차는 포드 축출 후 몇 개월 만에 만들어져 1903년 뉴욕 자동차 전시회에 모델 A라는 이름으로 첫 선을 보였다. 높은 품질과 정밀도, 내구성에서 자타가 공인하는 릴랜드의 명성을 고스란히 담아낸 자동차였다. 이 차는 특히 한 명의 장인이 아니라 여러 명의 엔지니어가 하나의 팀을 이뤄 만들어낸 최초의 자동차였다. 캐딜락은 1904년에 2000대가 제작됐고, 올즈모빌에 이어 미국에서 두 번째로 많이 팔린 자동차가 됐다.

릴랜드가 만든 최초의 캐딜락이 이뤄낸 기술적 진보 중에서 특히 눈에 띄는 것은 더 크고 더 오래 가는 크랭크축이었는데, 이런 크랭크축을 돌리기 위해서는 역시 더 크고 더 오래 가는 베어링이 필요했다. 베어링은 자동차의 차축을 공급하는 웨스턴-모트(Weston-Mott)라는 회사에서 일괄 공급하도록 일종의 하도급을 주고 있었다.(웨스턴-모트는 나중에 빌리 듀란트가 인수해 알프레드 슬로안 휘하의 제너럴 모터스 액세서리 그룹에 편입된다.)

웨스턴-모트는 당시 베어링 업계에서 최고 품질로 알려진 하이야트 롤러 베어링을 찾아와 캐딜락만의 특별한 베어링을 제작해달라고 요청했다. 웨스턴-모트는 이미 다른 여러 베어링 생산업체에서 납품 받았지만 릴랜드가 전부 퇴짜를 놓았고, 마지막으로 하이야트에 주문을 하게 된 것이었다. 나이 60세의 릴랜드는 하이야트 베어링에서도 문제를 발견했다. 그런데 이번에는 웨스턴-모트가 아니라 하이야트에다 대고 직접 이야기했다. 릴랜드는 알프레드 슬로안을 디트로이트의 자기 사무실로 불렀는데, 슬로안이 미처 들어보지 못한 신랄한 어조로 다그쳤다.

슬로안은 그때의 장면을 《어느 화이트칼라의 모험》에 이렇게 적어두었다:

> 허연 수염이 난 헨리 릴랜드는 나를 향해 마구 지껄여댔는데, 그럴수록 그의 긴 얼굴이 더 인상적으로 와 닿았다.
> "슬로안 씨, 캐딜락은 단순히 팔면 끝나는 게 아니라 제대로 달리도록 만들어져야 합니다."
> 그의 책상 위에는 우리 회사의 롤러 베어링이 마치 재판을 받고 있는 용의자처럼 놓여 있었다.
> "당신네 회사의 스틴스트럽 씨가 말하기를 이 베어링은 하나같이 1000분의 1인치 오차 이내로 정확하다고 했는데, 이걸 보시오!" 그러더니 그는 문제의 베어링 하나를 손가락으로 집어 들었다. "도대체 일관성이 없어요."

정밀함이 몸에 밴 헨리 릴랜드는 모든 베어링 생산업자들에게 분노를 터뜨렸던 것 같았다. 그런데 갑자기 나에게 이런 질문을 던진 것을 보면 우리에게는 다소 화가 누그러진 게 아닌가 싶었다. "슬로안 씨, 내가 왜 당신네 회사한테 주문한지 알고 있소?"

내가 대답하자 그는 자리에서 일어나 창가로 성큼성큼 걸어가더니 나에게 오라고 손짓했다. 그는 산더미처럼 차축이 쌓여있는 공장 야적장을 가리켰다.

"저 바깥의 차축에 들어 있는 베어링들은 캐딜락의 하중을 못 견딘단 말이오. 베어링 볼과 보강재가 깨지고 완전히 바스러져버려요. 그래서 주문을 취소했는데, 생산업자는 계속 들여오는 거야. 만일 당신이 내가 원하는 품질을 충족시켜주지 못한다면 저쪽에 있는 500개의 웨스턴-모트 차축은 다 갖다 버릴 생각이오……."

그와 대화를 나누면서 대량 생산의 진정한 의미가 무엇인지 절실히 깨닫게 됐다. 나는 엔지니어이자 제조업자였고, 스스로 의식이 있다고 생각해왔다. 그러나 릴랜드 씨에게 작별 인사를 한 뒤 완전히 다시 생각하게 됐다. 나는 우리 제품의 정밀도를 높이기 위해 그 사람만큼 광적으로 매달리기로 결심했다. 이전과는 전혀 다른 표준을 하이야트 베어링에 적용하게 된 것이다.

슬로안은 《어느 화이트칼라의 모험》에서 이날 만남과 관련해 3페이지나 할애했다. 이건 다른 어떤 사건이나 결정에 대한 내용보다 분량이 많은 것으로 릴랜드에게서 받은 충격이 얼마나 컸으며, 높은 품질과 정밀도에 대한 그의 고집이 슬로안의 삶과 성공에 얼마나 결정적인 영향을 미쳤는지 잘 보여주는 대목이다.

알프레드, 헨리 포드를 만나다

릴랜드는 높은 품질과 정밀도에 모든 힘을 다 쏟는 스타일이었고, 슬로안은 기업가로서 무엇보다 이 점을 높이 샀다. 반면 헨리 포드는 그와 정반대의 성격이었다: 충동적이고 도전적이고 어느 누구로부터도 충고나 지시를 받지 못하는 인물이었다. 앞서 헨리 포드 컴퍼니의 재정적 후원자들이 그를 버리고 릴랜드를 선택했을 때까지 포드는 함께 일해왔던 모든 투자자와 파트너들을 전혀 배려하지 않았다. 멋대로 굴러갔던 초창기 자동차 산업을 감안하더라도 정말 누구와도 비교할 수 없는 재주였다.

슬로안이 포드를 처음 만난 것은 1902년 뉴욕 자동차 전시회에서였다. 하이야트는 수십 곳의 부품 전시업체 가운데 하나였고, 슬로안과 스틴스트럽은 잠재 고객들을 알아두기 위해 전시회에 참석했다. 하이야트의 전시관은 다양한 자동차들이 전시돼 있는 홀 중앙을 내려다 볼 수 있는 통로에 자리잡고 있었다. 포드를 이미 알고 있던 스틴스트럽은 그를 데려와 슬로안에게 소개시켜주었다. 알프레드의 회상을 들어보자:

우르르 카운터 쪽으로 지나가는 사람들 가운데 한 명을 피트가 소리쳐 불렀다. 키가 크고 호리호리한 남자가 발길을 멈추더니 피트와 악수를 하고는 더비 모자를 벗어 이마를 닦았다. 전시회를 둘러보느라 그도 고단한 것 같았다.

"이리 들어오세요." 피트가 재촉했다. "여기보다 더 편한 데는 없어요. 여기 난간에 앉아서 전시회를 보면 귀빈석이 따로 없지요." 그리고는 나에게 소개했다. 방문객의 이름은 헨리 포드였고…….

이미 포드 씨는 우리에게 상당히 큰 고객이었다. 롤러 베어링 주문만 해도 꽤 많았으니 말이다. 그러나 나는 그때까지도 내가 역사적인 인물과 이야기하고 있다는 사실을 전혀 모르고 있었다. 그 사람만큼 전체 산업의 발전에 크게 공헌한 경우도 없었다. 앞서도 언급했듯이 대량 생산의 기본 개념은 호환 가능한 부품 시스템이다. 그러나 실은 그것 이상이 필요했다. 일관 작업 라인을 구성하는 여러 단계의 제조 공정으로 호환 가능한 부품들이 끊임없이 흘러 들어가고 나가는 공장 시스템 기술이 있어야 했다. 포드 씨가 전체 산업 발전에 끼친 눈부신 공헌은 바로 거기에 있다.

알프레드가 1902년 뉴욕 자동차 전시회에서 포드와 만났을 때는 마침 포드가 새로운 자금줄을 막 찾아냈을 무렵이었다: 돈도 많고 이름도 널리 알려진 자전거 레이서 톰 쿠퍼로 자동차 경주에 열광하는 인물이었다. 포드는 그해 여름 쿠퍼의 돈으로 사실상 똑같은 경주용 자동차 두 대를 만들었는데, 각각 '애로우'와 '999'라고 명명했다.

뉴욕-시카고 간 노선에서 최고 속도를 기록한 기관차 이름을 딴 999는 당시까지 만들어진 자동차 가운데 가장 크고 가장 강력한 것으로, 길이가 3미터에 70마력의 대형 4기통 엔진을 달고 있었다. 엔진과 운전석 외에는 이렇다 할 차체라고 할 만한 것도 없었고, 후드나 뒷바퀴 덮개도 없었다.

헨리 포드의 새로운 프로젝트 소식을 들은 알렉산더 윈턴이 포드에게 두 번째 경주를 하자고 도전해왔다. 포드는 이번 경주에 999를 출전시키기로 하고, 운전은 쿠퍼의 친구이자 자전거 경주 기록 보유자이기는 하지만 자동차 경주는 한 번도 해본 적 없는 바니 올드필드에게 맡겼다.

경주는 1902년 10월 25일 열렸고, 다시 한번 언론의 주목을 받았다. 자동차 경주에 처음 나선 올드필드는 윈턴을 이겼을 뿐만 아니라 5마일 코스를 5분28초에 달려 세계 기록까지 세웠다. 올드필드는 팬들의 어깨 위에 올라 트랙을 돌았고 금세 유명 인사가 됐다. 그 뒤로 포드는 쿠퍼와 사이가 벌어져 그에게 999를 팔고(애로우는 포드가 가졌다) 다시는 그와 함께 사업을 하지 않았다.

하지만 행운의 여신은 헨리 포드에게 미소를 지었다. 쿠퍼와 결별하기 전에 이미 그는 더 많은 자금 지원을 받기 위해 여기저기 알아보고 다녔는데, 잠재적인 후원자들에게 그의 계획은 "보통사람들을 위한 자동차"를 만드는 것이라고 이야기했다.

이번에 그의 후원자로 나선 사람은 디트로이트 최대의 석탄상이었던 알렉산더 말콤슨이었다. 수십 가지 벤처 사업에 관여하고 있던 말콤슨 역시 디트로이트의 다른 노장들처럼 자동차 게임에 끼어들고 싶어했다. 1902년 8월 두 사람은 포드 앤 말콤슨 유한회사(Ford & Malcomson Ltd.)를 설립했다.

널리 알려진 999의 승리도 있고 해서 포드 앤 말콤슨은 첫 차를 만들기도 전에 회사 이름을 포드 모터 컴퍼니로 바꾸었다. 놀랍게도 이번에는 헨리 포드가 약속을 지켜 보통사람을 위한 차를 생산하는 데 주력했다. 1903년에 제작하기 시작한 모델 A(앞서 나왔던 릴랜드의 모델 A나 포드가 1927년에 시판한 모델 A와 다른 것이다)는 근본적으로 성능이 개선된 엔진을 달았고, 진동 저감과 파워 증강을 위해 실린더를 수평이 아니라 수직으로 배치한 게 특징이었다. 모델 A가 나온 뒤부터 모든 내연기관 실린더는 지금처럼 수직으로 자리잡게 됐다.

이렇게 처음 만들어진 모델 A가 성공을 거두자 헨드 모드의 앞날 역시 밝아졌다. 그러나 그 이후에도 파트너와 결별하고 후원자와 사이가 벌어지는 일이 잦았다. 그 사이 포드는 자기 자신은 물론 그의 가족과 심지어 고향 사람들조차 상상하지 못했을 정도로 유명해졌고 성공했으며 논란의 중심에 서기도 했다.

한편에서는 빌리 듀란트라는 이름의 성공적인 기업가이자 세일즈맨이 거침없이 성장해가고 있었다. 그는 마차 사업과 플린트에서의 삶에 싫증을 느끼고 있었다.

빌리 듀란트는 아직 자동차에 손도 대지 않았다. 따라서 헨리 포드가 매번 실패하면서도 새로운 벤처 사업을 후원해줄 돈줄을 찾아내는 비상한 능력이 있다는 사실을 알지도 못했고 관심도 없었을 것이다. 빌리는 그때까지 실패해본 적이 없었다. 그는 후원자나 파트너와 사이가 틀어진 적도 없었다. 하지만 빌리에게도 그런 운명이 기다리고 있었다.

5 마차에서 자동차로

Restless in Flint, Antsy in New York

빌리 듀란트가 자동차 산업에 뛰어든 것은 알프레드 슬로안이나 헨리 포드에 비해 훨씬 늦었지만 그가 자동차를 처음 타본 것은 두 사람보다 한참 빨랐고, 랜섬 올즈와 헨리 릴랜드가 내연기관 엔진을 제대로 만들기도 전이었다. 빌리는 그의 마차 사업이 붐을 타기 시작하던 1889년에 플린트에 있던 조카의 증기 엔진 자동차를 처음 타봤다. 빌리는 그러나 심한 소음과 투박한 외관, 느린 속도로 인해 마차를 위협할 상대가 아니라고 판단했다.

사실 듀란트는 40대 나이가 돼 상당한 재산을 모으기 전까지 자동차를 전혀 실용적인 기계로 보지 않았을 뿐만 아니라 해볼 만한 사업으로 생각하지도 않았다. 하지만 가장 뛰어난 자동차를 직접 몰아보고 나서는 자동차에 흠뻑 빠져들게 됐다. 일단 그렇게 되자 자동차는 그에게 새로운 열정이 됐던 것이다.

마거리는 열다섯 살 되던 해 처음 자동차를 타봤는데, 그걸 아버지한테 말하자 빌리가 얼마나 놀랐는지 생생히 기억한다. (그해는 헨리 릴랜드의 캐딜락 모터 컴퍼니가 출범한 1902년이었다.) 그녀가 탄 자동차는 나중에 사라져

버린 팬하드였는데, 학교 친구 아버지의 것이었다. 자동차를 타고 학교에서 시골로 소풍을 다녀오는 코스였다. 이 정도에도 마거리는 고글을 새로 샀고, 모자를 턱 아래까지 묶어줄 베일까지 준비했다.

그녀는 집에 오자마자 아버지한테 얼마나 대단했는지 자랑했다.

"아빠, 말이 없는 마차를 탔어요!" 마거리가 큰소리로 외쳤다. 빌리는 딸에게 다시 한번 말해보라고 한 뒤 그답지 않은 냉랭한 목소리로 이야기했다: "얘야, 너는 어떻게, 세상에 그런 것에다 네 목숨을 거는 그런 바보 같은 짓을 할 수 있니!"

이로부터 3년 뒤의 모습을 보자. 빌리는 자신의 저택 식탁에서 창업 파트너인 댈라스 도트, 그리고 새로 인수한 신설 자동차 회사의 수석 참모인 찰스 내쉬와 자동차 전략 회의를 가졌다. 빌리는 두 사람에게 머지 않아 자동차 기업 한 곳이 1년에 1만 대를 팔게 될 것이며, 10만 대를 파는 날도 곧 올 것이라고 말했다.

당시까지는 어떤 미국인도, 심지어 "크레이지 헨리 포드"조차도 그런 꿈은 꾸지 않았다. 내쉬는 도트를 돌아보며 이렇게 얘기했다: "빌리가 좀 이상하군."

내쉬는 맨 처음 일당 1달러에 플린트 로드 카트 공장의 주물공으로 들어왔다. 이날 전략 회의 후 7년 만에 제너럴 모터스의 사장으로 선출됐지만, 그로부터 4년 뒤 빌리에 의해 해임됐다.

플린트에서의 순탄한 삶

마거리가 몰래 자동차를 탔던 1902년 무렵 빌리의 마차 사업은 예상을 훨씬 뛰어넘는 성장세를 구가하고 있었다. 빌리의 비전과 성공적인 경영 덕분에 한낱 시골에서 벗어날 수 없었던 플린트의 수백 세대들이 넉넉한 삶을 영위할 수 있었다. 휴일이면 공장에서 회사 비용으로 파티를 열었고 근로자들에게 결혼 선물까지 보내주었다. 연공서열 순으로 보너스도 종종 지급했다. 대부분의 근로자들이 매주 6일, 하루 9시간씩 일하고, 4~10달러의 주급을 받았지만 이 정도 급여나 근로시간이면 다른 산업에 비해 나쁘지 않은 편이었다.

사실 빌리의 공장에서 일하는 근로자들에게 더 중요한 것은 철강이나 기관차 산업에 비해 노동강도가 훨씬 덜하다는 점이었다. 마차 부품은 주로 목재였고, 몇몇 금속 부품이 있었지만 그나마 작고 가벼워 기껏해야 한두 사람이 큰 기계장치의 도움 없이 조립할 수 있었다. 부품을 맞추는 작업 역시 수작업이나 쇠망치 혹은 나무망치로 두드리면 충분했다.

듀란트는 가끔 예고 없이 공장을 돌아다니면서 근로자들과 대화를 나누곤 했다. 한번은 이런 일이 있었다. 당시 플린트 공장에서 경마차 마감 작업을 감독하던 찰스 내쉬가 말하기를, 마감 작업을 하는 데 쓰는 쇠못의 품질이 나빠 근로자들이 애로를 겪고 있다는 것이었다. 근로자들은 대개의 목수들처럼 쇠못을 입에 넣고 있다가 빼서 쓰는데, 못대가리가 제대로 다듬어지지 않은 채 날카로워 입술을 베이거나 어쩔 수 없이 구부려서 쓴다는 말이었다. 근로자들 앞에서 이 문제를 처음 들은 빌리는 당장 내쉬에게 더 좋은 품질을 쇠못을 주문하라고 지시했다. 문제는 해결됐고, 마감 작업의 생산성은 높아졌으며, 내쉬는 곧 플린트 공장의 전 생산공정을 감독하는 자리로 승진했다.

노사분규 무풍지대

듀란트의 공장에서는 당시 다른 산업에서 한창 고조되고 있던 쟁의의 열기도 찾아볼 수 없었다.

심지어 금융이 아닌 실물 경제 부문에서 미국이 처음으로 불황을 겪은 1893년 패닉 때도 노사분규는 전국적으로 뜨겁게 달아올랐지만 듀란트와 도트는 모든 공장을 정상 가동시켰다: 듀란트의 제품에 대한 열정과 근로자에 대한 애정이 그 바탕이었다. 당시 단 한 건의 분규도 없었고, 임금이나 근로조건을 이유로 회사를 그만둔 근로자도 없었다. 심지어 노동조합을 조직하려는 시도조차 없었다.

이 같은 안정된 분위기와 근로자들의 만족은 다른 곳에서는 보기 드문 것이었다. 듀란트와 도트가 플린트 로드 카트 컴퍼니를 시작했던 1886년에만 해도 시카고에서 벌어진 헤이마켓 소요 사태로 8명의 경찰관이 목숨을 잃었다. 같은해 전미노동자연맹(AFL)이 출범했다. 1890년에는 셔먼 반독점법이 통과됐고, 호전적인 전미광산노동자연합(UMW)이 만들어졌다.

그런데도 놀랍게도 플린트의 근로자들은 노동 현장의 이런 분위기나 소요 사태를 알지도 느끼지도 못했다. 이런 상황은 대공황이 전국을 휩쓸던 1930년대까지 40년간이나 더 이어졌다. 물론 그때는 빌리 듀란트가 아니라 알프레드 슬로안이 "보스(the Boss)"였다. 슬로안은 제너럴 모터스를 흑자 회사로 지켜내겠다고 단단히 마음먹었고, 노사간의 불신과 적대감을 이전 세기와 같은 가부장주의와 온정주의로 대체하고자 했다.

어쨌든 1890년대의 도금 시대가 끝나갈 즈음 플린트의 듀란트-도트 마차 회사는 아주 좋았고, 미래는 더 밝아 보였다. 듀란트-도트 회사는

1901년에 플린트에만 8개 공장이 있었고, 플린트에서 가장 많은 근로자를 고용한 기업이었다. 1892년부터 1902년까지 거의 매년(7년) 자회사를 편입하거나 새로운 사업 부문을 추가했다.

빌리 듀란트는 개인적으로 여러 개의 경마차 모델을 설계해 히트를 쳤다. 그 중에는 비교적 단순하고 가격도 싼 다이아몬드라는 이름의 경마차가 있었는데, 빌리가 처음 구상한 지 6개월 만에 출시된 모델이었다. 그는 또 수직 계열화(당시에는 이런 말조차 없었다)라는 미래의 사업 모델을 시도해 차대와 차축, 바퀴, 심지어 니스 같은 핵심 부품을 생산하는 주요 업체들을 사들였다.

일에 몰입하는 데서 희열을 느끼다

이 같은 성장세에 힘입어 듀란트-도트 회사의 근로자들과 가족, 지역 주민들은 전례 없는 풍요를 누렸지만, 듀란트 휘하의 참모들에게는 그리 간단한 일이 아니었다. 듀란트는 자신이 스스로를 몰아붙이듯이 다른 경영진도 그렇게 몰아붙이기를 원했다. 하지만 보통사람이 그런 식으로 더 빨리 더 강하게 몰아붙였다가는 오래 견뎌낼 수가 없었다. 핵심 경영진 각자가 맡은 직책은 명확하면서도 중요한 업무였다: 댈라스 도트는 관리, 프레드 올드리치는 재무, A.B.C. 하디는 공장간의 협력 및 운송, 찰스 내쉬는 생산을 맡았다. 빌리는 언제든 자기 아이디어를 내놓고 제안과 질문을 할 것이라는 점을 경영진 모두 잘 알고 있었다.

그들 모두는 빌리를 존경했고, 앞으로 더 성장할 것이라는 그의 꿈을 공유했다. 그들은 서로를 팀원이 아니라 가족처럼 여겼다. 모두들 사는 집도 가까이 있었고 함께 출근했고 식사도 같이 했다. 듀란트-도트 본사 건물은 그 시절의 일반 사무실과 달리 그냥 거실 같은 분위기였다. 각자의 사무 공간을 구분 짓는 칸막이 벽도 없었고, 책상과 캐비닛 대신 소파와 화분이 놓여 있었다.

이런 대학 캠퍼스 같은 분위기 덕분에 허심탄회한 대화가 오갈 수 있었지만, 업무 시간과 부하가 정상적인 일과 시간이 아닌 빌리 개인의 스타일에 의해 결정되는 부작용도 있었다. 그는 늘 어떻게 하면 최근의 멋진 아이디어를 더 잘 써먹을지 혹은 다음 번 아이디어는 어떻게 할지를 궁리했다. 그는 경영진의 외모나 습관 따위는 전혀 신경 쓰지 않았다. 경영진이 됐든 단순 근로자가 됐든 중요한 것은 그 사람의 실적이었다. 그 사람이 최선을 다 하면 만족했지만, 변명은 일절 듣지 않았다. 마거리가 회상하기로는, 그는 항상 자기 자신에게도 더 많은 것을 요구했다:

> 아버지는 늘 스스로를 혹사시켰다. 무엇이든 더 세게 몰아붙였다. 그러고도 어떻게 견뎌냈는지 도저히 알 수가 없다. 아버지는 근육질이기는 했지만 마른 편이었다. 당시 유행하던 건강에 좋은 운동이라곤 전혀 하지 않았다. 시가는 거의 물고 살았다. 시가를 들고 있지 않은 모습은 본 적이 없는 것 같다.
>
> 밤에는 두세 시간밖에 안 잤다. 에디슨처럼 아버지 역시 사람에 따라서는 많이 안 자도 된다고 생각했다. 내가 보기에 아버지는 일에 완전히 몰입해 희열을 느끼는 데서 에너지를 얻는 것 같았다. 아버지에게는 그게 일상의 강장제였다. 다른 사람이 야간 작업으로 힘들게 일해야 할 경우 아버지는 그에게 새로운 아이디어를 불어넣어줌으로써 늘 긴장하고 자

극 받을 수 있게 했다.

그러면서도 아버지는 정신력이 강하지 못하거나 체력이 떨어지는 사람은 상당히 배려해주는 편이었다. 노력하는 자세만 보이면 더 이상 따지지 않았다. 만일 도저히 참아줄 수 없는 단계에까지 이르면 일단 그 자리에 놔둔 채 몸이 다치지 않는 범위 안에서 최선을 다할 수 있도록 자극을 주었다.

아버지에게 시간은 인생에서 가장 소중한 것이었다. 전념해야 할 대상에는 아낌없이 시간을 쏟아 부었고, 또 중요하다고 생각하는 것에는 한없이 시간을 소비했지만, 1분이라도 시간을 낭비하는 것은 창조주에 대한 도전이라고 생각했다.

마거리가 생생하게 기억하는 사건이 하나 있다. 빌리가 보기에 새 경마차의 재료로 쓰일 목재의 품질이 영 만족스럽지 못했다. 그는 참모들에게 문제를 해결하라고 지시하는 대신 직접 달려들었다. 그는 전국 각지의 납품업체들에게 샘플을 주문했지만 그의 기준을 충족시키는 것은 하나도 없었다. 마침내 그는 기차를 타고 혼자 샌프란시스코로 갔다. 거기서 말과 마차를 바꿔 타가며 오레곤으로 향했다. 자기가 정한 내구성 기준에 맞는 훌륭한 목재가 그곳에 있을 것이라는 일념으로 찾아나선 것이었다. 그는 오레곤에서 원하던 목재를 발견했다. 그는 주문을 한 뒤 플린트 행 기차를 타기 위해 샌프란시스코로 돌아왔다. 그런데 기차표를 사고 나니 주머니에 돈이 거의 하나도 남지 않았다. 결국 그는 플린트 역에 도착할 때까지 하루에 한 끼만 먹어가며 일주일을 버텨냈다. 그의 주머니에는 달랑 25센트가 남아 있었다. 하지만 그는 원하던 품질의 목재를 손에 넣을 수 있었다.

마거리 입장에서야 당연히 이해하려는 시각에서 보았겠지만, 빌리를 공격하는 쪽에서조차 그가 정력이 부족하다든가 추진력이 모자란다고 비난하는 경우는 없었다. 문제는 이런 에너지와 추진력을 어디에 집중하느냐였다. 최우선은 그에게 가장 급한 것이었다. 그로 인해 다른 경영진의 업무와 일정이 망가져도 할 수 없었다.

빌리의 광적인 스타일로인해 그의 가장 가까운 동료이자 회사 직원 한 명이 과중한 업무 부담에서 탈출하기 위해 사표를 제출했다. 바로 이 사람이 플린트 최초의 자동차 회사를 설립하고, 결국 빌리로 하여금 운명의 자동차 사업에 뛰어들게 한 주인공이 됐다.

경고: 자동차가 깔아뭉개기 전에……

빌리 듀란트가 알렉산더 브로넬 컬렌 하디(사업상 동료와 친구들은 늘 A.B.C.라고 불렀다)를 만난 1889년 하디는 스무 살이었다. 빌리는 미시간 주 데이비슨의 경쟁 업체에서 근무하던 이 청년에게 일자리를 제안한다. 하디는 직장을 옮기자마자 뛰어난 재고 관리와 생산 공정 관리, 자발적인 연장 근무로 빌리의 신임을 샀다. 빌리가 저가의 경마차 모델 다이아몬드를 생산하겠다는 아이디어를 내자 하디는 제작 책임자로 임명됐다.

다이아몬드는 플린트 로드 카트가 재탄생하는 계기가 될 터였다: 대중들을 위한 군더더기 없는 저가의 새로운 마차로 대량 생산해 현금 판매할 예정이었다. 빌리는 1895년 크리스마스 휴가 때 이 아이디어를 처음 떠올리자마자 댈라스 도트에게 전화를 걸어 그의 지지를 얻어냈다.

도트는 그때 저녁 식사 중이었는데, 처음에는 그런 싼 값으로도 이익을 낼 수 있을 만큼 많이 생산할 수 있겠느냐며 회의적인 반응을 보였다. 결국 두 시간의 전화 통화가 이어진 뒤 도트도 찬성한다는 뜻을 밝혔다.

하디 역시 며칠 뒤 저녁 식사 중에 빌리로부터 전화를 받았다. 그리고는 거절할 수 없는 제안을 받은 것이다. 그때 하디는 가족들과 한창 칠면조 요리를 먹고 있는 중이었다. "왕초"가 전화를 끊었을 때 그는 이미 다이아몬드 경마차라는 새로운 자회사의 조직 구성과 생산 감독을 맡기로 했다.

하디는 아이디어뿐이었던 다이아몬드를 6개월 만에 시장에 내놓았다. 다이아몬드는 단숨에 성공을 거두며, 듀란트–도트 회사의 수입도 늘리고 시장 점유율도 높여주었다. 도트는 계속 커나가는 회사의 일상적인 경영을 전담했고, 듀란트는 신규 시장 개척과 새로운 기업 인수에 집중했다. 하디는 듀란트가 프린트를 떠나 있을 때면 비공식적인 대리인 역할을 했는데, 이런 일은 점점 더 빈번해졌다.

1898년 댈라스 도트는 과도한 업무 시간으로 인한 긴장과 사무실에 한시도 붙어있지 않는 빌리로부터의 시도 때도 없는 전화 공세에 녹초가 돼버렸다. 아내까지 몸져눕자 도트는 애리조나의 건조한 지역으로 2년간 안식년 휴가를 떠나겠다고 했다. 내쉬는 생산 관리 문제밖에 신경을 쓰지 않았으므로, 이제는 빌리가 아무 때고 무슨 문제든 필요한 일이 있으면 하디가 그 전화를 받아야 했다.

다들 그랬듯이 하디도 듀란트를 존경했고 충성을 다했다. 하지만 도트처럼 그도 듀란트에게서 걸려오는 끝없는 전화 공세에서 벗어날 수 없었다. 도트가 1900년에 안식년 휴가에서 돌아오자 이번에는 하디가 재충전을 위해 탈출할 차례였다. 도트가 복귀했으니 빌리는 그자리에서 하디의 요청을 승인했다.

하디는 애리조나가 아니라 유럽으로 떠났다. 당대의 숱한 성공적인 사업가들이 자동차라는 벌레에 물려 똑같은 바이러스에 감염됐던 곳으로 말이다. 그는 유럽에서 열린 자동차 전시회에 빠짐없이 참석했고, 여러 공장을 견학했으며, 생산 기술 및 기계 공정도 자세히 관찰했다. 플린트로 돌아와서는 빌리를 만나 "자동차가 깔아뭉개기 전에 마차 사업에서 빠져나와야 한다"고 조언했다.

빌리는 아직 자동차라는 벌레에 물리지 않은 상태였고, 그래서 하디의 경고를 무시했다. 하지만 자신의 독자적인 자동차 제조업체를 만들겠다고 했을 때 아무런 반대도 하지 않았다.

플린트는 여전히 마차가 주력이었다. 자동차가 알려지기는 했지만 마차 판매가 훨씬 많은 상태여서 하디는 투자자를 구하기 어려웠다. 하디는 결국 1901년 자기 돈 5000달러로 플린트 오토모빌 컴퍼니(Flint Automobile Company)를 설립했다. 그는 1년 만에 첫 자동차 플린트 로드스터를 만들어 시카고 자동차 전시회에 내보냈다. 작고 실용적이었던 하디의 로드스터는 언론의 주목을 받았지만 당시 대중적으로 인기를 끌며 저가 자동차 시장을 주름잡았던 올즈모빌보다 비쌌고, 결국 두각을 나타내는 데 실패했다. 설상가상으로 하디는 셀든에게 로열티를 내지 않았다고 해서 소송까지 당했다. 1903년 고작 52대의 자동차를 생산한 뒤 플린트 오토모빌 컴퍼니는 역사의 뒤안길로 사라졌고, 플린트에는 예전처럼 마차 제조업체들만 남게 됐다.

하디는 비록 모험 사업에 실패하기는 했지만 빌리의 가까운 동료로 남았고, 훗날 쉐보레 모터 컴퍼니가 초기에 성공을 거두는 데 결정적인 역할을 했다. 빌리 역시 하디의 자동차 사업이 실패한 뒤 그를 측근 자문역으로 적극 끌어들였다: 스스로 사표를 내고 나간 임원을 다시 껴안아주고 그 능력을 인정해주는 빌리의 모습은 알프레드 슬로안이나 헨리 포드에게는 찾아볼 수 없는 것이다. 하디는 훗날 슬로안 아래서 제너럴 모터스 부사장까지 승진했는데, 1925년 건강상의 문제로 사직했다.

빌리가 안식년을 떠나다

하디가 1901년 유럽에서 돌아와 자동차가 곧 마차를 대체할 것이라고 경고했을 당시 빌리 듀란트는 어느 모로 보나 성공한 나이 마흔의 기업가였다. 어른스러운 딸과 말수가 적은 아들이 있었고, 플린트에서 누구나 부러워하는 가장 존경받는 인사였다. 회사는 업계에서 가장 컸고 수익성도 제일 좋았다. 모두들 그가 사업상 조언해주고 지원해주기를 바랐다. 그는 허투루 돈을 쓰지는 않았지만 자기가 확신하는 것은 절대 놓치지 않았다.

    1901년 무렵에도 듀란트-토트 회사의 매출과 이익은 계속 성상하고 있었지만 빌리는 새로이 도전할 뭔가가 없어 따분해하고 있었다. 결국 그해 빌리는 플린트를 떠나 뉴욕으로 갔고, 그의 마차 사업과 아무 관련도 없고 처자식도 없는 곳에서 2년간 머물렀다.

    굳이 그가 떠난 이유를 찾자면 주식시장에 대해 더 배우겠다는 목적 하나밖에 없었다. 그는 브로드웨이 52번지에 사무실을 열고 듀란트-도트 증권회사라는 간판을 내걸었다. 그리고는 주식 트레이딩을 시작함과 동시에 투자은행가들을 비롯한 금융계 인사들과의 개인적인 네트워크를 만들어갔다. 그는 플린트에 쉬지 않고 전화를 해댔고, 가끔 깜짝 방문도 했지만 뉴욕이 그의 본거지였다. 그의 아내 클라라가 이따금 보내오는 편지에 한번도 답장을 해주지 않았다. 그는 그때까지 플린트에 살고 있던 어머니한테만 편지를 썼다.

듀란트가 뉴욕에 간 진짜 속사정은 무엇이었을까? 듀란트-도트 마차회사의 사업이 워낙 좋아 자신도 도트나 하디처럼 안식년 휴가를 쓰겠다고 생각한 것일까? 만약 그렇다면 플린트에 계속 전화를 해대고 가끔 찾아오기도 한 이유는 뭔가?

혹시 소도시 플린트의 답답한 문화에 짜증이 났던 것일까? 아니면 주식시장이 자신의 다음 도전 목표라고 생각했던 것일까? 아버지는 참담하게 실패했지만 자신은 당당히 성공할 것이라는 자신감이 있었던 것일까?

그것도 아니면 아내한테 싫증이 났기 때문에? 어쩌면 그 반대로 아내가?

아무리 따져봐도 확실한 답은 찾을 수 없다. 1901년부터 2년간의 세월은 빌리의 인생에서 빈 공간으로 남아있다.

그러나 그가 대형 증권회사를 통해 적극적으로 주식 트레이딩을 한 건 분명하다. 또한 J.P. 모건을 비롯한 유력 은행들에게도 그의 이름을 알렸고, 그들에게서 꽤 대접을 받게 된 것도 사실이다. 심지어 한 건 이상의 대형 거래도 시도해봤다. 모건 그룹에서 생산성이 떨어지는 여러 철강회사들을 설득하고 협박해가며 미국 최초의 10억 달러짜리 기업 U.S. 스틸을 너무나도 쉽게 만들어내는 것을 보며 듀란트는 제임스 휘팅에게 자신들도 마차 공장들을 전부 합쳐 U.S. 스틸과 유사한 마차 트러스트를 구축해보자고 제안했다. 비록 이때는 현실화되지 못했지만, 빌리는 몇 년 뒤 다시 이 아이디어를 끌어내 모두들 실패한 플린트에서의 자동차 사업을 멋지게 출범시켰다.

플린트로 돌아온 빌리는 1904년 말 그의 마차 회사와는 상대도 되지 않을 새로운 기업 제국의 터전을 마련했다. 뷰익 모터 컴퍼니가 그것이었다.

데이비드 뷰익이 발진하다

데이비드 던바 뷰익 역시 랜섬 올즈, 헨리 릴랜드, 헨리 포드와 마찬가지로 기계 분야에서는 천재적인 혁신가였다. 그러나 그의 사업 감각과 타고난 성격은 이들과 달리 형편없었다. 그는 자신의 이름을 붙인 자동차가 빌리 듀란트의 지휘 아래 업계의 선두주자가 되는 모습을 멀리서 바라봐야 했고, 결국 사람들의 기억에서 잊혀진 채 가난하게 생을 마감했다.

뷰익은 1854년 9월 17일 스코틀랜드에서 태어나 두 살 때 부모와 함께 미국으로 이민을 왔다. 가족들은 당시 목재 산업의 중심지이자 운송의 요지였던 디트로이트에 자리를 잡았으나 뷰익이 다섯 살 때 아버지가 세상을 떴다. 어머니는 사탕공장에서 일하며 아들을 키웠다. 그는 열한 살 때부터 농장에서 일해 어머니한테 약간의 봉급을 가져다 주었고, 어머니는 곧 재혼했다. 열다섯 살이 되자 디트로이트로 돌아와 수세식 변기와 물받이 같은 배관설비 생산업체인 알렉산더 매뉴팩춰링 컴퍼니에 정규 직원으로 들어갔다.

1882년까지 여기서 일하던 뷰익은 이미 문을 닫은 공장을 동창생과 함께 헐값에 사들여 뷰익 앤드 셔우드 컴퍼니(Buick and Sherwood Company)라고 이름 붙였다. 그가 사장을, 셔우드가 부사장을 맡았다.

셔우드는 판매와 재무를 담당했고 뷰익은 생산에 전념했는데, 그는 곧 자신의 창의성을 유감없이 발휘했다. 몇 년 사이 그가 발명한 숱한 혁신 가운데는 화장실 기구뿐만 아니라 새로운 잔디밭용 스프링쿨러도 있었고, 특히 자기(磁器)에 에나멜을 입히는 새로운 기술도 있었다. 특허를 받은 이 기술 덕분에 쇠로 만든 물받이가 사라지고 지금 같은 물받이와 욕조가 나오게 된 것이다. 뷰익의 접착 기술은 지금도 쓰이고 있다.

배관설비 사업이 호조를 보이자 뷰익도 자동차라는 벌레에 세게 물려버렸다. 자동차 외의 다른 사업은 눈에 들어오지 않게 된 것이다. 뷰익 앤드 셔우드의 사장직은 계속 유지하고 있었지만 곧 자신의 모든 에너지를 휘발유 엔진 개발에 쏟았다. 1899년 셔우드는 그에게 배관설비 사업에 다시 전념하든가 아니면 회사를 떠나라고 요구했다. 뷰익은 화가 나서 10만 달러를 받고 자신의 지분을 셔우드에게 팔았고, 그 돈으로 뷰익 오토-빔 앤드 파워 컴퍼니(Buick Auto-Vim and Power Company)라는 엔진 회사를 차렸다.

뷰익은 맨 처음 고정식 선박용 엔진을 자동차용으로 개조하는 데 주력했지만 막상 자동차 생산업자들에게 몇 대 팔지 못했다. 1902년 그는 회사를 뷰익 매뉴팩쳐링 컴퍼니(Buick Manufacturing Company)로 재구축해 내연기관 시스템뿐만 아니라 자신의 자동차까지 개발하기 시작했다.

같은 해 그는 새로운 파트너이자 동료 장인이기도 한 월터 마르와 함께 그의 첫 자동차를 만들었다. 이 자동차는 밸브를 위쪽에 장치한 최초의 엔진인데, 오늘날 볼 수 있는 오버헤드-밸브 설계의 효시였다. 오버헤드 밸브 기술은 곧 업계의 표준이 되었지만 뷰익의 회사는 이 기술을 개발해내느라 거의 파산할 지경이었다. 마르와 뷰익은 대출을 받으려 했으나 실패했고, 마르는 독립해서 자기 회사를 세웠지만 성공하지 못했다.(마르도 결국 빌리 듀란트가 뷰익을 인수한 다음 다시 합류했다.)

이 무렵 이익을 낼 정도로 많은 자동차를 생산하는 회사는 올즈모빌이 유일했다. 헨리 릴랜드도 올즈 모터 워크스에 엔진을 공급하며 돈을 벌었다. 하지만 금융가에서는 대단한 신차 아이디어를 갖고 있다고 떠들어대는 사람들을 여전히 차갑게 대했다. 모험을 좋아하는 성격의 디트로이트 백만장자 윌리엄 머피나 헨리 포드의 후원자인 윌리엄 메이버리 정도가 자동차에 돈을 댈 의향이 있었지만, 그나마도 본격적인 생산공장을 지을 수 있는 금액까지는 아니었다. 거액의 자금을 안정적으로 확보하기 위해서는 타고난 세일즈맨 정신과 뛰어난 금융 두뇌가 필요했다. 불운한 데이비드 뷰익은 두 가지 재능 가운데 어느 하나도 갖고 있지 않았다.

뷰익이 구원자를 찾다

뷰익은 월터와 벤저민 브리스코 형제로부터 돈을 지원받아 겨우 한숨을 돌렸다. 브리스코 형제는 당시 올즈를 비롯한 자동차 생산업체들에게 강판을 공급하는 메이저 업자였다. 브리스코 형제는 훗날 빌리 듀란트의 굴곡진 이력에도 결정적인 역할을 하게 된다. 하지만 뷰익을 만났을 때 이들은 엔진 생산과 자동차 조립이라는 벤처 사업을 테스트해본다는 심산이었다. 일단 돈을 지원받은 이상 뷰익은 이제 그들 마음대로였다.

브리스코 형제는 1903년에 뷰익 모터 컴퍼니의 생산공장 재구축 작업을 마쳤다. 자본금 10만 달러의 회사 지분 가운데 9만9700달러는 브리스코 형제가 갖고 뷰익에게는 300달러만 돌아갔다. 브리스코 형제는 또 뷰익에게 개인적인 용도로 3500달러를 빌려주었다. 회사를 재구축하면서 브리스코 형제는 뷰익에게 6개월 안에 대출금을 갚도록 했다. 그렇게 하면 회사 지분 100%를 되돌려주겠지만, 만일 실패하게 되면 디트로이트에 있는 작은 공장까지 포함해 회사의 모든 자산을 자기들이 갖겠다고 했다.

브리스코 형제는 당시 맥스웰(Maxwell)이라는 자동차 회사에 눈독을 들이고 있었기 때문에 뷰익 생산공장은 별로 대단하게 여기지 않았다. 브리스코 형제는 곧 데이비드 뷰익이 대출금을 갚을 수 없다는 사실을 알게 됐다. 1903년 여름 6개월 시한을 며칠 앞두고 브리스코 형제는 제임스 휘팅과 그가 운영하는 플린트 마차공장의 임원진을 만나 뷰익 모터를 매수할 의향이 있는지 물어봤다.

오버헤드 엔진에 대해 익히 알고 있던 휘팅은 브리스코 형제의 이야기를 진지하게 들었다. 그는 앞서 하디가 말했던 마차 산업이 곧 사라질 것이라는 경고를 잊지 않고 있었다. 또한 플린트가 자동차 생산지로 디트로이트나 랜싱보다 못할 것이 없다고 생각하는 사업가 중의 한 명이었다.

플린트 인구는 아직 1만5000명이 채 안 됐지만 다양한 마차 관련 공장들 덕분에 숙련된 노동력이 있었고, 제조업을 뒷받침해주는 탄탄한 기반시설을 갖추고 있었다. 수상 및 철도 운송망도 훌륭한 수준이었다. 플린트 강은 미시간 주 최고의 삼림지대와 그대로 이어져 미국 최대의 목재 공장지대가 형성될 수 있었고, 여기서 생산되는 목재는 마차뿐만 아니라 자동차를 만드는 데도 결정적인 역할을 해줄 것이었다.

휘팅은 비록 기계에 대한 지식이나 경험은 적었지만 자동차라는 게임에 뛰어들 준비가 돼 있었다. 그는 디트로이트에 있는 뷰익 공장을 방문해 그 동네에서 제일 거친 길을 시험 삼아 달려보고는 완전히 푹 빠져버렸다. 그와 임원진은 브리스코 형제의 지분을 현금 1만 달러를 주고 매수하기로 했다. 데이비드 뷰익은 시장성 있는 자동차를 계속 개발할 수 있도록 디트로이트 공장에서 일하도록 했지만, 엔진 생산시설은 플린트에 있는 자신의 마차공장 옆으로 옮기도록 했다. 휘팅은 월터 마르도 다시 고용해 엔진 제작을 맡겼다.

플린트 시 전체가 금방 달라졌다. 자동차에 도전했다가 실패한 하디의 이야기는 잊혀졌고, 이제 휘팅이 플린트를 디트로이트 같은 자동차 생산 중심지로 만들 것이라는 희망이 높아져갔다.

그러나 기대와는 달리 뷰익 모터 컴퍼니는 휘팅이 인수한 다음에도 별반 나아지지 않았다. 1904년에 다시 7만5000달러를 들여 회사를 재구축했다. 7월에는 잘 알려진 오버헤드 엔진을 장착한 첫 번째 시제품 뷰익이 만들어졌다. 월터 마르는 이 차를 타고 디트로이트까지 왕복하는 시운전을 했다. 제품에는 아무런 하자도 없었지만 생산라인이나 영업망은 전혀 갖춰지지 않은 상태였다. 8월에는 모델 B라는 이름으로 공식 판매에 돌입했으나 그해 말까지 불과 37대가 팔려나갔을 뿐이다. 이제 휘팅 자신의 명예는 물론 플린트라는 도시의 존망마저 뷰익 모터 컴퍼니의 운명에 달려 있었다.

  뷰익이 정말로 망해버린다면 플린트가 내세워왔던 "차의 도시"라는 명성은 위태로워질 것이며, 잘 나가던 기업인 여럿도 파산할지 몰랐다. 휘팅과 플린트가 기댈 수 있는 구원자는 오직 한 사람뿐이었다. 플린트가 낳은 성공신화의 주인공 빌리 듀란트였다. 비록 최근에는 가족이 있는 플린트보다 뉴욕에서 대부분의 시간을 홀로 보내오기는 했지만 말이다.

6 새로운 산업 표준: 수직 계열화
The Dropout's Next Big Thing

제임스 휘팅은 쓰려져가는 뷰익 자동차를 살려내기 위해 빌리 듀란트에게 구원의 손길을 요청했다. 만일 그러지 않았다면 빌리는 계속 뉴욕에 혼자 있었을까?

이번에도 답은 확실치 않다. 1886년 조니 앨저의 신형 마차를 처음 타봤을 때처럼 빌리가 왜 플린트에 돌아왔는지에 대해서는 다양한 해석들이 있다.

하지만 한 가지 분명한 사실은, 빌리로 하여금 플린트로 복귀하도록 한 1등 공신은 당시 듀란트-도트 마차 회사의 간부로 있던 프레드 올드리치였다는 점이다. 그는 휘팅이 플린트 마차 제작소를 할 때부터 그와 교분이 있었다. 휘팅은 뷰익 자동차를 인수한 뒤 엔진 공장을 플린트로 옮겼고, 올드리치에게 뷰익의 자금 문제를 털어놓으며 회사를 정상화하려면 누군가의 도움이 필요하다고 말했다. 올드리치는 빌리 듀란트에게 이야기해보라고 했지만, 휘팅은 직접 만나는 건 내켜 하지 않았다. 그리고는 올드리치한테 메신저 역할을 부탁했고, 그는 좋다고 했다. 결국 1904년 여름 어느날 올드리치가 뉴욕으로 가서 듀란트와 뷰익 자동차 문제를 상의했다.

　1904년 9월 4일 빌리는 플린트로 돌아왔다. 올드리치의 요청으로 그에게는 세 번째가 될 자동차 운전을 해보기 위해서였다. 하지만 이번에는 금세 자동차에 푹 빠져들어버렸다. 마치 1886년에 신형 마차를 타봤을 때처럼 말이다.

　그가 탄 차는 공장에서 갓 만들어낸 시험용이 아니라 정식으로 판매되고 있던 뷰익의 모델 B였다. 차 주인은 플린트의 저명한 외과의사인 허버트 H. 힐이었다. 힐은 이 차를 950달러에 샀는데 휘팅과 듀란트 두 사람과 모두 안면이 있었다. 휘팅이 이 의사에게 부탁해 듀란트가 자신의 운명을 바꿔놓을 운전을 하게 된 것이었다.

　빌리는 자동차가 어떻게 생산되는지는 물론 어떻게 움직이는지도 전혀 몰랐지만, 어떤 식으로 제품을 만들면 잘 팔 수 있는지에 대해서는 본능적인 감각이 있었다. 힐은 플린트 주민 대부분이 그랬듯이 빌리가 뷰익을 살려낼 수 있다면 무슨 일이든 할 참이었다. 힐은 결국 빌리가 두 달 동안 자기 차를 마음대로 쓰도록 했다. 이 차를 테스트하면서 뷰익 공장에 그의 돈과 인생을 쏟아 부을 만한지 판단해보도록 한 것이다.

　장인도 아니었고, 기계에 대해 잘 알지도 못했던 듀란트는 헨리 포드나 헨리 릴랜드, 랜섬 올즈와 전혀 다른 다른 방식으로 모델 B를 다뤘다. 다양한 운전 환경 아래서 성능과 내구성은 물론 편의성도 테스트했고, 외관과 함께 작동 및 유지보수의 편리성까지 살폈다. 그는 곧 기술을 모르는 문외한들에게 완벽한 자동차라는 결론을 내렸다. 뷰익이 개발한 오버헤드 밸브 엔진은 언덕길이나 진흙길도 거뜬히 달렸고(당시 뷰익보다 더 큰 자동차들도 해내지 못했다) 다른 엔진에 비해 수리나 유지보수가 훨씬 간편했다.

빌리는 뷰익이 자동차 업계의 선두가 될 수 있는 요건을 갖추었다고 확신했다. 휘팅이나 은행의 생각과 마찬가지로 그 역시 당면 과제는 자본을 확충하는 것이며, 그것도 빨리 해야 한다는 점을 잘 알고 있었다.

하지만 그가 뷰익의 회생을 위해 전념하려면 자신이 전권을 행사할 수 있어야 한다는 점 역시 분명했다. 그는 모든 사업 운영권을 넘겨받는다는 전제 아래 요구를 받아들이기로 했다. 1904년 11월 1일 듀란트는 공식적으로 뷰익 자동차의 경영권을 책임지기로 했다. 뉴욕에 있는 듀란트-도트 증권회사는 접고 플린트에서 생활하기로 했다: 24시간 전념하고, 모든 에너지를 여기에 집중하기로 한 것이다.

클라라와도 함께 살게 됐다. 부부 사이에 무슨 불화가 있었다 해도 빌리가 뷰익에 몰두하는 한 그건 별 문제가 되지 않을 터였다. 빌리는 다시 새로운 아이디어와 굵직한 딜, 원대한 계획에 푹 파묻혀 지냈다. 그는 이 프로젝트와 관련된 모든 사람들도 자기처럼 전념하기를 바랐다. 딸 마거리의 회고를 들어보면, 듀란트의 집은 사실상 24시간 돌아가는 그의 집무실이었다. 미리 약속하지도 않은 사람들이 수없이 드나들었고 전화도 끊이지 않고 울려댔다:

매일 밤 사람들이 플린트의 우리 집을 찾아왔다. 은행가, 변호사, 기업인, 십장, 기술자 등 온갖 사람들이 다 왔다. 아버지가 불러서 온 경우도 있었고, 아버지와 단 10분이라도 얘기하기 위해 무조건 찾아온 사람도 있었다. 속셈을 갖고 몰래 온 경우도 있었고, 나중에 한몫 보기 위해 새로운 아이디어를 들고 온 사람도 있었다.

저녁식탁에도 여럿이 둘러앉았다. 대문 앞에도 여럿이 있었다. 현관은 늘 많은 사람들로 북적거렸고, 현관 밖에도 사람들이 있었다. 모두들 진지했고, 사실과 숫자, 제안, 이견을 쏟아냈다. 사람들은 팔꿈치를 무릎 위에 얹어놓은 채 잔뜩 기대를 품고 앉아 있었다. 사람들은 얘기도 하고 듣기도 했지만 아버지는 거의 듣기만 했다. 아버지가 입을 열면 마치 바이올린 연주가 시작되는 것 같았다. 모두들 귀를 기울여야 했다. 그들은 이구동성으로 이렇게 말했다: "듀란트 같은 세일즈맨은 정말 난생처음이야."

뷰익을 전속력으로 달리게 하다

빌리가 처음 내린 결정 가운데 하나는, 비록 데이비드 던바 뷰익이 엔지니어링 팀과 잦은 마찰을 빚고 있기는 했지만 그를 계속 고용하기로 한 것이었다. 빌리는 또 회사 이름도 바꾸지 않기로 했다. 마거리는 이 결정에 대해 이렇게 적었다:

"뷰익―뷰익―" 아버지가 중얼중얼거렸다. "사람들이 꼭 부―익("부boo"라고 하는 말에는 야유나 경멸의 의미가 담겨있다–옮긴이)이라고 하는 것 같군."
"듀란트 자동차라고 하는 게 어떻겠습니까?" 거의 모든 사람들이 이렇게 제안했다.
아버지는 고개를 저었다. 아버지는 두 가지를 생각하고 있었다. 그 이름이 한번에 와 닿는지, 그리고 엔진을 발명한 사람이 누구인지였다. 아마도 아버지는 뷰익 씨가 헛간 같은 작은 작업장에서 자동차의 작동 원리를 설명해주는 장면을 그려보았을 것이다. 선반 위에는 온갖 연장과 기름칠 한 부품들이 꽉 차있는 곳 말이다. 그런 곳이야말로 위대한 발명의 산실이다. 그런 점에서 아버지는 뷰익이라는 이름이 영원할 것이라고 느꼈을 것이다.

빌리는 지역 주민 전체가 지원해주고 있다는 것을 잘 알았고, 이 점에 대해 무척 고마워했다. 그는 신규 자금을 조성하는 동시에 뷰익 자동차에 대한 대중들의 관심도 불러일으켜야 했다. 하지만 근 20년 전 처음으로 마차 회사를 시작하면서 이쪽저쪽으로 좌충우돌했을 때처럼 그는 자신감에 차 있었다.

자금 문제에 관해서는 그의 타고난 세일즈맨 기술과 함께 뉴욕에서 쌓은 경험과 지식이 큰 도움이 됐다. 한 달도 채 안 돼 뷰익 자동차의 자본금은 7만5000달러에서 50만 달러로 불어났다.

적자투성이에 브랜드 인지도도 낮고 판매 실적도 거의 없는 회사를 상대로 이런 지원을 이끌어낸 비결은 무엇이었을까?

우선 이미 확고하게 자리잡은 자신의 기반을 활용했다. 뷰익의 전체 발행 주식 가운데 3분의 1을 듀란트-도트 마차 회사가 인수한 것이다. 나머지 주식은 회사를 믿는 투기적 목적의 투자자들에게 팔았다. 당시 주식시장에 대한 규제는 사실상 없었고, 신설 기업의 유형자산이 새로 조달하는 자본금 규모에 훨씬 못 미치는 경우라 하더라도 주식을 발행할 수 있었다.(이 점은 자산 하나 없이 주식을 발행해 자본금을 조달했던 1990년대의 닷컴 기업들과 별반 다르지 않다.) 중요한 사실은 빌리가 유형자산의 일부분으로서가 아니라 회사의 성장 잠재력을 공유한다는 차원에서 주식을 팔았고, 투자자들도 그래서 샀다는 것이다.(듀란트의 투자자들은 곧 수익을 냈다는 점에서 닷컴 기업 투자자들과 달랐다.)

그가 새로운 투자자를 끌어들일 수 있었던 또 하나의 원동력은, 그가 이미 지적했듯이 뷰익 자동차가 그 자체로 팔릴 만했다는 점이다. 이를 알리기 위해 그는 1905년 뉴욕 자동차 전시회에 모델 B를 들고 나갔다. 그는 직접 전시회장을 지켰다. 전시회 참가자들은 전부 오버헤드 엔진의 기술적 특장점을 적어두었고, 빌리는 최악의 기상 조건과 도로 사정 아래서 이 차를 운전했던 경험담을 재미있게 들려주었다. 전시회가 끝나고 그는 1108대의 주문서를 받아 들고 플린트로 돌아왔다. 어떤 자동차 회사도 전시회에 갖고 나온 신차의 주문을 이렇게 많이 받은 적이 없었다. 뷰익이라는 브랜드를 사람들이 알지도 못했었다는 점을 감안하면 더더욱 놀라운 성과였다.

대단한 뉴스가 아닐 수 없었다. 그러나 좋지 않은 뉴스도 있었다. 빌리는 이번에도 이 주문을 어떻게 처리할지 아무런 대책도 없었던 것이다. 마치 어디서 어떻게 마차를 만들지도 결정하지 않은 채 1886년 위스콘신 박람회에 참가해 엄청난 마차 주문을 받았을 때나 마찬가지였다. 그가 1108대의 신차 주문을 받았을 때까지 뷰익이 생산한 자동차는 통틀어 40대가 되지 않았다.

일단 눈앞의 해결책은 플린트에서 80마일 떨어진 미시간 주 잭슨에 있던 듀란트-도트 공장에서 찾아야 했다. 그곳은 마침 쉬고 있었다. 첫해에는 플린트의 휘팅 공장에서 엔진을 만들어 잭슨의 최종 조립공장으로 운반하기로 했다.

그러나 빌리는 잭슨에서 생산을 개시하자마자 플린트에 새로운 공장을 세우겠다는 계획을 추진한다. 그가 꿈꾸었던 것은 지금까지 세계 어디서도 볼 수 없었던 사상 최대 규모의 자동차 생산단지였다. 그는 이런 구상에 따라 플린트 북쪽 외곽 지역의 농지 220에이커를 사들였다.

자신의 계획을 실행에 옮기기 위해 그는 우선 플린트의 은행들에게 자신의 구상을 얘기했다. 그들의 입맛을 돋운 것이다. 그리고는 잭슨의 유지들에게도 똑같은 메시지를 전달했다. 그들 역시 뷰익의 공장을 유치할 경우 그 잠재력이 대단할 것임을 알고서 그에게 플린트로 가지 말라고 사정했다. 곧 이어 그는 플린트 시민들에게 그들이 회사를 위해 돈을 더 내놓지 않는다면 앞으로 뷰익의 모든 공장은 잭슨에서 가져갈 것이라고 설득했다. 훗날 자동차 산업에서 "이중 교섭"으로 알려진 방식, 그러니까 주 정부와 자치단체를 상대로 그들 지역에 생산시설을 새로 짓거나 확장하려는 기업에 더 많은 인센티브를 주도록 유도하는 수법을 그가 맨 처음 선보였던 셈이다.

1905년 봄 플린트의 세 은행은 10만 달러의 신주를 매수하기로 했다. 빌리는 플린트에 새 공장을 짓고 잭슨에서는 철수하기로 했다. 공장 신축은 거의 즉시 시작됐고, 빌리는 이를 기반으로 더 많은 주식을 발행하기로 했다. 그해 9월 미시간 주정부는 보통주 90만 달러어치와 우선주 60만 달러어치를 추가 발행하도록 승인했다. 신주는 곧 바로 매각됐다. 듀란트는 미출간 자서전에서 자랑스러운 어조로 이렇게 회고했다: "뷰익 공장을 짓기로 하자 플린트라는 작은 동네에서 48시간만에 50만 달러어치의 신주를 사갔다. 주식을 매수한 사람 가운데 자동차를 타본 사람은 거의 없었을 것이다." 심지어는 마차 사업을 하면서 후발 주자 빌리한테 추월을 당했다며 설욕을 다짐하고 있던 윌리엄 A. 패터슨조차 뷰익 주식을 매수했다.

빌리는 투자자를 모으는 한편으로 새로운 영업 인력도 물색했다. 우선 듀란트-도트 마차의 판매 대리점들로 하여금 뷰익 자동차도 함께 팔게 했다. 그러나 제대로 성장해나가기 위해서는 독립적인 판매 및 유통망을 전국적으로 구축할 필요가 있었다. 그는 다시 한번 세일즈맨으로 쌓은 자신의 명성을 활용해 미국 최고의 영업자들을 끌어 모았다. 뉴욕 자동차 전시회에서 받은 1108대의 주문서도 그냥 놔두지 않았다. 그는 뷰익 자동차를 팔고 싶은 사람은 당장 자신을 찾아오라고 했다.

그 중에는 찰스 S. 하워드(훗날 전설적인 경주마 시비스킷의 마주가 된다)가 있었다. 빌리가 뷰익을 인수했을 당시 하워드는 샌프란시스코에서 자전거를 팔고 있었지만, 그는 곧 나라의 미래와 자신의 장래가 자동차에 달려있다는 점을 알게 됐다.

빌리가 무엇을 하려고 하는지를 들은 하워드는 기차를 타고 미시간으로 가서 다른 판매업자 후보들이 그랬던 것처럼 불쑥 빌리를 찾아갔다. 그는 비록 자동차 판매 경험은 없었지만 빌리와의 만남에서 캘리포니아를 포함한 서부 지역 8개 주의 뷰익 독점 유통권을 얻어냈다. 1910년 뷰익의 연간 생산량이 3만 대에 달했을 때 미국에서 판매된 뷰익 10대 중 1대가 하워드의 유통망을 통해 판매됐으며, 그는 곧 서부 지역 최고의 갑부가 됐다.

1905년 말 빌리는 하워드와 듀란트-도트 판매망을 포함해 13개의 유통업자로 전국적인 네트워크를 구축했다. 그가 유통업자를 선정한 기준은 그들이 판매 기술뿐만 아니라 휘하 영업자를 훈련시킬 수 있는 능력이었고, 이보다 더 중요한 것으로는 유통업자의 권역 안에서 신규 영업소를 개설할 수 있는 자본과 열정을 갖춘 사업가를 영입할 수 있느냐였다. 이 같은 유통망을 통해 수십 명의 백만장자가 탄생했고, 이는 1920년대 중반까지 자동차 산업에서 하나의 모델이 되었다.(그 뒤로는 제조업체에서 유통망을 사들여 자신들이 선택한 현지 딜러들에게 프랜차이즈 권리를 직접 팔았다.)

또 다른 산업 표준을 세우다

1905년에 듀란트의 발목을 잡은 것은 공급 병목 현상이었는데, 이로 인해 플린트의 도시 외형과 자동차 산업의 본질까지 바뀌게 된다.

당시 뉴욕 주 유티카에 있던 웨스턴-모트는 뷰익은 물론 캐딜락에도 차축을 공급하고 있었다. 차축에 쓰이는 롤러 베어링은 전량 알프레드 슬로안의 하이야트 롤러 베어링에서 공급받고 있었고, 이 회사의 대주주인 C.S. 모트는 슬로안과 같은 나이에 아주 친한 사이였다. 뷰익의 생산량이 급증하자 웨스턴-모트에서는 수요를 감당하기 힘들어졌고, 결국 뷰익은 부품 공급이 늦어져 자동차 생산이 지연되는 지경에까지 이르게 됐다.

듀란트는 예의 대담한 성격답게 모트에게 뷰익 공장과 가까운 플린트에 새 공장을 지을 의향이 없느냐고 물었다. 모트는 내켜 하지 않았지만 빌리는 포기하지 않았다. 그는 모트로 하여금 플린트를 몇 차례나 다녀가도록 했고, 올 때마다 새로운 당근을 제시했다. 마침내 빌리와 그의 주요 투자자들은 모트가 거절할 수 없는 조건을 들이밀었다: 10만 달러의 신규 자금, 공장 신축에 필요한 토지 사용권, 뷰익 자동차에서 쓸 차축은 100% 모트가 공급하되 다른 자동차 회사에 차축을 파는 데는 아무런 제한도 두지 않는다는 것 등이었다. 모트는 악수를 청했다.

자동차 제조업체의 조립 공장과 차축 공급업체의 생산시설이 함께 자리잡게 됨으로써 자동차 산업의 수직 계열화가 시작된 것이다.(자동차 제조업체가 모든 주요 부품의 생산을 통제하게 됐다는 것을 의미한다.)

알프레드 슬로안은 이 결정의 중요성을 이렇게 회고했다:

> 듀란트가 플린트의 새 뷰익 공장 바로 옆에 웨스턴-모트의 차축 공장을 세우도록 하기 위해 그토록 애쓴 이유는 무엇일까? 자동차는 모든 부속을 전부 넣기 전까지는 완성되는 게 아니라는 점에서 부품 하나하나가 다 필수적이다. 어떤 부속 하나만 늦어져도 작업은 중단된다. 안정적인 부품 공급이야말로 성공과 실패를 구분 짓는 열쇠가 될 수 있다.

오로지 뷰익 생각뿐

플린트에 새 공장을 짓는 동안 빌리는, 뷰익 영업을 위해 멀리 출장을 가지 않는 한 잭슨과 플린트에서 시간을 보냈다. 하지만 그의 부인 클라라와 함께 지내는 시간은 거의 없었다.

딸 마거리의 회고에 따르면 그의 마음은 온통 뷰익 생각뿐이었다. 식사시간에도 자기가 뭘 먹는지조차 쳐다보지 않았고, 사업과 관련된 아이디어와 새로운 문제를 궁리할 따름이었다:

> 우리 집은 플린트에서 정말 좋은 저택이었다. 안락한 의자에 아담한 정원도 있었다. 하루종일 열심히 일한 가장이 퇴근 후에 흔들의자에 앉아 사업 생각은 제쳐둔 채 가족들과 휴식을 취할 만한 곳이었다.

그러나 아버지는 아니었다. 아버지는 집에서도 바깥에서와 마찬가지로 "마법의 지팡이"를 흔들어댔다. 그 지팡이는 영원히 끝나지 않을 고된 노동과 구상, 계획, 바람의 상징이었다.

아직도 아버지가 식탁에 앉아 있던 모습이 기억난다. 그때 내 몸무게가 54킬로그램이었는데, 아버지는 53킬로그램이었다. 지금도 그렇지만 아버지는 아주 적게 먹었다. 아버지는 기계적으로 자신의 음식을 담았고, 그나마도 거의 대부분을 접시 한쪽 편으로 덜어냈다. 그리고는 연필을 꺼내 봉투 뒷면에 뭔가를 적기 시작했다.

빌리는 새로운 활동과 모험을 즐겼지만, 그와중에 완전히 다른 성격의 새로운 사랑을 발견하게 된다. 1906년 여름 잭슨을 방문했을 때 딸 마거리가 당시 잭슨 우체국에 근무하던 열아홉 살 난 캐서린 레더러를 아버지한테 소개시켜주었다. 마거리도 그때 열아홉이었는데, 몇 달 전 그의 아버지와 나이가 비슷한 플린트의 외과의사 에드윈 캠벨 박사와 결혼한 상태였다.

마거리가 신혼여행을 다녀온 뒤 캠벨은 장인의 회사에서 일하기 위해 의사를 그만두었는데, 빌리는 아내 곁을 떠나 딸 부부와 함께 살았다. 당시 45세였던 빌리는 천성적인 뻔뻔함과 대담함으로 19세 처녀 캐서린의 어머니에게 딸을 사귀어도 괜찮겠느냐고 허락을 구했다. 어머니는 당연히 안 된다고 했다. 몇 주 뒤 빌리는 캐서린을 비서로 채용했다. 클라라는 사위의 충고에 따라 노스캐롤라이나 주 파인허스트에 있는 별장으로 갔다.

클라라는 이혼 소송을 제기했고, 1908년 5월 27일 합의가 이뤄졌다.

빌리가 캐서린을 소개받은 지 2년 만이었다. 이혼과 관련된 보도는 지역 신문에 한 줄도 실리지 않았다.

바로 다음날인 5월 28일 듀란트와 캐서린은 뉴욕에서 결혼했다. 보도되지는 않았지만 빌리가 미출간 자서전을 위해 따로 보관한 문서에 따르면 클라라는 현금과 주식으로 15만 달러를 위자료로 받았고, 당시 19세였던 아들 클리포드와 함께 노스캐롤라이나로 떠나 다시는 듀란트와 대면하지 않았다고 한다.

플린트의 마법사

듀란트가 캐서린과의 결혼으로 인생의 새로운 활력을 얻었을 수도 있다. 어쩌면 그녀를 만나지 않았더라면 더 열심히 일했을지도 모른다. 어쨌든 듀란트는 사업 영역 구석구석마다 계속해서 관여했고, 전문지식이 없는 부분까지 자신의 의견을 피력했다. (1920년 위기를 야기시켰을 때도 마찬가지였다.)

오버헤드 엔진이 이미 새로운 산업 표준으로 자리잡기는 했지만, 기계를 잘 모르는 듀란트는 자기가 생각하기에 더 나은 엔진을 향해 주저없이 도박을 감행했다. 뷰익의 월터 마르는 캐딜락에서 아서 메이슨이라는 엔진 광을 스카우트했다. 메이슨은 뷰익-마르 엔진의 분당 회전속도(RPM)를 두 배로 늘려줄 수 있는 새로운 엔진을 만들고 있었다. 이 소식은 빌리의 귀에 곧바로 들어갔다.

그는 외부 "전문가"를 고용해 자신과 메이슨이 보는 앞에서 새로운 엔진의 성능을 측정하도록 했다. 리스크를 감수해야 한다는 점에서 일단 조심스럽게 접근했던 것이다. 컨설턴트는 그에게 이렇게 말했다. "이 자동차를 사는 사람들은 엔진이 산산조각 나면 주워담을 수 있도록 바구니도 함께 사야 할 겁니다." 이 일이 있은 뒤 메이슨은 빌리에게 직접 사정했다. 듀란트에 따르면 메이슨은 허리를 굽히더니 엔진 주위에 손을 갖다 댄 뒤 얼굴을 엔진 위에 바짝 붙이고는 이렇게 말했다고 한다. "시동을 거세요, 엔진이 박살 나면 나도 같이 부서질 테니까요." 듀란트는 메이슨의 의견을 받아들여 새로운 엔진의 개발과 생산을 계속하도록 했다. 메이슨 엔진은 아주 훌륭하게 돌아갔고 뷰익의 새로운 영업 포인트가 됐다. 빌리의 회고를 다시 한번 들어보자:

> 파워, 메이슨의 오랜 경험과 땀방울이 이룬 성과는 파워였고 뷰익의 상징이 됐다. 그것 하나만 내세우면 됐다: 파워! 거침없이 올라가는 파워, 동급 자동차 가운데 최고 속도를 내는 파워였다. 뷰익이 바로 그런 파워를 내줄 수 있는 자동차라는 믿음을 팔았던 것이다.

빌리는 마차 사업을 해본 경험이 있었기 때문에 점점 더 커가는 자동차 시장에 발맞춰 다양한 세품 모델을 신보이기로 결정했다. 랜섬 올즈나 헨리 릴랜드 같은 성공한 장인들까지 포함해 당시 자동차를 만들던 엔지니어들은 하나같이 이전보다 더 나은 새로운 모델을 만드는 데만 집중했다. 그러다 보니 한창 잘 팔리던 이전 모델을 갑자기 그만두고 "최신의 최고 모델"에 매달리기 일쑤였다.

그러나 빌리는 달랐다. 그 역시 기존 모델의 개선 작업은 계속 해나갔지만, 마차 사업에서 배웠듯이 같은 브랜드로 하나 이상의 모델을 판매하면 시너지 효과가 있다는 점을 잘 알고 있었다: 그가 자동차 산업을 개척하면서 만들어낸 또 하나의 20세기 표준이었다.

1906년에 뷰익은 신차 두 가지를 내놓았다: 기존의 모델 C보다 더 크고 값비싼 모델 F, 그리고 모델 C와 가격대가 비슷한 모델 G였다. 다음 해에는 신차를 네 가지(고급차 시장을 겨냥한 모델 D와 모델 H, 그리고 대중차 시장을 파고들 모델 K와 모델 S)나 내놓았지만, 기존의 모델 F와 모델 G는 3년이나 더 생산했다. 선택의 폭이 이렇게 넓은 자동차 브랜드는 뷰익 외에 없었다. 또 뷰익만큼 잘 팔리는 자동차 브랜드도 없었다.

빌리는 헨리 포드가 자동차 경주에서 우승하면서 대중적인 인지도를 한껏 끌어올렸다는 사실을 잘 알고 있었고, 뷰익에도 회사 내에 카레이서 팀을 따로 두었다. 이와 동시에 지역별 유통업자들이 프로 카레이서를 고용해 뷰익 자동차를 각 지방의 유명 경주 대회에 출전시키도록 했다. 이 덕분에 초창기 뷰익의 카레이서 팀은 다른 어떤 자동차 브랜드보다 많은 500개 이상의 우승 트로피를 차지했다.

가히 독보적이라고 할 만한 이런 과업들에 더해 그는 미국 주식시장과 경제 전반이 급전직하하던 1907년 봄 대도박을 감행함으로써 "플린트의 마법사"이자 천재라는 그의 명성을 더욱 확고히 했다. 그 무렵 대기업들도 몇 곳 파산했고, 주식시장의 큰손 여럿이 손실을 메우기 위해 은행에서 거액을 인출해야 했다. 흉흉한 소문이 퍼져나갔고, 은행에서 돈을 찾으려는 사람들이 늘어만 갔다. 중앙은행이나 감독 당국이 없던 시절이라 이 같은 인출 사태가 계속되면 소형 은행들은 문을 닫아야 할 판이었다.

마침내 당대의 은행가였던 J.P. 모건(머지않아 빌리 듀란트에게 영원한 적이 된다)이 대형 은행들로 비공식적인 네트워크를 구성해 위기에 빠진 소형 은행들에게 자금을 지원해줌으로써 "패닉"은 한 달도 채 안 돼 진정됐다. 비록 짧은 기간이었지만 거의 모든 제조업체들이 생산을 중단했고, 재고와 현금을 제대로 유지할 수 없었다.

"패닉"이 시작됐을 때, 이것이 단기간의 태풍으로 끝날 것이며 곧 급격한 경기 회복이 뒤따를 것이라고 생각한 사람은 자동차 업계를 통틀어 빌리 듀란트가 유일했다. 당연히 뷰익은 생산을 줄이지 않았고 계속해서 생산시설을 풀가동했다. 평소에 쌓은 신뢰 덕분에 빌리는 은행 대출을 연장할 수 있었고, 공장을 매일 24시간씩 돌렸다. 물론 유통업자와 딜러들은 불안한 눈초리로 바라봤고, 어느 순간 새로 생산한 뷰익 자동차를 세워둘 곳이 없어 헛간에까지 들여놓아야 할 지경이 됐다. 그러나 그해 말 경제는 상승세로 돌아섰고, 새로이 수요가 밀려들었다. 이를 소화시킬 만한 자동차 재고가 있는 곳은 뷰익밖에 없었다. 다른 자동차 회사들이 뒤늦게 따라잡으려고 분투하는 동안 뷰익은 멀찌감치 앞서 나갔다.

듀란트가 전면에 나선 지 4년도 채 지나지 않은 1908년 봄 뷰익은 판매대수에서 올즈모빌과 캐딜락을 앞질렀다. 플린트의 새로운 생산단지는 그가 꿈꾸었던 대로 세계 최대의 공장이 됐고, 근로자 수는 2000명을 넘어섰다. 공장은 하루 3교대 24시간 가동했고, 매일 생산하는 뷰익 자동차의 숫자는 1904년 한 해 동안 생산한 물량보다 많았다.

1908년 초 뷰익은 판매량에서 미국 제일의 자동차 회사가 됐다. 이제 위협은 올즈모빌이나 릴랜드가 아니라 다크호스처럼 부상한 헨리 포드였다. 빌리 듀란트는 보다 원대한 비전을 갖고 자동차 산업을 재편해 나가야 했다.

이로부터 50여 년이 지난 뒤 알프레드 슬로안은 갈수록 경쟁이 치열해지고 있던 당시 상황을 이렇게 요약했다:

> 자동차 산업이 막 움트던 시절 듀란트 씨와 포드 씨만큼 자동차가 준 기회를 제대로 이해한 사람도 없었다. 많은 사람들, 특히 은행에서는 자동차를 오락거리로 여겼다. 일반 소비자들이 사기에는 너무 비쌌고, 기계적으로 신뢰성도 떨어졌으며, 도로 사정도 좋지 못했다. 하지만 1908년 미국에서 이 "기계"가 불과 6만5000대 생산됐을 때 듀란트 씨는 이미 한 해 자동차 100만 대를 생산하는 시대가 올 것이라고 내다봤다. 또 포드 씨는 모델 T가 이 같은 전망을 현실화할 첫 번째 자동차가 될 것이라고 생각했다.

데이비드 뷰익의 잊혀진 이름

듀란트의 이 같은 성공에 맨 처음 불을 붙인 주인공은 데이비드 던바 뷰익이었다. 뷰익의 운명은 어떻게 되었는가?

듀란트가 1920년 위기를 겪은 뒤 20여 년간 그랬던 것처럼 그 역시 이 모든 과정을 이방인의 시각으로 바라봐야 했다.

그러나 뷰익은 듀란트와 달리 새로운 자동차 회사를 만들려고는 하지 않았다. 1905년 무렵 그는 뷰익 주식을 단 1주 보유했고 무척 곤궁한 처지였다. 이런 일도 있었다. 빌리의 변호사가 알려오기를 뷰익이 자신에게 소송 비용으로 92.58달러를 빚지고 있다고 했다. 빌리는 즉시 변호사에게 그 액수의 수표를 보내며 편지를 동봉했다: "뷰익 씨를 대신해 이런 말을 전합니다. 그의 수중에는 지금 이 정도 돈도 없습니다. 하지만 그는 남에게서 돈을 받는 것도 정말로 싫어했습니다. 아마도 그래서 당신은 그가 돈이 없다는 사실을 몰랐을 겁니다."

데이비드 뷰익은 그해가 가기 전 다시 실업자 신세가 돼 디트로이트로 갔다. 2년 뒤 빌리 듀란트는 그가 가지고 있던 마지막 주식 1주를 10만 달러에 사주었다.

데이비드 뷰익은 캘리포니아 유전에 이어 플로리다 부동산 같은 허튼 데다 투자해 이 돈을 몽땅 날려버렸다. 그는 결국 처음 시작했던 디트로이트로 돌아와 허접한 일을 하며 생계를 이어가다 1929년 3월 5일 디트로이트의 자선 병원에서 결장암으로 74세를 일기로 세상을 떠났다. 그의 이름을 딴 뷰익은 그해 19만 6000대 이상의 자동차를 팔았다.

지평선을 흔들다

뷰익 자동차가 전면에 등장하던 1907년 늦가을 무렵 자동차는 비록 대부분의 사람들에게 너무 값비싼 물건이기는 했지만 그래도 누구나 갖고 싶어하는 선망의 대상이었다. 빌리 듀란트와 헨리 포드는 수백만 미국 가정이 자사의 자동차를 소유할 것이라는 똑같은 비전을 갖고 있었다. 물론 그것을 현실화하는 전략에서는 전혀 달랐다.

갈수록 커가는 자동차 산업은 한마디로 혼돈과 투기판이었다. 커브드 대쉬 올즈모빌이 몰고 온 선풍적인 인기는 더 거센 경쟁을 촉발했고, 그럴수록 자동차 회사는 판매량을 늘려야 했다. 1904년에 미국은 자동차 생산 및 판매대수 1만9000대를 기록해 프랑스를 제치고 세계 제일의 자동차 생산국이 됐다. 1907년에는 미국의 연간 자동차 생산대수가 6만 대를 넘어섰다. 미국에서 자동차를 생산한다는 회사만 240개 이상이 새로 설립됐다. 그러나 뷰익과 포드, 캐딜락, 리오(랜섬 올즈가 올즈모빌 경영진과 결별해서 만든 회사) 등 상위 10개 사가 전체 생산량의 75%를 차지했다. 또 1908년 당시 45개 "메이저" 경쟁업체들이 판매한 5만3387대 가운데 1만8689대는 뷰익과 포드 두 회사가 생산한 차였다.

전통적인 상식을 따르자면 대형 업체가 소형 업체들을 집어삼키겠지만, 장기적으로 누가 살아남아 승자가 될지는 아무도 예측할 수 없었다. 결국 최후의 승자 가운데 하나는 자동차 제조업체가 아닌 부품 공급업체 하이야트 롤러 베어링이었다: 알프레드 슬로안은 여전히 이 회사의 오너이자 경영자였고, 1907년에서 1908년으로 넘어가는 겨울과 봄 사이 자신의 카드를 쥔 채 상황을 유심히 관찰하고 있었다.

7 제너럴 모터스의 탄생

Birth of a General

알프레드 슬로안은 빌리 듀란트나 헨리 포드와 달리 남들한테서 주목받고 싶어하지 않았다. 수완 좋은 경영자라는 명성은 계속 높아졌지만 슬로안은 무대 뒤편에 서 있는 걸 더 좋아했다. 그가 보기에는 마치 설탕을 향해 파리가 달려들듯이 흥분한 무리가 자동차 사업에 한꺼번에 몰려드는 것 같았다.

슬로안 자신은 그들과 달랐다. 자기만이 갖고 있는 전문 기술이 있을 경우에만 그들 "흥분한 무리"와 거래했다. 물론 엔지니어링 문제가 화제에 오르면 그도 기꺼이 마음을 열고 대화를 나눴다.

"그들과 교류를 한다?" 그는 곰곰이 따져봤다. "내 생각으로는 하이야트 공장 일이 더 중요해. 하지만 이렇게 마구 성장해가는 산업은 너무 불안정하다는 점을 감안하면 의견 교환도 필요하지, 엔지니어링과 관련된 문제라면 내가 도와줄 수도 있어. 기술적인 문제로 다른 제조업자를 만나는 것이라면 나도 괜찮아. 비슷한 훈련과 경험을 가진 사람들끼리 동지처럼 모이는 자리라면 기꺼이 참석하지……. 그러나 엔지니어링 문제가 아무리 매혹적이라 해도 영업 책임자인 피트 스틴스트럽은 기술적인 문제는 아예 입에 올리지도 않는다고."

 슬로안은 영리한 경영자답게 회사의 주요 고객들은 스틴스트럽이 만나도록 했다. 슬로안은 영업에 흥미를 느끼기는커녕 신경을 꺼버린 상태였지만, 스틴스트럽은 훌륭한 자동차를 생산했거나 앞으로 그럴 가능성이 조금이라도 있는 사람이라면 누구든 만날 준비가 돼 있었다. 자동차 부품 공급업체 사장들이 다 그렇듯 (지금도 마찬가지지만) 그 역시 서류가방 하나 들고 다니며 기존 고객들의 마음을 붙잡고 가능성 있는 신규 고객들에게 제품을 안내하는 게 일과였다.

 스틴스트럽은 듀란트처럼 타고난 세일즈맨이었다. 고객의 취향이나 습관, 믿음이 어떻게 됐든 무조건 마음이 통하는 재주를 갖고 있었다. 슬로안은 그의 파트너가 얼마나 대단했는지 이렇게 회고한다:

> 피트 스틴스트럽이 하이야트 롤러 베어링에서 1900년대 초부터 해왔던 일은 사실 내게 별로 와 닿지 않았다. 초창기 시절 한번은 피트가 나에게 디트로이트에 가자고 했다. 그의 말로는 그냥 사람 사귀러 가자는 것이었다. 당시 뉴저지 주 해리슨에 있던 우리 공장에서는 늘 숱한 문제가 발생했고, 그래서 내가 할 일은 베어링 만드는 것이라고 얘기해주었다. 하지만 피트는 굽히지 않았다.
>
> "나 참, 알프레드! 나는 기계를 잘 몰라. 그저 신바람 나서 돌아다니는 노르웨이 인이지, 출장다니다 보면 자네가 필요할 때가 있어. 내가 하는 얘기를 엔지니어링 전문가한테서 직접 듣고 싶어하는 친구들이 있거든. 그런 친구들에게 답해줄 수 있는 사람은 자네밖에 없어. 베어링이 어디까지 견디는지, 내구성과 성능, 디자인은 어떤지, 게다가 언제 공급해줄 것

인지 설명해주려면 자네가 같이 가야 돼."

나는 안 된다고 했지만 그는 물러서지 않았다: "일이라고 생각하지 말아. 재미있게 즐겨보자고."

피트는 그렇게 즐겼고, 잠도 거의 안 자는 것 같았다. 피트처럼 그렇게 사람들과 잘 어울리는 친구는 본 적이 없다. 피트에게 새벽 세 시는 오후 세 시와 전혀 다를 게 없었다.

스틴스트럽은 기차를 타고 뉴저지와 미시간 사이를 뻔질나게 오갔다. 그가 제일 오래 머무르는 곳은 디트로이트의 폰차트레인 호텔이었다. 날로 성장해가는 도시 한복판에 있는 이 호텔은 빌리 듀란트도 디트로이트에 있을 때면 머무르는 곳이었는데, 장인들은 돈줄을 수소문하고, 물주들은 괜찮은 물건을 만들 것 같은 장인과 발명가, 부품업자들을 물색하는 장소였다. 소문이 처음 만들어져 바깥으로 퍼져나가고, 공짜 위스키가 흘러 넘치는 곳이기도 했다. 슬로안은 이곳을 막 커나가는 산업의 "심장부"라고 불렀고, 스틴스트럽은 자동차 사업과 관련된 인사는 누구든 여기서 찾아냈다.

분위기 자체가 이렇게 자유분방하고 격식이 없다 보니 내향적인 성격의 슬로안이 언제든 뉴저지로 돌아가도 하이야트 입장에서는 손해가 아니었다. 루머가 난무하고 소란스러운 자리에 그가 없다는 것은 오히려 그의 명성만 높여주었다. 진지하게 공부하고 자동차가 어떤 기계인지를 제대로 이해하고 있을 뿐만 아니라 기업이 수익을 내는 데 필요한 각종 기술과 업무의 복잡한 네트워크까지 파악하고 있는 몇 안 되는 인물이라는 평판이 따라다니게 된 것이다.

제너럴 모터스의 탄생

슬로안의 고객들이 고속 주행을 준비하다

피트 스틴스트럽에게 제일 중요하면서도 가장 특별한 고객은 빌리 듀란트도 아니고 폰차트레인 호텔의 그 많은 손님들 가운데 한 명도 아니었다. 슬로안도 그랬던 것처럼, 폰차트레인 호텔 같은 곳에서 우쭐거리며 거래하는 허풍선이들을 경멸했던 헨리 포드였다.

스틴스트럽이 포드와 인연을 맺게 된 것은 포드에게 가장 암울했던 시기인 1902년으로 거슬러 올라간다. 스틴스트럽이 영업을 위해 개인적으로 연락을 한 게 아니라 포드가 회사에서 쫓겨난 뒤 편지를 보내 만나자고 한 것이었다. 슬로안은 이렇게 회고한다:

> 두 사람은 포드의 이름이 유명해지기 한참 전부터 잘 알고 지냈다. 내가 알기로는 포드 씨 쪽으로부터 장문의 편지를 받은 피트가 찾아간 게 첫 대면이었던 것 같다; 포드 씨는 당시 경주용 자동차를 만들면서 우리 베어링에 대해 알고 싶어했다.
>
> 피트는 기계 제작소 4층의 한족 방에서 자동차를 설계하고 있던 포드 씨와 그의 조수 C. 해롤드 윌스를 만났다. 두 사람은 저녁에만 만날 수 있었다. 각자 낮에는 다른 일을 해야 했기 때문이다. 작업장은 난방도 되지 않았다. 그래서 손가락이 얼어 연필을 잡을 수 없을 때까지 일했다. 윌스 말로는 두 사람이 따뜻해질 때까지 권투 장갑을 끼고 서로 주먹을 휘둘러댔다고 한다. 그렇게 해서 설계한 경주용 자동차가 바로 바니 올드필드가 숱한 기록을 세운 999였다. 후륜 차축은 직선형 그대로였지만, 하이야트 롤러 베어링을 썼다는 게 달라진 점이었다.

"크레이지" 헨리가 최근에 벌인 프로젝트라면 무엇이 됐든 가장 따끈따끈한 루머가 되어 퍼져나갔고 폰차트레인 호텔 바에서도 화제에 올랐다. 포드는 1903년에 석탄 광산업자인 알렉산더 말콤슨과 손을 잡은 뒤 실용적인 자동차에 집중하기 시작했다; 그리고 놀랍게도 그가 생산한 모델들은 전부 성공을 거뒀다. 1903년의 모델 A에 이어 모델 B, C, F, K, N, R, S가 차례로 모두 성공했다. 포드 모터는 마침내 1907년 말 매출 면에서 뷰익의 턱밑까지 따라붙었고, 그 여세를 몰아 나중에 모델 T로 불릴 "보통사람을 위한" 자동차를 설계하기 시작했다.

그러나 포드 모터의 지배권은 포드의 파트너인 말콤슨과 다지 형제에게 있었다. 기계공 출신인 다지 형제는 음주를 즐겼고 폰차트레인 호텔 바를 비롯한 여러 살롱의 단골 멤버였다. 다지 형제는 포드 모터의 초창기 시절인 1903년부터 각종 기계 부품을 공급하면서 파트너가 됐지만, 포드 모터의 회사 경영은 제임스 커즌스가 맡아서 했다.

형인 존 다지는 동생 호레이스보다 네 살 많았고 보스 기질도 더 강했다. 둘은 평생 같이 붙어 다녔다. 기계공으로 훈련 받은 두 사람은 1890년대 말 디트로이트에 자신들의 기계 제작소를 열고 올즈모빌을 처음 만들기 시작한 랜섬 올즈에게 트랜스미션을 공급했다. 포드도 초창기 시절 다른 부품업체들이 굳이 위험을 무릅써가며 공급하려고 하지 않는 바람에 모델 A를 만들 때 다지 형제가 트랜스미션은 물론 차축과 엔진을 비롯한 거의 모든 부품을 공급했다. 포드 모터의 절박한 사정을 눈치챈 다지 형제는 다른 부품업체들처럼 60일 후 대금 지급이 아니라 즉시 현금 지불 조건으로 납품했다. 그렇게 해서 납품한 금액이 16만2500달러에 달했다. 만일 제조업체가 대금을 지불하지 못하면 다지 형제가 그 회사의 기계장치와 재고상품 소유권을 전부 인수한다는 조건이었다.

헨리는 모델 A를 제작하는 데 전념했지만 포드 모터는 모델 A가 만들어지기도 전에 이미 자금난에 봉착했다. 다지 형제에게 돈도 주기 전에 자금이 다 떨어진 말콤슨과 커즌스는 투자자를 물색해야 했다. 그런데 다지 형제가 누구보다 적극적으로 자동차 사업 지분을 갖고 싶어했다. 헨리는 억울해 했지만 다지 형제는 부품을 처음 공급한 뒤 현금으로 받을 대금으로 포드 모터 주식을 1주 당 5000달러씩에 받기로 했다. 포드는 이제 자기처럼 자동차를 좋아해서가 아니라 돈을 벌기 위해 끼어든 "파트너"에 둘러싸이게 된 셈이었다.

다지 형제와의 이 같은 거래 덕분에 헨리 포드는 알프레드 슬로안과도 간접적인 파트너 관계가 됐다. 슬로안은 포드와의 관계에 대해 이렇게 회고한다:

거대 자동차 메이커를 꿈꾸었던 다지 형제는 부품 업체를 하면서 부를 얻었을 뿐만 아니라 헨리 포드의 파트너까지 됐다. 그들은 초창기 올즈모빌에 트랜스미션을 납품하기 시작해 자체 엔진까지 만들었다. 포드 자동차의 차축까지 제작했다. 웨스턴-모트 차축과 마찬가지로 여기에도 하이야트 롤러 베어링이 들어갔다.
어쨌든 이로써 우리도 두 사람과 거의 똑같이 포드 씨의 비공식적인 파트너가 된 것이다. 포드 자동차가 한 대 팔릴 때마다 다지 차축이 팔리는 셈이고, 하이야트 베어링도 함께 팔리는 셈이었으니까……. 다지 형제와 원만한 관계를 유지하려면 포드 모터와의 관계가 원만해야 했다. 다행히 피트 스틴스트럽과 헨리 포드의 사이가 아주 좋았다.

헨리 포드의 차별화된 제품 전략

모델 A가 성공을 거두면서 다지 형제를 비롯한 채권자들 누구도 포드 모터의 지불 능력을 의심하지 않게 됐지만, 알렉산더 말콤슨은 곧 헨리 포드와 결별 수순을 밟게 된다. 갈라서게 된 가장 큰 이유는 제품 전략에 있었다.

말콤슨은 성공의 여세를 몰아 소형차인 모델 A보다 수익률이 높은 다양한 대형차를 생산하자고 했다. 헨리도 일부 모델에서는 더 크고 강력한 엔진이 필요하다는 데는 동의했지만, 그는 이미 저가 자동차 시장에 집중하기로 마음을 굳힌 상태였다. 생산량을 늘려야 원가를 낮출 수 있고, 그래야 더 많은 수요를 불러올 수 있었다. 이건 기본적인 철학의 차이였다. 또 경제 사이클이 변화하며 시장 수요와 소비자 선호도가 바뀜에 따라 20세기 내내 자동차 메이커들 사이에 끊이지 않고 논란이 됐던 이슈다.

말콤슨이 헨리를 감독하기 위해 자신의 석탄광 회사에서 데려온 제임스 커즌스는 말콤슨이 아닌 포드 편에 섰다. 말콤슨은 커즌스를 제거하기 위해 이사회를 소집했지만 지지표를 하나도 얻지 못했다. 헨리와 커즌스의 가장 강력한 우군은 2대 주주인 다지 형제였다.

헨리는 말콤슨을 몰아내기 위해 포드 매뉴팩쳐링 컴퍼니라는 새로운 회사 설립을 제안한다. 신설 회사는 포드 모터 제품에 쓰이는 모든 부품을 책임지고 사실상 전부 판매할 예정이었다. 결국 포드 매뉴팩쳐링이 임의로 가격을 조정하면 포드 모터의 모든 이익은 신설 회사로 흘러가고, 말콤슨이 보유한 포드 모터의 주식 가치는 희석될 것이었다.

작전은 성공했다. 말콤슨은 패배를 인정하고 1906년 7월 12일 자신이 가진 주식 225주 전부를 헨리에게 17만5000달러에 팔았다. 곧 이어 헨리는 포드 모터의 사장으로 선출됐고, 존 다지가 부사장이 됐다. 헨리는 여기에 그치지 않고 커즌스와 다지 형제를 제외한 다른 주주들이 보유한 주식도 계속 사들였다.

포드는 이제 마음 놓고 "만인의 차(universal car)"에 집중할 수 있었다. 그가 이름 붙인 만인의 차는 더 가벼우면서도 오래 가고, 유지 및 수리가 간편하며, 어떤 교통수단보다 값싼 자동차였다. 1906년 가을 그는 디트로이트에 새로 지은 피켓 애비뉴 공장의 작업실 하나를 천막으로 가렸다. 새로운 프로젝트에 몰두할 소수의 엔지니어 팀과 그 자신만 쓸 수 있는 공간이었다. 이들은 1907년 내내 비밀리에 일을 해나갔다. 마침내 1908년 가을 모델 T를 완성하자 자동차는 물론 자동차 산업을 바라보는 사람들의 시각은 완전히 바뀌어버렸다.

빌리에게 거대 합병 제의가 들어오다

알프레드 슬로안이 자신의 롤러 베어링 고객을 조용히 늘려나가고, 헨리 포드는 모델 T의 개발에 주력하는 동안 이제 47세가 된 빌리 듀란트 역시 자신의 제국을 확장할 대상을 찾고 있었다. 이번에는 그의 젊은 신부 캐서린이 함께 다녔는데, 그녀는 전 부인 클라라와 달리 빌리의 사업상 여행길에 기꺼이 동행했다.

뜻밖의 사건은 시카고에서 걸려온 전화 한 통에서 비롯됐다.

전화를 건 사람은 벤 브리스코로, 1904년에 제임스 휘팅과 함께 뷰익에 투자했다가 실패한 뒤 그 막강한 모건 가문과 긴밀한 관계를 맺은 인물이었다. J.P. 모건 회사는 당시 데이비드 던바 뷰익의 회사보다 약간 더 건실했던 조나단 맥스웰의 자동차 회사를 그가 인수할 수 있도록 25만 달러의 채권 발행에 동의해주었다. 자동차 산업의 가능성을 본 모건 계열 은행에서는 브리스코의 채권을 인수하는 게 자동차 시장에 뛰어드는 안전한 방법이라고 생각한 것이었다. 모건 측에서는 또 중서부에 치중된 생산시설을 완충할 수 있도록 동부지역에 대규모 공장을 하나 짓도록 했다. 이름도 맥스웰-브리스코 컴퍼니(Maxwell-Briscoe Company)로 바꾼 뒤 허드슨 강 연안의 뉴욕 주 태리타운에 새 공장을 짓기 시작했는데, 공장은 1년 만에 완공돼 가동에 들어갔다.

맥스웰-브리스코 자동차는 성공적으로 출범했지만, 1908년 봄 무렵 브리스코는 다른 자동차 생산업자들과 마찬가지로 조만간 자동차 업계의 구조조정이 불가피할 것이라고 판단했다. 그는 이 같은 생각을 빌리 듀란트와 상의했다. 빌리는 이렇게 회고한다:

> 딸과 함께 저녁을 먹고 있는데 전화가 왔다. 시카고에서 브리스코가 건 전화였다.
> 브리스코: 빌리, 오랜만이네, 자네와 상의할 중요한 문제가 있어, 당장 첫 기차를 타고 시카고로 와주었으면 하네.
> 듀란트: 뭐 대단한 아이디어라도 있나, 벤?
> 브리스코: 더 이상은 묻지 말게, 진짜로 중요한 거야, 수백만 달러짜리거든, 와줄 수 있겠지?

듀란트는 너무 바빠 시카고로 갈 수 없다고 말했다. 하지만 브리스코가 밤 기차를 타고 플린트로 오면 다음날 아침식사를 같이 하겠다고 덧붙였다. 브리스코와 빌리는 다음날 아침 7시 플린트 역에서 만났다. 두 사람은 드레스덴 호텔에서 간단히 아침을 한 뒤 브리스코의 대단한 아이디어에 관해 이야기하기 위해 뷰익 공장에 있는 빌리의 사무실로 갔다.

대단한 아이디어란 1901년에 J.P. 모건이 U.S. 스틸을 만들었던 것처럼 자동차 메이커들을 통합하자는 것이었다. 모건은 브리스코로 하여금 자동차 업계의 합병에 대해 듀란트가 어떤 생각을 갖고 있는지 알아보도록 한 것이었다.

빌리는 뷰익을 인수하기 전 뉴욕에서 몇 년간 전문적인 주식 트레이더로 활동한 적은 있지만 모건 가문과 직접 거래한 적은 없었다. 만일 그런 경험이 있었더라면 그 자리에서 브리스코에게 거절 의사를 밝혔을 것이다. 듀란트는 사업 기질 상 상대가 아무리 J.P. 모건 회사라 하더라도 순순히 회사 지배권을 내놓을 사람이 아니었다.

브리스코는 듀란트와 만난 자리에서 20개 이상의 회사를 모아보자고 제안했다. 이어 빌리에게 생각이 어떤지 물어봤다. 빌리는 업체들마다 이해관계가 워낙 다르고 해결해야 할 문제도 많아 잘 될 것 같지 않다고 대답했다.

그리고는 이렇게 물었다. "생각을 바꿔보지 그래, 벤? 몇 개 회사만 중간 가격대의 차를 대량으로 생산하는 거지, 그러면 경쟁이 가장 치열한 부문에서 공통의 목표를 가질 수 있지 않나?" 빌리는 후보 회사로 포드와 맥스웰−브리스코, 뷰익, 리오, 이렇게 업계 선두권의 4개 업체를 제안했다.

듀란트는 한 걸음 더 나아가 브리스코에게 다른 사람보다 먼저 헨리 포드를 만나보라고 했다. 포드야말로 가장 인기가 있으므로, 그가 주도적인 역할을 하지 않는다면 성사되기 힘들 것이라는 말도 덧붙였다. "가능하면 포드를 잡게, 그 다음에 올즈와 논의해. 언제 했으면 좋을지 결정되면 시간과 장소를 알려주게, 나도 참석할 테니까."

빌리와 빅4가 만나다

J.P. 모건 회사는 여전히 배후에서 지켜보고만 있는 가운데, 브리스코는 듀란트와 만난 지 2주 만에 헨리 포드와 랜섬 올즈가 디트로이트에서 자기네 두 사람과 만나고 싶어한다고 알려왔다. 장소는 자동차와 관련된 온갖 사람들이 모이는 폰차트레인 호텔이 아닌 피놉스캇 빌딩(당시 디트로이트에서 가장 높은 건물이었다)으로 정했다.

빌리가 도착해보니 다른 참석자들은 이미 도착해 일군의 "보좌진"과 함께 사람들이 붐비는 곳에서 기다리고 있었다. 그는 첫눈에 벌써 이들이 괜한 이목을 끌어 신문에 크게 날지도 모르겠다고 걱정했다.

듀란트는 브리스코에게 회의를 시작하라고 했다. 굳이 에둘러 말할 필요는 없었다. 브리스코는 이날 모임의 목적이 J.P. 모건 회사가 동의할 수 있는 4개 업체의 합병 계획을 도출하는 것이라고 설명했다.

그러자 잠시 침묵이 흘렀다. 빌리는 "고통스러운 휴지(休止) 시간"이었다고 표현했다.

듀란트가 먼저 각 회사의 가치 문제를 논의 대상으로 올렸다. 포드 모터는 1000만 달러, 리오는 600만 달러, 맥스웰-브리스코는 500만 달러로 제시했는데, 뷰익에 대해서는 한 마디도 하지 않았다.

브리스코가 뷰익의 가치를 묻자, 빌리는 "평가보고서 및 감사보고서와 합의 조건에 따라" 달라질 수 있다고 답했다.

긴장된 분위기 속에 토의는 곧 모든 합병 협상에서의 가장 핵심적인 문제로 넘어갔다: 신설 법인은 어떻게 경영할 것인가? 누가 1인자가 될 것인가? 각각의 회사는 경영진에 어떤 식으로 참여할 것인가?

브리스코와 듀란트가 논의를 이끌었는데, 참석자들은 지휘부의 통합과 운영권의 독립을 놓고 이견을 좁히지 못했다. 빌리는 이날 모임을 이렇게 회상한다:

> 브리스코의 입장은 이랬다. 구매와 엔지니어링 부문은 반드시 통합돼야 하고, 광고와 매출 부문은 합쳐져야 하며, 최고 의사결정 기구가 회사 운영과 관련된 모든 정책을 결정해야 한다.
>
> 그런 방식으로는 혼란만 야기할 것이라는 게 내 입장이었다; 회사 운영 방식은 바꾸지도 말고 개입해서도 안 되며, 각각의 회사는 지금과 똑같이 운영돼야 한다. 다시 말해 내 생각은 지주회사를 염두에 둔 것이었다. 브리스코가 농담조로 응수했다. "아! 아! 듀란트는 분권파고, 나는 연방파라는 얘기네."

놀랍게도, 1920년의 제너럴 모터스 위기는 이때와 똑같은 견해 차이, 철학의 차이로 인해 야기됐고, 결국 빌리 듀란트와 알프레드 슬로안도 그로 인해 결별하게 된 것이다.

빌리는 당시 헨리 포드만 유일하게 침묵을 지켰다고 전했다. 듀란트와 브리스코 두 사람의 이견이 상당했지만 논의는 계속됐다. 빌리의 회고를 더 들어보자. "현재의 사업 여건과 앞으로의 업황을 전망해보니 온갖 위험과 불확실성이 산재했고, 그런 점에서 통제할 수 있는 조직이 필요하다는 데는 의견이 일치했다. 회의를 끝마치면서 브리스코는 자기 쪽 사람들을 만나 오늘 논의 결과를 보고한 다음 빠른 시일 안에 뉴욕으로 초대하겠다고 말했다."

이제부터 모건 회사가 게임을 맡는다는 말이었지만, 그것을 환영할 사람은 아무도 없었다.

헨리 포드가 빅딜을 무산시키다

모건 계열에서는 브리스코의 보고를 듣자마자 네 명의 참석자들과 접촉했다. 다음 모임은 월스트리트와 브로드 스트리트가 만나는 그 유명한 모건 회사의 코너가 아니라 브로드웨이 120번지에 있는 워드, 하이든 앤드 새터리 법률사무소에서 이뤄졌다. J.P. 모건의 사위인 허버트 새터리가 논의를 주도했는데, 경영진이라면 누구나 싫어할 질문을 단도직입적으로 던졌다: 각 사가 지금까지 투자한 자본은 얼마나 되는가? 각 사는 합병에 따라 얼마나 이득을 얻는가? 동합하게 되면 경쟁은 더 심해질 것인가, 줄어들 것인가? 합병에 반대한다면 그 이유는 무엇인가?

중요한 사실은 여기서 헨리 포드만이 이의를 제기했다는 것이다. 듀란트는 이렇게 회고한다. "포드는 통합하게 되면 자동차 가격을 올리게 될 것이라고 생각했다. 그의 생각으로는 그건 대단한 실수였다. 그는 가능한 한 가격을 낮춰 값싼 교통수단의 이점을 극대화하기를 바랐다."

포드의 이 같은 의견은 대중들을 위한 "만인의 차"를 만들겠다는 자신의 결의를 반영한 것이었지만, 금융가와 다른 사업가들을 믿지 못하는 그의 성격도 한몫 했다. 이 같은 불신은 그가 초창기에 겪었던 실패의 경험에서 비롯된 것이었다. 이 때의 경험으로 인해 그는 자본주의의 기본 교리마저 불신하게 됐고, 특히 인류 복지를 증진하는 제품을 생산한다는 고상한 의도에서가 아니라 이윤을 얻기 위해 달려드는 투자자와 금융가들의 행태에 분노하게 됐다.

포드는 새터리의 사무실에서 이의를 제기하기는 했지만, 합병 자체에 대해서는 아무런 반대도 하지 않았다. 그러나 모두들 다음 번 모임은 "비공식적"인 것이고, 따라서 공개되지도 않을 것이며, 누구도 발설하지 않기로 약속하고 헤어졌다.

빌리는 회의장을 떠나면서 이번 딜이 성사될 거라고 생각했다. 그날 저녁 플린트로 돌아가는 기차에서 그는 자신의 변호사 존 카튼에게, 뷰익 주주들이 신설 기업의 주식과 뷰익 주식을 교환하는 조건을 그에게 위임하는 합의서 초안을 작성해보도록 지시했다. 이 합의서는 곧장 만들어져 승인까지 받았다. 그해 봄과 여름 여러 차례의 회의가 뉴욕에서 열렸고, 그 사이 모건 가문은 네 회사의 자산 평가 및 감사 작업을 진행했다.

한 번은 빌리가 뉴욕으로 가는 길에 모건 계열 은행가인 조지 퍼킨스가 새터리의 사무실에서 변호사와 함께 만나자고 요청했다. 이 자리에서 그는 J.P. 모건이 자신의 대리인으로 회사의 수석 변호사인 프레데릭 L. 스탯슨을 만나줬으면 한다는 말을 들었다. 빌리는 "코너"에 있는 모건 본부로 안내돼 "개인용 엘리베이터"를 타고 스탯슨의 사무실로 들어갔다. 빌리는 이렇게 회고한다:

스탯슨 씨는 아주 친절했다. 뷰익에 대해서는 너무 훌륭한 얘기만 들었으며, 내가 합의를 이행할 수 있는 전권을 위임 받았다는 사실을 알고 있다고 했다. 나는 그가 정확히 알고 있다고 대답했다; 합병이 완료되면 내가 만족하는 조건으로 신설 기업의 주식과 교환할 수 있도록 플린트의 퍼스트 내셔널 뱅크에 뷰익 주식을 예탁해놓은 상태였다. 스탯슨 씨는 예탁한 사람들이 신설 기업의 이런 저런 내용이나 자본금 규모 같은 것을 알고 있느냐고 물었다. 나는 우리 주주들이 나를 신뢰하고 있으며, 그 문제는 전적으로 내 손에 달려 있다고 대답해주었다.

스탯슨은 듀란트가 정말로 뷰익 주주들에게서 전권을 위임 받았는지 물었고, 새로운 합의를 도출해내는 데는 그것이 필요하다고 말했다. 빌리는 전권을 위임 받았지만 다시 한번 자신의 변호사에게 물어보겠다고 대답했다. 그 순간 모건 회사에 대한 그의 신뢰는 흔들리기 시작했고, 동시에 딜의 가능성도 멀어졌다.

빌리의 마음속에서 이런 의구심이 커가는 중에 새터리의 사무실에서 네 회사의 대표와 모건 계열 대리인 및 변호사가 참식한 회의가 열렸다. 은행 쪽에서는 자산 평가 및 감사를 마쳤다고 보고했다. 또 네 회사의 이사회와 주주들이 승인해야 할 계약서를 각 사의 변호사들에게 작성하도록 지시했다고 보고했다.

그리고는 신설 기업의 발행 주식을 실제로 누가 인수할 것인지를 논의했다. 그런데 헨리 포드가 자신은 주식이 아니라 현금을 원한다고 선언하면서 딜을 그 자리에서 무산시켜 버렸다. 포드가 예전에 은행가들과 투자자들한테서 어떤 수모를 당했는지 조금만 알아봤다면 처음부터 충분히 예상할 수 있는 사태였다.

포드가 그날 제시한 액수는 현금 300만 달러와 신설 기업의 주식이었다. 랜섬 올즈도 그 즉시 포드가 현금을 받는다면 자신도 그러겠다고 선언했다. 올즈의 요구 액수 역시 300만 달러였다.

새터리는 깜짝 놀라 당황한 표정으로 듀란트에게 옆에 있는 개인 집무실로 같이 가자고 했다. 듀란트는 포드의 말은 자신도 처음 듣는 것이며, 일단 브리스코를 불러보자고 얘기했다. 놀랍게도 브리스코는 두 사람에게 포드가 한 말은 그냥 던져본 게 아니라고 말했다.

이로써 자동차 메이커 빅4를 하나의 기업으로 통합하려는 딜은 물 건너가버린 셈이 됐다. 만일 이들의 합병이 성사됐다면 미국 자동차 산업은 물론 미국 경제와 그 문화가 오늘날 얼마나 달라졌을지 추측해볼 수 있을 것이다. 과연 헨리 포드는 계속해서 모델 T를 마음대로 개발할 수 있었을까? 포드와 듀란트는 같은 조직에서 공존할 수 있었을까? 모건 회사에서 경영진을 갈아치우고 자신들의 기업 전략으로 대체하지 않았을까? 그랬다면 알프레드 슬로안은 그냥 작은 독립 부품업체 사장으로 남지 않았을까?

그럴 수도 있었을지 여부는 차치하고, 이런 형국에서도 빌리 듀란트는 합병을 포기하지 않았다. 그는 자신에게 딜의 실행을 위임해준 뷰익 주주들과의 합의를 지키기 위해 최선을 다했다. 모임이 끝난 뒤 그는 새터리와 마주했다:

나는 그에게 이렇게 말했다. 몇 달 전에도 나는 뉴욕에 왔으며, 모건 계열에서 지원하는 이 합병은 상당히 진지하게 논의되고 있다고 여겨져 우리 쪽 사람들에게도 알렸다; 그래서 뷰익 주식을 예탁한 것인데, 만일 (합병이 무산돼) 예탁한 주식을 돌려주게 되면 앞으로 다시는 이런 식으로 주식을 모을 수 없을 것이고, 나 역시 그렇게 할 만큼 용기도 낼 수 없을 것이다. 나는 반드시 통합을 이뤄낼 것이다.

새터리는 "듀란트 씨, 당신은 뷰익만 갖고 있을 뿐입니다. 그런데 어떻게 통합을 하겠다는 겁니까?"라고 물었다. 그러자 빌리는 자신이 "다른 회사를 끌어들이는 데 아무런 어려움도 없을 것"이라고 대답했다.

빌리가 자신의 딜을 끊어버리다

그리고 나서 몇 주 동안 듀란트와 브리스코는 모건 계열 은행가들과 계속 접촉했다. 거창했던 통합 계획은 이제 이들 두 회사의 합병으로 쪼그라든 상태였다. 하지만 빌리의 결의에도 불구하고 그것조차 결국에는 실패했다.

브리스코와 모건 계열 인사들을 만나는 사이 듀란드는 언론에 아무 얘기도 하지 않았지만 브리스코는 그렇지 않았다. 뷰익과 맥스웰–브리스코의 합병 소문이 디트로이트의 폰차트레인 호텔과 뉴욕의 월스트리트에 퍼져나갔다.

1908년 6월 29일 브리스코는 신문기자와 인터뷰를 가졌다. 이 자리에서 그는 합병 작업이 진행 중이라는 사실을 확인해주었다. 게다가 신설 기업은 듀란트가 그동안 추진해왔던 지주회사가 아니라 모든 조직을 통합하게 될 것이라고 덧붙였다. 한 달 뒤인 7월 31일 〈뉴욕타임스〉에는 더 자세한 내용이 실렸는데, 이번 딜은 "자동차 업계 최초의 대형 통합"이며 자본금 규모는 2500만 달러에 달할 것이라고 덧붙였다. 모건 가문은 언급하지 않았으나 허버트 새터리를 "이해당사자"로 소개했다. 또 신설 기업의 이름은 인터내셔널 모터스가 될 것이며, 9월 1일까지 모든 작업을 마칠 것이라고 전했다.

모든 일을 비밀리에 처리하는 모건 회사의 대응은 충분히 예상할 수 있는 것이었다: 협상은 그것으로 끝이었다.

빌리는 그래도 최후의 희망은 버리고 싶지 않았다. 사실 그는 앞서 모건 계열에서 자신이 뷰익 주주들로부터 전권을 위임 받았는지 의문을 제기했을 때부터 별도의 작업을 준비하고 있었다.

빌리는 브리스코와 모건 계열 은행가들에게는 알리지 않은 채 랜싱에서 프레드 스미스와 둘이서만 만난 것이다. 스미스는 그 무렵 올즈모빌의 사장이었지만 올즈모빌의 상황은 최악이었다. 4년 전 브리스코와 휘팅이 그랬던 것처럼 스미스도 후원자를 물색하고 있었다. 그런데 미시간 주에서는 윌리엄 크레이포 듀란트만큼 강력한 후원자를 찾을 수 없었다.

브리스코와의 딜이 무산된 뒤 듀란트는 기차를 타고 뉴욕에서 랜싱으로 갔다. 그는 한밤중에 도착했다. 평소 스타일답게 빌리는 스미스의 집으로 즉시 전화를 걸었다. 새벽 3시에 빌리는 올즈 모터 워크스 공장을 둘러봤다. 기계장치와 조립 라인을 따라 걸어가면서 그는 자신의 안을 내놓았다: 지주회사를 설립해 뷰익과 올즈모빌을 둘 다 인수하는 것이었다. 스미스는 올즈모빌의 누적 손실과 막대한 부채를 인수하는 것을 전제로, 올즈모빌의 발행주식 20만 주 가운데 4분의 3을 신설 지주회사의 주식과 1대1로 교환한다는 데 동의했다.

신문에 한 줄도 나지 않은 새로운 회사의 탄생

올즈모빌을 수중에 넣은 빌리는 다시 한번 새터리를 만났다. 이번에는 그가 뷰익 주주를 대표하는지 여부를 문제삼지 않았다. 새터리와 모건 회사에서는 이번 딜에 아무런 반대도 하지 않았다; 사실 맨 처음 추진했던 딜에 비해 규모가 너무 작았다. 어쨌든 올즈모빌은 적자를 보고 있었지만, 뷰익은 생산대수 1위에 수익성도 가장 높은 업체였다: 신설되는 기업에 투자하는 것은 안전한 베팅 같아 보였다.

두 사람은 마침내 신설 기업의 이름을 무엇으로 할 것인지 논의했다. 빌리는 "인터내셔널 모터 컴퍼니"를 제안했다. 앞서 모건 계열 파트너인 퍼킨스가 내놓은 이름이었다.

모건 쪽을 대변하는 퍼킨스는 안 된다고 대답했다. 그 이름은 모건 쪽에서 가져야겠다는 것이었다. 자동차 업계가 됐든 다른 업종이 됐든 향후 다른 제조업체들의 합병이 이뤄지면 그 이름을 쓰겠다는 심산이있다.

9월 10일 새터리는 듀란트에게 편지를 보내 "제너럴 모터스 컴퍼니"라는 이름을 제안했다. 자기 회사에서 조사해본 결과 아직 어떤 제조업체나 공급업체들도 사용하지 않은 이름이라고 했다. 듀란트는 스미스와 올즈모빌의 합병 의사를 다시 한번 확인한 뒤 새터리에게 제너럴 모터스의 법인 설립 신고 서류를 작성해 접수시켜 달라고 요청했다. 1908년 9월 16일 모든 작업이 끝났다.

빌리의 요구에 따라 신고 서류는 미시간 주가 아닌 뉴저지 주에 접수했다. 뉴저지 주는 기업이 실물 자산을 얼마나 보유하고 있는지에 관계없이 주식을 발행할 수 있었기 때문이다. 따라서 그는 신설 기업의 신주 발행이라는 수단을 활용해 자본을 얼마든지 조달할 수 있게 됐다. 앞서 2년간 뉴욕에서 활동하면서 자신의 아버지보다 더 나은 기법을 터득한 셈이었다. 듀란트는 그러나 자신은 물론 신설 기업에 쏟아질 세간의 관심을 피하기 위해 9월 16일의 법인 설립과 관련된 서류에서 그의 이름은 전부 빼도록 했다.

이번에는 정말 그가 바랐던 대로 업계에서 이 딜을 전혀 주목하지 않았다. 〈뉴욕타임스〉가 보도한 1908년 9월 16일의 가장 큰 뉴스는 화이트 스타 라인이라는 해운회사가 발표한 기사였는데, 세계에서 가장 큰 여객선 타이타닉 호의 제작에 착수했다는 내용이었다.

이로부터 12일이 지난 9월 28일 빌리 듀란트는 뷰익 주주를 대표해 뷰익 주식을 제너럴 모터스 주식과 1대1 교환비율로 매각했다. 이 딜은 그가 제너럴 모터스의 첫 "정식 이사"로 임명한 세 사람에 의해 승인됐는데, 누구의 이름도 언론에 공개되거나 월스트리트에 알려지지 않았다. 세 달 뒤 제너럴 모터스는 올즈모빌 발행 주식의 4분의 3을 현금이 아닌 주식 교환 방식으로 인수했다.

제너럴 모터스의 탄생은 1908년 12월까지 언론에 보도되지 않았다. 빌리가 생명을 불어넣은 제너럴 모터스는 이때 이미 여러 회사들의 인수 작업을 진행한다는 루머에 휩싸여 있었다. 당시 전국적으로 발행되던 자동차 업계 유일의 전문지 〈호스리스 에이지Horseless Age〉는 이렇게 보도했다:

뉴저지 주에서 새로 설립된 제너럴 모터스 컴퍼니는 미시간 주 랜싱의 올즈 모터 워크스 주주들에게 주식을 교환해준 데 이어, 자동차 제조업체들의 통합과 관련된 소문을 낳고 있다. 새로 탄생한 이 기업은 꽤나 비밀주의를 고수하고 있는데, 자본금 규모는 1250만 달러며, 700만 달러는 우선주로, 550만 달러는 보통주로 각각 발행했고, 주당 액면가는 1달러인 것으로 알려졌다. (……) 제너럴 모터스 컴퍼니는 앞으로 지주회사 역할을 할 것이며 자회사의 정식 이사를 임명할 것이다.

지주회사인 제너럴 모터스 컴퍼니의 설립일 현재로 뷰익 모터 컴퍼니의 발행 주식 가치는 375만250달러에 달했다. 4년 전 브리스코 형제가 데이비드 뷰익으로부터 회사를 인수할 당시의 가치는 7만5000달러에 불과했다.

빌리의 이 같은 놀라운 성과는 이제 월스트리트는 물론 경쟁자들까지 그의 다음 행보를 주목하게 만들었다. 그는 이제 겨우 자신의 비전을 실현해나가기 시작한 것이었다. 그는 미출간 자서전에서 담담한 어조로 이렇게 적어두었다:

이제 막 첫 걸음을 떼었다. 모든 책임은 나에게 있고, 새 회사를 잘 만드는 것 역시 나에게 달려있다. 엄청난 금액의 자본이 필요하다. 이 돈을 어떻게 조달할 것인가? 뷰익에서 쌓은 경험과 내가 거둔 성공에서 답을 찾을 수 있을 것이다. 뷰익 같은 회사를 몇 개만 더 인수하면 미국 최대의 산업을 지배할 수 있을 것이라는 생각이다.

빌리는 마침내 기업 역사상 가장 큰 일련의 인수 작업을 가장 빠른 속도로 해나가기 시작했다. 그가 이렇게 다져놓은 토대 위에서 훗날 알프레드 슬로안이 역사상 일찍이 보지 못했던 성공적인 거대 기업을 일궈낸 것이다. 그러나 그의 삶이 늘 그랬듯, 빌리 듀란트의 다음 행로 역시 패인 곳도 많고 굴곡도 심한 전인미답(前人未踏)의 거친 자갈길이었다.

8 별을 향해 쏘다

Shooting for the Stars

빌리 듀란트는 월스트리트와 뉴욕 은행가들의 반대에도 불구하고, 또 온갖 장애를 극복하고 마침내 자동차 산업의 의미 있는 첫 통합을 이끌어냈다. 이로써 빌리는 다시 한번 자신이 기적의 손임을 입증했다. 제너럴 모터스의 탄생은 외부적으로 별로 주목 받지 않았지만, 미시간 주 플린트와 랜싱에서는 천재의 마법 지팡이가 춤을 춘 것이나 마찬가지였다. 그곳 주민들은 빌리만큼이나 앞으로 더 놀라운 일이 벌어질 것이라고 확신하고 있었다.

빌리가 탐낼 정도로 좋은 자리를 차지하고 있던 많은 경영자들조차 본기지인 뉴욕을 떠나 신설 기업의 두 부문, 즉 뷰익과 올즈모빌을 위해 뭔가 새로운 일을 해보고 싶어했다. 그러나 빌리는 아니었다. 물론 올즈모빌을 흑자로 전환시키기 위해 대담하고 극적인 수단을 강구하기는 했지만 그는 여전히 더 큰 목표, 더 멀리 보이는 지평선에 초점을 맞추고 있었다. 그에게 사업의 묘미는 일상적인 하루하루의 회사 운영이 아니라 늘 다음 번 딜에서 오는 것이었다. 기업 제국이란 내부적으로 성장해서 되는 것이 아니라 정복해나가는 것이라는 게 그의 생각이었다. 정복해

나가는 방법은 자신의 천재성에 대한 사람들의 믿음, 그리고 그들의 돈을 활용하는 길이었다. 헨리 릴랜드나 알프레드 슬로안처럼 생산과 마케팅의 기본을 파악해나가는 그런 조용하고 보수적인 방식이 아니었다. 듀란트는 이렇게 설명한다:

> 자동차 사업은 기본적으로 모험이기 때문에 충분한 자금을 확보할 수만 있다면 상당수의 훌륭한 기업을 나한테 매각하도록 설득할 수 있다. 또 더 나은 기술과 특허 보호장치를 제공하고, 갈수록 커지는 리스크를 최소화할 수 있는 핵심 조직의 구성원으로 들어오라고 할 수도 있다.
> 현재의 상황을 살펴보면 미국에는 자동차를 생산하겠다는 회사가 423개에 달하고, 이중 100개 이상이 시험적인 단계를 지나 시장에 제품을 출시할 준비를 하고 있다.

제너럴 모터스 제국의 영토를 넓히는 새로운 딜이 성공하면 듀란트는 더욱 광적으로 다음 대상을 물색했고, 딜이 실패한다 해도 그의 열정만 더욱 뜨거워질 뿐이었다. 제너럴 모터스가 탄생한 1908년 9월 이후 18개월 동안 그는 한 달에 한 개꼴로 자동차 메이커 또는 부품 공급업체를 통째로 사들이거나 지배 지분을 인수했다. 은행과 증권회사에서는 그의 이런 방식을 정신 나간 짓이라고 비난했지만, 그는 그런 비난에 신경 쓸 겨를이 없었다. 그는 신성한 임무를 부여받은 사람처럼 절대적인 확신을 갖고 전속력으로 일을 추진해나갔다. 마치 자신의 아버지를 파멸시킨 금융 투기의 혼령이 악마가 아니라 천사가 되어 그의 앞길을 밝혀주는 것 같았다.

기업 역사가인 아서 파운드는 이렇게 지적한다. "제너럴 모터스는 처음 2년 동안 너무 많은 기업을 집어삼키는 바람에 어쩔 수 없이 극심한 소화불량에 시달리게 됐다." 하지만 빌리 본인에게는 그저 단순한 소화불량일 뿐이었다.

올즈모빌을 극적으로 회생시키다

1908년 말 올즈모빌을 인수하는 딜을 끝마친 빌리는 며칠 뒤 랜싱에 있는 올즈 모터 워크스로 돌아와 어깨가 축 처져있는 경영진을 앞에 놓고 회사를 살려낼 수 있는 자신의 복안을 설명했다. 그는 다시 한번 결단력과 믿음, 기민한 행동으로 모두를 놀라게 했다. 진짜로 몇 달 만에 올즈모빌은 흑자로 돌아선 것이다.

올즈모빌은 처음에 어떻게 해서 위기를 맞았던 것일까?

커브드 대쉬 모델이 성공하자 올즈모빌은 곧장 업계 최초의 6기통 중형차를 내놓아 경쟁업체들을 놀라게 했다. 올즈모빌은 미국에서 인지도가 가장 높은 브랜드였고, "인 마이 메리 올즈모빌(In My Merry Oldsmobile)"이라는 노래가 인기를 끌면서 더욱 유명해졌다. 전국 어디를 가나 사람들은 이 노래를 흥얼거렸고, 덕분에 회사에서는 굳이 돈을 써가며 광고할 필요도 없었다. 올즈모빌은 미국 자동차 브랜드로는 최초로 수출된 차였다. 1904년에 이미 프랑스와 독일, 영국, 러시아에 영업 대표자와 상주 수출 딜러를 두었을 정도다.

하지만 1908년 가을 올즈모빌의 사정은 아주 안 좋았다. 1904년 5000대에 달했던 판매대수가 1908년에는 1000대 수준으로 떨어졌다. 이보다 더 심각한 문제는 1908년에 팔린 자동차 가운데 신형 6기통 중형차는 55대에 불과했다는 점이다. 창업자인 랜섬 올즈는 이미 자신이 만든 신설 회사 리오로 떠나가버려, 올즈모빌은 창업자도 없이 비틀거리는 신세가 됐다.

사실 올즈모빌이 이렇게 된 것은 높은 품질의 자동차보다는 단기적인 이익에 더 관심이 많았던 경영진 때문이었다. 이들은 6기통 중형차가 그보다 더 작고 값싼 커브드 대쉬 모델만큼 많이 팔릴 것이라고 생각했다. 그러면 훨씬 더 높은 수익률을 올릴 수 있으리라고 기대했지만 그런 일은 벌어지지 않았다. 경쟁이 치열해지면서 뷰익에 이어 포드까지 올즈모빌의 중형차보다 가격은 저렴하면서도 성능은 비슷한 새 모델을 출시했다. 올즈모빌 경영진은 새로 내놓을 모델도 없었고, 난국을 타개할 만큼 자금 사정도 좋지 못했다.

빌리 듀란트는 올즈모빌을 제너럴 모터스로 데려오는 딜을 성사시킬 당시 이런 상황을 충분히 간파했을 뿐만 아니라 올즈모빌의 브랜드 인지도가 엄청나다는 사실도 잘 알고 있었다. 그는 딜을 마치고 나서, 자신이 수백만 달러를 지불한 이유는 단지 전국적인 도로 광고판 때문이었다고 농담했을 정도다.(올즈모빌은 자동차 업계에서는 도로변에 광고판을 설치한 선도적인 회사였다.)

문제를 푸는 열쇠는 이번에도 그의 머리에서 나왔다. 그는 올즈모빌 경영진과 머리를 맞대고 회의를 하거나 이미 성공을 거둔 뷰익 엔지니어들한테서 아이디어를 구하는 대신 예고 없이 랜싱을 방문했다. 그는 올즈모빌 엔지니어와 경영진을 자기 주위에 모아놓고, 솔로몬 왕이 서로 자기 아이라고 주장하는 두 여인 앞에서 아기를 둘로 가르라고 판결

한 것과 똑같은 모습을 보여줄 참이었다. 절정 고수의 세일즈맨답게 그는 이미 뷰익 10(화이트 스트릭이라는 이름으로 불렸다)의 차체를 이곳 공장으로 가져오도록 했다. 당시 모든 자동차 차제는 강판이 아닌 나무로 만들어졌는데, 듀란트는 차체를 톱질 모탕(목재를 얹어놓고 자르는 X자 모양의 걸개) 위에 놓고 톱으로 자르라고 명령했다.

빌리는 이 장면에 이어 곧바로 자신이 제시한 사업 계획을 이렇게 설명한다;

> (……) 나는 뷰익 10의 차체 하나를 트럭에 싣고 우리 엔지니어와 생산 관리자까지 올즈모빌 공장으로 오라고 했다.
> 공장에 도착하자 나는 차체를 톱질 모탕 두 개 위에 올려놓고 그곳 공장 관리자에게 그들 장비로 톱질을 하라고 주문했다. 앞뒤로, 또 옆으로 한 번씩 잘라 4등분한 차체를 내 마음대로 늘리고 넓혀서 크기와 모양을 바꿀 수 있게 만들었다.
> 차대는 뷰익 10의 디자인을 늘리고 넓혀 최소의 비용으로 바꿨다.
> 이렇게 태어난 대중적인 올즈모빌 소형차만큼 짧은 시간 안에, 그것도 최소의 비용으로 만들어진 지 동치도 없을 것이다.
> 작업을 마치자 멋진 자동차가 모습을 드러냈다. 올즈모빌 기준에 맞게 페인트칠을 하고 마무리를 한 다음 1200달러의 가격표를 붙였다. 올즈모빌 딜러들로서는 뷰익 모델 10과 겹치지 않는 아주 멋진 소형차를 갖게 된 것이었다.
> 문제는 기분 좋게 해결됐다. 제너럴 모터스에 새로 들어온 올즈모빌 모터 부문은 곧 흑자 기조로 돌아섰다.

올즈모빌의 신차는 "모델 20"이라는 이름으로 몇 달만에 생산에 들어갔다. 판매 첫 해인 1909년에 6500대 이상이 팔려 올즈모빌은 1906년 이래 처음으로 흑자를 기록했다.

뷰익의 디자인과 부품으로 별도의 브랜드인 올즈모빌 자동차를 만들어냄으로써 빌리는 올즈모빌의 제품 개발 기간과 비용을 예전에 올즈모빌이 자체적으로 했을 때보다 획기적으로 줄였다. 서로 다른 브랜드에 공동의 부품을 사용하는 것 역시 자동차 업계 최초의 일이었다.

듀란트가 꿈꿨던 신설 지주회사를 통한 시너지 효과는 슬로안도 나중에 인정했을 만큼 충분한 가치가 있었다. 슬로안은 랜싱에서 벌어졌던 시연 장면을 더 흥미 있게 묘사했다:

올즈모빌을 위해 뭘 준비해야 할지 아무도 알지 못했지만 듀란트는 1분1초도 공장을 세워두지 않았다.

듀란트는 플린트에서 올즈모빌 공장이 있는 랜싱까지 뷰익 모델 10을 몰고 온다고 말하곤 했다. 잘 만든 소형차였다. 듀란트는 올즈모빌의 엔지니어들을 불러 자신이 플린트에서 몰고 온 차를 보여주었다. 그리고는 나무로 된 차체를 떼어내 톱질 모탕 두 개 위에 올려놓도록 했다.

"그걸 톱으로 자르게." 듀란트가 지시했다.

먼저 앞뒤로 길게 잘랐다. 다음에는 옆으로 잘랐다. 빌리는 네 조각이 된 차체를 바닥에 놓더니 한 조각 한 조각을 몇 인치씩 떼어놓았다.

"이러면 이 뷰익보다 조금 더 공간이 넓은 차를 만들겠군." 그가 말했다. "약간 더 길어지고 폭도 넓어지는 거지. 후드랑 라디에이터는 기존의 것을 쓰면 돼. 그러면 올즈모빌이랑 똑같아 보이고 잘 달릴 거야. 페인트칠을 하고 내부를 채우라고. 이게 앞으로 자네들 올즈모빌이니까 말이지."
뷰익의 모델 10은 1000달러에 팔리고 있었다. "신형" 올즈모빌은 1250달러에 시장에 내놓았다. 공장에서 미처 따라가지 못할 정도로 무섭게 팔려나갔다.

신형 올즈모빌의 시제품을 생산하기도 전에 빌리는 이미 다음에 있을 무궁무진한 딜에 초점을 맞추고 있었다.

맨 처음 그의 눈에 들어온 것은 오클랜드(Oakland)라는 회사였다. 1909년 빌리가 기쁜 마음으로 인수했을 때 이 회사는 설립된 지 1년도 채 안 돼 자리도 못 잡은 상태였다. 오클랜드의 본사는 디트로이트에서 북쪽으로 20마일 떨어진 미시간 주 폰티악에 있었는데, 처음 내놓은 모델 K는 1907년도 언덕 오르기 대회 우승으로 얻은 전국적인 인지도에도 불구하고 시장에서는 고전하고 있었다. 1908년 한 해 동안 팔린 모델 K는 전부 해서 278대에 불과했다.

자금난에 허덕이던 오클랜드의 창업자 에드워드 M. 머피는 빌리에게 회사를 넘기려고 애썼다. 초창기 자동차 업계의 숱한 기업가들이 비극적인 말로를 맞았던 것처럼 그 역시 딜을 마치고 머칠 지나지 않아 세상을 떠났다. 그러나 머피와 마찬가지로 듀란트도 제너럴 모터스에 인수된 오클랜드가 훗날 알프레드 슬로안 체제 아래서 폰티악 부문으로 바뀌리라는 것까지는 내다보지 못했다.

장인 정신을 신념으로, 정밀함을 규범으로

빌리는 올즈모빌이나 오클랜드보다 캐딜락의 브랜드 파워가 훨씬 더 크다고 생각했다. 이것은 옳은 판단이었다. 그는 캐딜락을 제너럴 모터스로 끌어들이기 위해 적극적으로 움직였다. 올즈모빌처럼 캐딜락도 판매가 줄어들고 있었다: 1906년 4300대였던 판매대수가 1907년에는 2700대로 감소했다. 듀란트 입장에서는 값싸게 사들일 기회였다. 그러나 캐딜락의 오너인 헨리와 윌프레드 릴랜드 부자는 다른 속셈을 갖고 있었다.

릴랜드 부자는 1908년 빅딜 협상이 깨지기 전에 이미 런던의 로열 자동차 클럽이 주최하는 듀어 선발대회에 캐딜락을 출품한 상태였다. 세계적으로 가장 정밀하고 탁월한 자동차 제조업체를 판가름하는 이 대회에서 클럽이 수여하는 듀어 트로피를 받는다면 세계적으로 가장 뛰어난 자동차 기술로 인정받는 셈이었다. 따라서 릴랜드 부자는 듀어 트로피를 미국으로 가져와 캐딜락의 인기와 매출을 비약적으로 신장시키겠다는 복안이었다.

캐딜락은 스스로 업계 최고의 정밀성과 부품의 호환성을 이뤄냈다고 주장했다. 이를 검증하기 위해 로열 자동차 클럽은 런던에 있는 판매 대리점에서 무작위로 3대의 캐딜락을 골라 런던 교외의 브룩랜즈에 있는 시험장으로 가져왔다. 그곳에서 자동차 정비공들로 하여금 차의 각 부분과 부속품들을 완전히 해체하도록 했다. 그리고는 다른 정비공들을 시켜 해머와 랜치, 스크루 드라이버만 갖고 차를 재조립하도록 했다. 이제 각각의 자동차에는 다른 자동차에 쓰였던 부분과 부속품들이 들어갔다. 완성된 뒤에는 브룩랜즈 시험장의 500마일 트랙을 달렸다. 3대 모두 문제없이 완주했고, 캐딜락은 곧바로 듀어 트로피를 받았다.

캐딜락은 전세계적으로 탁월한 품질을 입증했다. 대량 생산이 언제든 가능하다는 점을 보여주었다. 듀어 트로피를 수상함으로써 유럽과 미국에서 캐딜락의 위상은 수직 상승했다.

경쟁업체와 고객들은 모두 자동차의 정밀성과 높은 품질에 전력을 기울인 헨리 릴랜드의 노력을 높이 샀다. 그는 예전에 기계 제작소를 할 때도 최선을 다했고, 나중에 알프레드 슬로안을 향해 똑같은 원칙을 고수하지 않는다고 비난했을 때도 최선을 다했다. 오늘날에도 캐딜락에서는 "장인 정신을 신념으로, 정밀함을 규범으로(Craftsmanship a Creed, Accuracy a Law)"를 모토로 하고 있다. 캐딜락의 정밀도는 누구도 의심하지 않는다.

릴랜드 부자를 겁주다

빌리는 1907년에 캐딜락의 판매가 부진한 것을 보고 브랜드 가치가 떨어졌으리라고 판단했지만 곧 지리한 신경전을 벌이게 된다. 그가 캐딜락을 제너럴 모터스로 끌어들이기 위해 릴랜드 부자에게 접근한 것은 오클랜드 인수 직후인 1909년 초였다. 두 사람은 주식 교환 없이 현금 350만 달러면 기꺼이 팔겠으며, 10일 안에 돈을 받았으면 한다고 대답했다.

제너럴 모터스에는 그만한 돈이 없었고, 이사회는 물론 대형 은행들이 그 정도 규모의 회사채 발행이나 신규 차입에 동의하지 않을 것이라는 점을 빌리는 잘 알고 있었다. 빌리에게 준 시한이 다 지나가자 릴랜드 부자는 자체적인 재무구조 개선과 흑자 전환에 힘을 쏟기 시작했다. 몇 달 뒤 빌리가 다시 접근해오자 릴랜드 부자는 요구액을 역시 현금 412

만5000달러로 올렸다. 이번에는 캐딜락이 흑자로 돌아선 다음이라 주도권은 두 사람이 쥐고 있었다.

빌리는 1909년 6월 디트로이트의 폰차트레인 호텔에서 릴랜드 부자를 개인적으로 만나 새로운 제안을 했다. 이번에 릴랜드 부자는 금액을 475만 달러로 올렸을 뿐만 아니라 50만 달러를 미리 예치한 뒤 30일 안에 전액을 지급하도록 요구했다. 만일 기한을 지키지 못한다면 50만 달러는 릴랜드 부자가 몰수하기로 했다. 올즈모빌과 뷰익이 착실하게 이익을 내고 있었으므로 빌리는 여기에 동의했다. 제너럴 모터스 주식을 추가로 발행하거나 신규 차입을 얻는 대신 그는 뷰익을 담보로 사용했다. 제너럴 모터스가 아니라 뷰익 명의로 어음을 발행해 딜을 성사시킨 것이다.

릴랜드 부자는 왜 회사를 팔려고 한 것일까? 한마디로 그들은 잃을 게 없었기 때문이다. 당시 캐딜락이 보유한 순자산 가치는 300만 달러가 채 안 됐다. 빌리는 릴랜드 부자가 요구한 475만 달러와 이 금액 간의 차이를 "영업권"으로 생각했다. 그는 또 릴랜드 부자에게 제너럴 모터스라는 한 지붕 아래서 완전히 독립적으로 운영할 수 있도록 약속했다. 회사의 이름이나 정체성도 바꿀 필요가 없었다. 게다가 빌리와 똑같은 오너 자격을 인정받았다. 제너럴 모터스에 회사를 매각하고도 지배권을 유지하는 이런 방식은 1920년 위기와 그 직후에 심각한 문제를 일으켰다.

빌리가 이렇게 광기를 부린 이면에는 이번에도 천재적인 수완이 숨어 있었다. 캐딜락은 제너럴 모터스에 인수된 뒤 한 달도 채 안 돼 1909 회계연도의 실적을 발표했다. 196만9382달러 흑자였다. 빌리는 캐딜락 인수 금액의 절반 가까이를 이미 회수한 셈이었다. 이제 캐딜락의 흑자 행진은 아무도 의심하지 않게 됐다. 그는 자동차 업계 최대의 딜을 성사시

컸고, 뷰익과 캐딜락의 매출만으로도 업계의 절반을 차지했다.

캐딜락의 결산 실적은 1909년 8월 31일 발표됐다. 한 달 뒤에는 제너럴 모터스가 설립 후 처음으로 1년치 결산 실적을 발표했다. 빌리가 탄생시킨 이 회사는 매출액 2900만 달러와 순이익 900만 달러를 기록해, 한 해 전만 해도 코웃음을 쳤던 은행가와 거물 기업인들을 놀라게 했다. 듀란트는 새로운 인수전에 필요한 실탄 확보를 위해 이사회에 6000만 달러의 수권 자본금 증액과 보통주 물량의 150% 확대를 요구했다.

이 같은 요구는 즉시 받아들여졌고, 빌리는 다시 기업 인수를 시작했다. 캐딜락의 생산과 기업 운영에 관여하지 않겠다는 약속도 지켰다. 그는 디트로이트에 있는 캐딜락 공장을 방문해달라는 요청도 일부러 거절해버렸다. 그는 이렇게 설명한다:

> 캐딜락을 인수한 뒤 몇 달이 지나도록 일절 찾아가지 않았다. 릴랜드 부자가 여러 차례 초대했지만 나는 "사업상 중요한 사정" 때문에 안 된다고 했다.
>
> 사실 수많은 다른 기업들의 인수 협상을 진행하고 있었는데, 일부는 제너럴 모터스에 들어가면 경영진과 회사 정책이 바뀔 것이라고 걱정했다. 이런 상황에 부딪치면 캐딜락 경영진에게 물어보라고 했다. 그들은 듀란트가 캐틸락 공장을 한 번도 다녀가지 않았다고 솔직하게 말해주었다. 말이 난 김에 덧붙이자면 캐딜락이 제너럴 모터스에 편입된 후 14개월간 거둔 순이익은 475만 달러로 우리가 지불한 인수금액과 같았다.

헨리 포드에게 한 번 더 접근하다

제너럴 모터스의 첫 해 실적보고서의 잉크가 채 마르기도 전에 빌리는 가장 대담한 도전에 착수한다: 포드 모터의 인수 건이었다. 모건 회사의 후원 아래 듀란트가 추진해보려고 했던 최초의 통합을 헨리 포드가 깨뜨린 지 겨우 1년이 지난 상태였다. 배신에 대한 쓰디쓴 기억은 포드 모터를 손에 넣었을 때의 기쁨을 배가시킬 것이었다.

헨리 포드는 1908년 모델 T를 출시한 뒤 다른 모델들은 일체 생산을 중단했다. 그는 자신과 회사의 운명을 그가 오랫동안 꿈꿔왔던 "보통사람을 위한" 저가의 자동차에 걸었다. 이건 다양한 브랜드와 모델을 가져가려는 빌리 듀란트의 전략과 정반대의 것이었다. 포드 모터는 1908년에 900만 달러의 매출액과 250만 달러라는 경이적인 순이익을 기록했다. 하지만 당시 대부분의 애널리스트들(특히 은행과 업계 경영진)은 이익이 많이 나는 대형차 모델이 없는 포드 모터의 장기 전망을 어둡게 봤다.

빌리는 사업가의 시각으로 냉정하게 접근했다. 그래서 예측 불가능한 포드 대신 포드 모터의 관리 및 운영 업무를 맡고 있는 제임스 커즌스와 접촉했다. 커즌스는 당시 37세로 세 아이의 아버지였으나 사업 때문에 애들 얼굴조차 거의 보지 못했다. 그는 "크레이지 헨리"의 오른팔로 5년을 일했지만 이제 편두통에 시달리고 있었다.

대부분의 역사가들이 헨리의 진정성을 의심하지만, 어쨌든 그는 뉴욕에서 듀란트를 만나보기로 했다. 빌리에 따르면 그가 자리에 나온 동기는 조지 셀든의 특허권 카르텔과 벌이고 있던 법적 소송 때문이었다고 한다. 빌리는 커즌스가 자기에게 이렇게 얘기했다고 적었다:

포드 씨는 셀든과의 특허권 소송과 그 결과에 많은 관심을 기울였다. 소송에서 이길 확률과 질 확률은 반반씩이었다. 지면 엄청난 금액을 지불해야 했다. 그는 (셀든 특허권의) 라이센스 협약에 가입하지 않았고, 그런 특허권을 한 개인이 갖는다는 데 반대했다. 제너럴 모터스는 산하에 라이센스를 가진 회사가 여럿 있으므로 여기서 포드 모터를 인수한다면 셀든과 원만한 조정을 이끌어낼 수 있을 것이었다.

포드와 커즌스는 제너럴 모터스의 뉴욕 사무실 인근에 있는 벨몬트 호텔에 묵었다. 빌리가 그들을 만나기 위해 10월 5일 호텔 로비에 도착하자 커즌스가 혼자서 그를 맞았다. 포드는 허리통증으로 인해 방에 머물렀고, 커즌스에게 자기를 대신하라고 전권을 위임했다. 빌리는 800만 달러를 제시했다. 이 중 200만 달러는 커즌스에게 주식 형태로 주기로 했다. 커즌스는 포드가 자신의 충성에 대한 보답으로 회사 지분을 25%로 늘려줄 것이라고 생각했다. 커즌스는 자기 몫을 현금이 아니라 주식으로 받고자 했다. 나머지 600만 달러 가운데 200만 달러는 즉시 현금으로 지불하고, 나머지 400만 달러는 3년에 걸쳐 연 5%의 이자와 함께 분할 지불하기로 했다.

커즌스는 포드에게 메시지를 가져갔다. 포드는 통증을 줄이려고 바닥에 누워 있었다. 포드의 대답은 "좋아, 하지만 탁자 위에 금덩이를 갖다 놔!"였다. 커즌스가 무슨 말이냐고 묻자, 그가 답해주었다. "내 말은 현금이야. 그에게 가서 내가 허리통증까지 덤으로 주겠다고 그래."

빌리는 마침내 큰일을 성사시켰다고 자신하면서 호텔을 나섰다. 그가 해야 할 일은 200만 달러를 현금으로 마련하는 것인데, 제너럴 모터스의 실적을 보면 그건 아주 간단한 일이었다.

아, 그러나 뉴욕의 은행가들은 듀란트도, 자동차 사업도 믿지 않았다. 그는 J.P. 모건 회사와 가까운 사이인 내셔널 시티 뱅크를 가서 은행장 프랭크 반더리프를 만났다. 반더리프는 꽤 관심을 보였다. 그는 제너럴 모터스의 장부를 철저히 조사해보도록 지시한 뒤 며칠 후 빌리를 초대해 벨몬트 호텔에서 점심을 함께 했다. 빌리의 회고를 들어보자:

> 우리 사무실 맞은편에 있는 벨몬트 호텔에서 점심식사를 하면서 그는 은행 이사회가 다음주 화요일에 열릴 것이며, 수요일에 열리는 대출위원회에서 승인하면 순조롭게 대출이 이뤄질 것이라고 했다. 그는 대출위원회 회의가 끝나는 대로 연락해주겠다며 그날 어디 있을 거냐고 물었다. 나는 플린트의 뷰익 사무실에 있을 것이며 전화로 연락할 수 있을 것이라고 대답했다.
>
> 그런데 장거리 전화로 알려온 그의 답은 부정적이었다. 우리와 처음 거래하는 데다 최근 어멜거메이티드 코퍼 컴퍼니와 너무 큰 거래를 하는 바람에 상당한 공격을 받고 있으며, 아직 모험 단계인 자동차 사업을 후원하는 건 현명한 처사가 아니라는 게 위원회의 생각이라고 설명했다. 당시 은행들은 전반적으로 자동차 업계에 우호적이지 않았다. 사실 그들은 적대적인 시각을 갖고 있었다. 나는 200만 달러를 얻으려는 시도를 단념하고, 포드 씨에게 현시점에서는 인수 자금을 구할 수 없다고 통보했다.

포드 모터를 향한 열정을 접은 빌리는 현금이 아니라 주식 교환 방식으로 인수할 수 있는 중소 제조업체와 부품 공급업체로 눈을 돌렸다. 커즌스는 이로부터 6년이나 더 포드 모터에 재직했고, 헨리 포드가 모든 발행 주식을 사들인 1919년까지 회사 주식을 보유했다. 1922년에는 주지사에 의해 연방 상원의원에 임명됐는데, 이 자리는 앞선 선거에서 헨리 포드를 힘겹게 누르고 당선됐던 트루먼 뉴베리가 불법 선거 혐의로 사퇴하는 바람에 공석이 된 의석이었다.

포드의 모델 T는 1909년 뷰익을 제치고 미국 제일의 판매 대수를 기록했다. 포드의 1위 자리는 알프레드 슬로안이 지휘하는 제너럴 모터스가 따라 잡은 1920년대까지 계속 이어졌다. 포드의 매출액은 1910년에도 급증해 모델 T를 추가로 생산할 새 공장까지 짓기로 했다. 1911년에는 셀든 카르텔을 상대로 한 소송에서도 승리를 거둬 막강한 권력을 쓰러뜨린 "보통사람"이라는 그의 이미지를 다시 한번 각인시켰다. 포드는 이로써 자신의 힘으로 최고의 자리에 오른 것이었다.

듀란트는 포드와의 딜이 있은 뒤 한참이 지난 1920년대 초 커즌스를 만났는데, 이 자리에서 나눈 얘기를 이렇게 회고한다:

나는 늦은 오후 기차를 타고 뉴욕에서 디트로이트로 가고 있었다. 아주 따뜻한 날씨였다. 나는 버릇처럼 내가 턴 킨막이 객실의 문에다 신문지를 붙이고 있었는데, 커즌스 상원의원이 복도에 서 있는 게 보였다. 나는 즉시 그에게 객실 안으로 들어오라고 했다. 정치가 아니라 자동차를 화제로 얘기를 나누었다. 그는 곧장 포드 딜을 언급하며, 당시 자신의 회사 지분 4분의 1이 200만 달러였다고 말했다. 그러더니 "지금 회사 가치가 얼마나 된다고 생각하느냐?"고 물었다. 나는 잘 모르겠다고 대답했다. 그는 "3억 5000만 달러에요, 작년에 회사가 거둔 순이익 3500만 달러의 10배만 해도 그 정도 가치가 되지요"라고 말했다.

어쨌거나 반더리프 씨는 나에게 200만 달러를 대출해주지 않은 데 대해 스스로도 용서하지 못할 것이다. 우리는 그 후로도 만날 때마다 농담 삼아 그 얘기를 했다.

빌리의 회고에는 이번에도 분노 같은 것은 찾아볼 수 없다. 그의 동료들도 그가 자신의 꿈을 좌절시킨 라이벌이나 한때의 동조자에 대해 비난하는 것을 한 번도 들은 적이 없다고 한다.

대단한 레이스, 더 대단한 기회

딜이 실패로 돌아가도 빌리의 자신감이나 에너지는 전혀 위축되지 않았다. 그에게 실패란 단지 잠시 길을 돌아가는 일일 뿐이었다.

포드 딜이 무산되자마자 그는 설립된 지 얼마 안 된 또 다른 기업의 인수에 나섰다. 오클랜드처럼 첫 번째 모델 하나로 전국적인 인기를 끌고 있는 회사였다. 창업자의 이름을 따서 E.R. 토마스 컴퍼니(E.R. Thomas Company)라고 이름 붙인 이 회사는 뉴욕 주 버펄로에서 토마스 플라이어라는 자동차를 생산하고 있었다. 비록 미국 내에서 10대도 채 안 되는 자동차를 팔았을 뿐이지만 1908년의 "대경주(Great Race)" 우승자라는 국제적인 명성을 지니고 있었다. 빌리는 다른 사람들이 이 회사의 부채만 보고 있을 때 대중적인 브랜드의 잠재가치를 보고 있었다.

대경주는 세계 주요 언론과 자동차 관계자들이 주목한 대회로, 사상 처음으로 세계를 일주하는 대회였다. 토마스 플라이어는 최후까지 남은 여섯 대 안에 끼었는데, 다섯 대는 모두 유럽 자동차였다. 6대의 차는 1908년 뉴욕을 출발해 와이오밍과 유타를 거쳐 샌프란시스코에 도착했다. 플라이어는 유럽의 경쟁자들보다 열흘이나 빨리 들어왔다.

배로 태평양을 횡단해 도쿄에 도착한 뒤 아시아와 유럽을 횡단하는 2차 경주가 시작됐다. 블라디보스톡을 출발해 시베리아 철도를 따라 러시아를 가로지르는 코스였다. 플라이어의 매일매일 기록은 미국과 유럽 언론에 계속 보도됐다. 플라이어는 마침내 뉴욕을 떠난 지 170일 만에 파리에 입성했고, 플라이어 자신도 믿지 못할 만큼 모든 기록을 경신했다.

하지만 당시 플라이어는 부채의 늪에 빠져 있었을 뿐만 아니라 전국적인 딜러 망도 없는 상태였다. 빌리의 제너럴 모터스는 구원의 손길과 함께 성장할 수 있는 기회도 제공할 수 있었다. 그러나 토마스는 우승의 영광에 취해 매각을 거부했다. 빌리는 다른 회사를 물색했고, 토마스의 회사는 파산해 결국 기억에서 사라졌다.

빌리는 계속해서 동시에 두 가지 전선에 초점을 맞췄다. 자동차 제조업체와 부품 공급업체였다. 이건 그가 듀란트-도트 마차 제국을 건설할 때 성공적으로 구사했던 수직 계열화 전략의 확장판이었다. 차이가 있다면 그 규모와 속도였다. 빌리의 회고를 들어보자:

> 나는 이미 20년간의 마차 사업에서 많은 것을 배운 상태였다. 우리는 경쟁자보다 유리할 것 하나 없는 조립업체로 시작했다. 우리가 구입하는 모든 것을 남들과 똑같은 가격으로 사들였다. 그래서는 전혀 나아지지 않을 것이라는 사실을 깨달았다. 우리가 사용하는 모든 주요 부품은 우리

가 직접 만드는 방법밖에 없었다.

듀란트는 먼저 웨스턴-모트와 가장 중요한 차축 생산을 제너럴 모터스로 흡수했고, 이어 잘 알려지지는 않았지만 핵심 부품 생산업체 10곳 이상을 인수하거나 지배지분을 사들였다. 엔진, 트랜스미션, 휠 림, 단조, 기어, 차체를 비롯해 수없이 많은 작은 부속을 생산하는 업체들이었다. 매각하는 쪽에서는 현금이 아닌 주식 교환 방식에 동의했다. 빌리 쪽에서도 캐딜락 인수 때 그랬던 것처럼 매각 후에도 독립적으로 사업을 해나가도록 해주었다. 인수된 기업들은 제너럴 모터스의 생산망을 통해 안정적인 부품 공급이 보장됐고, 이와는 별도로 제너럴 모터스 외의 고객들에게도 자유롭게 부품을 공급할 수 있었다. 자동차 산업이 계속해서 성장해나가는 한 양쪽 모두에게 윈-윈이 되는 방식이었다.

그의 멋진 부품업체 딜 가운데 하나는 우연한 만남에서 비롯됐다. 보스턴에서였다. 빌리가 뷰익의 동북부 지역 영업소에 있는데, 강한 프랑스 액센트를 쓰는 한 사내가 약속도 하지 않고 불쑥 찾아왔다. 상대방이 워낙 당돌하게 나오기에 빌리도 얘기를 들어주었다. 그는 알버트 참피온이라는 인물이었는데, 자기로 만든 새로운 스파크 플러그를 개발하고 있었다. 그는 앞서 디트로이트의 폰차트레인 호텔에서도 자신의 스파크 플러그를 보여주며 보스턴에서 소규모 공장을 시작할 수 있는 후원자를 구한 적이 있었다.

빌리는 영업소에서 그의 시연 모습을 지켜보며 깊은 인상을 받았다. 당시 뷰익은 스파크 플러그를 개당 35센트에 구입해 쓰고 있었는데, 참피온의 신제품보다 품질이 훨씬 떨어지는 것이었다. 빌리는 참피온에게 가격을 내릴 수 있는지 물었다. 참피온은 주저없이 그럴 수 있다고 대답했다. 빌리는 창고의 3층에 있는 그의 작업장을 보여달라고 했다. 그는 보석을 발견한 것이었다. 그는 참피온을 플린트의 뷰익 공장으로 초청했다. 그가 마음에 들기만 하면 "시험 생산용" 공장을 짓도록 해주겠다고 했다. 참피온은 아직 자기 사업체도 없는 상태였다. 빌리는 이렇게 회고한다:

> 그가 말하기를 스트라네이엄이라는 사람이 회사 오너라고 했다. 그가 여기에 2000달러를 투자했다는 것이다. 회사 이름은 참피온 이그니션 컴퍼니(Champion Ignition Company)였지만 그냥 개인회사였다. 참피온은 월급쟁이로 일하고 있었고, 성공하면 회사 지분을 받기로 한 상태였다.

빌리는 참피온에게 이렇게 말했다. 스트라네이엄에게 가서 자신이 회사를 사겠다고 전하라고 말이다. 스트라네이엄은 공장과 장비 일체를 팔기로 했지만, 회사 이름은 자기가 갖기로 했다. 빌리에게 그건 아무 문제도 아니었다. 하지만 참피온은 억울해했다. "이름은 나에게 아주 중요합니다. 그건 내 이름이에요."

빌리는 이렇게 대답했다. "제품만 잘 만들면 되지 회사 이름은 아무 의미도 없네. 하지만 자네의 이니셜(A.C.)을 넣은 회사 이름으로 하면 만사가 해결되겠지."

그렇게 해서 제너럴 모터스 안에 AC 스파크 플러그 부문이 만들어진 것이다. 빌리는 참피온에게 뷰익 공장의 구석에 있는 빈터를 사용하도록 했다. AC 스파크 플러그 부문은 곧 뷰익에 스파크 플러그를 개당 25

센트에 공급했다. 또 제너럴 모터스의 다른 자동차 생산 라인에도 스파크 플러그를 공급했고, GM 이외의 고객들에게도 판매했다. 제너럴 모터스 산하의 계열사로 편입되면서 참피온은 회사 지분의 6분의 1을 받았고, 맨 처음 그의 지분 가치는 2만5000달러였다. 10년 만에 참피온의 AC 스파크 플러그 주식은 매년 수령하는 배당금 액수만 50만 달러에 달할 정도가 됐다.

아무도 막지 못하는 좌충우돌 세일즈맨

듀란트는 수직 계열화 작업을 진행하는 한편으로 사업 영역을 트럭 분야까지 확대해 미시간 주 랜싱에 있는 릴라이언스 트럭 컴퍼니(Reliance Truck Company)와 폰티악의 래피드 모터 컴퍼니(Rapid Motor Company)를 인수했다. 매수하자마자 래피드 트럭은 파이크스 피크를 트럭으로는 처음 올라가는 기록을 세웠다. 이때 인수한 두 회사는 1911년 GMC 트럭 부문으로 합쳐졌다.

그는 또 제국의 영토를 국경 밖으로까지 넓혔다. 1907년에 온타리오 주 오샤와에 있는 맥로린 모터 컴퍼니(McLaughlin Motor Company)의 인수계약을 맺고 40%의 지분을 사들였다. 이 회사는 1918년 제너럴 모터스의 독립 자회사로 캐나다 법인을 설립할 때 모태가 됐다. 또 1909년에는 영국의 초창기 트럭 생산업체 중 하나였던 베드포드 모터스(Bedford Motors)를 인수했다.

빌리는 특히 제너럴 모터스의 자금 수요 증가보다는 미래의 매출 성장에 초점을 맞췄다. 인수하는 회사가 늘어나면 매일매일의 운영비를 조달하기 위해 제너럴 모터스의 핵심인 뷰익과 캐딜락 사업부문에 더 많이 의존해야 했다. 그나마 자세한 내용은 빌리 외에 아무도 몰랐고, 그는 창의적인 인수 업무든 관리 업무든 자기 혼자서 다 처리했다. 〈모터 월드Motor World〉라는 잡지는 1910년에 이렇게 지적했다:

> 한마디로 제너럴 모터스는 "1인 기업"이라고 해도 과언이 아니었다. 듀란트는 장군이면서, 연대장과 대대장, 중대장이었다. 꼭대기에서 밑바닥까지 전부 지휘했고, 어떤 간섭도 용납하지 않았다. 그는 비범한 일꾼이었고, 어떻게 그 많은 대소사에 관여해 끝까지 해내는지 놀라울 지경이다. 그는 한쪽 눈으로는 공장을 바라보고 다른 쪽 눈으로는 주가 시세표를 지켜봤으며, 항상 세계 시장을 정복하는 꿈을 꾸었다.

듀란트가 추진한 일련의 인수 작업 가운데 참담한 실패로 이어진 회사는 히니 램프(Heany Lamp)로, 1910년 1월에 주식과 채권으로 700만 달러를 주고 인수한 업체였다. 그 무렵에는 쓸만한 자동차용 전기 라이트가 없었다. 유일한 대안은 가스 램프였지만 바람이 불거나 비만 오면 꺼져버렸다. 그래서 대부분의 운전자들은 날씨가 나쁘거나 밤이 되면 아예 운전을 하지 않았다. 그런데 존 A. 히니라는 인물이 제너럴 일렉트릭에서 판매하는 백열전구를 "개선한" 자동차용 전기 라이트를 개발했다고 주장했다. 그는 특허를 신청했지만 빌리가 그의 회사를 인수할 때까지 제품 생산에 착수하지 못한 상태였다. 결국 히니 램프는 제너럴 일렉트릭의 단계에서 한 걸음도 더 나아가지 못했다. 심지어 히니의 변호사는 히니의 제품이 제너럴 일렉트릭보다 더 빠른 것처럼 특허 신청서류를 위조한 혐의로 구속되기도 했다.

히니의 자동차용 라이트 특허는 법원에서 말소시켜버렸고, 제너럴 모터스는 투자 자금 전액을 날려버렸다. 빌리 듀란트 입장에서는 당혹스러운 일이었을 뿐만 아니라 그렇지 않아도 그의 인수 방식에 의문을 제기해온 월스트리트의 은행가와 트레이더들에게 적당한 빌미를 제공한 셈이 됐다. 심지어 일부에서는 히니 램프가 아무런 가치도 없다는 사실을 알면서도 오로지 더 많은 제너럴 모터스 주식을 발행하기 위해 딜을 계속 추진한 것이라고 주장했다.

물론 빌리는 꿈쩍도 하지 않았다. 그는 여전히 시도 때도 없이 아무 데서나 갑자기 무슨 아이디어가 떠오르기만 하면 불쑥 경영진에게 전화를 걸어댔다.

1910년 가을 제너럴 모터스의 직원 숫자는 1만4000명을 넘어섰고, 미국에서 생산된 전체 자동차의 21%를 만들어냈다. 2년도 채 안 되는 사이 제너럴 모터스의 총자산가치는 5400만 달러로 불어났다. 빌리 듀란트가 제국을 건설하는 데 들인 비용은 3300만 달러에 불과했고, 그 중 현금으로 지급한 금액은 700만 달러에도 못 미쳤다. 그에게는 천재 마법사라는 비공식적인 타이틀까지 주어졌다.

9 좌절을 딛고 재기를 노리다

Down but Hardly Out

빌리 듀란트는 비록 천재이기는 했으나 외부로부터의 공격이나 위기에 면역된 상태는 아니었다. 자동차 시장에 불어 닥친 단 한 번의 강풍만으로도 그가 쌓은 제국의 현금 흐름은 문제를 일으켰고, 빌리는 그동안 경원해왔던 은행 쪽에 구원의 손길을 요청해야 했다.

1910년 봄이 되자 우려했던 자동차 시장의 포화 상태가 마침내 현실화되는 것 같았다. 앞서 J.P. 모건이 자동차 업체들을 통합하려 했던 것도 이런 이유 때문이었다. 헨리 포드의 모델 T가 계속 잘 나가자 고급차를 생산하던 메이커들도 저가의 모델을 선보였다. 대형차 시장은 갑자기 말라버렸고(결과적으로 단기간에 그쳤다) 제너럴 모터스는 예기치 못했던 자금난을 겪게 됐다.

빌리의 자식이나 마찬가지인 제너럴 모터스는 이 무렵 10개의 완성차 제조업체를 거느리고 21가지 모델을 생산하고 있었다. 각각의 제조업체는 빌리가 처음 약속했듯이 여전히 독립적으로 운영됐기 때문에 판매가 정체되자 서로 중복되는 관리비 및 생산비, 재고비용이 자업자득이 되어 돌아왔다. 제너럴 모터스 제국의 핵심 현금 수입원인 뷰익과 캐딜락이 가장 큰 타격을 입었다. 여름이 되자 뷰익 한 곳에서만 단기 부채 270만 달러와 부품 대금 500만 달러를 빚지고 있었다. 게다가 제너럴 모터스는 2주마다 임금으로 20만 달러 가까운 돈을 지출해야 했다.

어쩔 수 없이 빌리는 돈을 빌리러 동분서주했다. 굽실거리면서 뉴욕으로 가느니 먼저 중서부에서 길을 찾았다. 점점 작아져 가는 듀란트-도트 마차 회사와 딜러, 지역 은행들을 돌아다녔다. 그는 기차를 타고 다녔는데, 윌프레드 릴랜드와 올즈모빌의 영업 매니저인 아놀드 고스가 동행했다.

그러나 아무도 도움의 손길을 내밀지 않았다. 1908년 무렵 빌리가 자동차 산업의 무한한 성장을 내비쳤을 때 모건 은행의 조지 퍼킨스가 코웃음을 쳤던 것처럼 모든 은행들이 갑자기 싸늘하게 대했다. 시장은 이미 포화 상태에 이르렀다는 게 이들의 공통된 의견이었다. 이런 상황에서 계속 새 차를 공급하려는 자동차 업계 경영진들은 좋게 말해 덜 떨어진 사업가들이고, 나쁘게 말하면 정신 나간 몽상가들이라는 것이었다.

빌리의 이미지는 하룻밤 새 180도 바뀌어버렸다. "천재 마법사"에서 어리석은 투기꾼으로 변해버린 것이다. 일부 은행에서는 캐딜락 한 곳이라면 대출해 주겠다면서, 그러나 제너럴 모터스 전체로는 안 된다고 했다. 다른 은행에서는 제너럴 모터스의 회계 시스템이 사업 부문별로 워낙 복잡해 정확한 부채 규모도 계산할 수 없다고 주장했다.

한번은 듀란트와 고스가 캔자스시티와 세인트루이스, 시카고를 돌아다녔으나 헛걸음만 한 뒤 플린트로 돌아가는 길이었다. 마침 인디애나에 있는 은행을 찾아가던 A.B.C. 하디와 만났다. 하디의 회고를 들어보자:

기차가 인디애나 주 엘크하트에 멈춰 섰다. 비바람이 세차게 몰아치고 있었다. 저 멀리 을씨년스러운 밤거리 한 켠에 전기 간판 하나가 보였다. "은행(BANK)" 듀란트는 낙심한 채 구석자리에서 졸고 있는 고스를 흔들어 깨웠다.

"일어나게, 고스. 우리가 안 들린 은행이 하나 있어."

언제든 농담 잘하는 빌리의 타고난 성격에도 불구하고 이제 통 크게 마구 쏘아댔던 몇 달 전의 스타일은 사라지고 가혹한 수단만 남게 됐다. 4250명의 직원을 해고해 전체 임직원 숫자를 1만 명으로 줄였다. 그래도 부채는 계속 불어났다.

마침내 빌리는 채권자와 은행가들이 자신을 문제이자 해결책으로 여긴다는 사실을 인정해야 했다. 뉴욕과 보스턴의 대형 은행에 어렵게 사정해본 결과 구제 금융을 해주더라도 이들은 구조조정을 요구할 것이며, 새로 구성되는 경영진에 빌리 듀란트의 자리는 없을 것이라는 점이 분명해졌다.

빌리는 자식 같은 기업이 법정관리를 받거나 파산하는 것만은 막기 위해 자신을 희생하는 대신 그의 고향인 보스턴의 대형 투자은행 리, 히긴슨 앤드 컴퍼니에 회사를 맡기기로 했다. 이 은행은 알프레드 슬로안의 아버지가 예전부터 거래해왔던 곳으로, 훗날 1920년 위기가 닥쳤을 때 슬로안에게 결정적인 우군 역할을 하게 된다.

빌리가 일단 물러나다

구제 금융의 조건은 예나 지금이나 가혹하기 그지없다. 리, 히긴스가 주선해 22개 금융기관으로 구성된 채권단은 제너럴 모터스에게 연 6% 금리에 5년 후 상환 조건으로 1500만 달러를 지원했다. 대신 제너럴 모터스가 보유한 모든 자산이 담보로 제공됐고, 제너럴 모터스는 1275만 달러를 현금으로 받았다. 그러나 무엇보다 말도 안 되는 조건은 채권단에서 600만 달러 상당의 제너럴 모터스 주식을 보너스로 받기로 했다는 것이다. 회사 경영은 5년간 5인 이사회에 맡기기로 했다. 빌리 듀란트도 5인 이사 가운데 한 명이 됐지만, 모든 문제에서 단지 5분의 1의 의사 결정권만 갖는다는 의미였다. 아이의 생명을 살리기 위해 자식에 대한 권리를 포기한 셈이었다.

빌리는 자신의 손으로 제너럴 모터스를 탄생시킨 지 불과 2년 만에 직장도 잃고 혼자 남게 된 것이다. 하지만 그가 생각하기에는 추락한 것도 아니었고 끝난 것은 더더욱 아니었다. 그의 말을 직접 들어보자:

> 배신감 같은 건 전혀 없었다. 나로서는 새로운 경영진이 자기네 방식대로 사업을 해나가는 게 더 좋을 것 같았다. 내가 바라는 대로 제너럴 모터스의 경영권을 되찾게 되면 나 역시 그렇게 할 테니 말이다. 그때는 온전히 내 회사를 갖고 내 방식대로 회사를 끌어갈 것이었다. 다시 말해 한 번 더 1인 기업으로 운영하되 헨리 포드에게서 딱 한 가지 배울 게 있었다. 은행 도움은 절대로 받지 않는다는 것이다.

아이러니하게도 빌리의 기본 전략은 나중에 제너럴 모터스가 알프레드 슬로안 체제 아래서 전성기를 구가할 때 그대로 실행됐다. 수직 계열화한 제조 네트워크와 일군의 브랜드 및 제품을 거느림으로써 생산 규모를 늘림과 동시에 시장 위험을 줄이는 효과까지 거두었던 것이다.

음모 혹은 신중함

채권 은행들로 하여금 패닉에 빠지게 하고 듀란트를 믿지 못하게 만들었던 제너럴 모터스의 위기는 처음 모습을 드러냈을 때만큼이나 순식간에 사라졌다. 은행들이 채권단을 구성한 지 몇 주만에 뷰익과 캐딜락의 판매는 다시 상승세로 돌아서 현금이 들어오기 시작했다. 뷰익만 그해 말까지 1만4000대의 신규 주문을 받았을 정도다.

빌리는 이처럼 빠른 회복이야말로 자신의 결정과 비전이 옳다는 점을 입증하는 것이며, 제너럴 모터스의 문제들은 채권단에서 주장하는 것처럼 그렇게 심각하지 않다고 반박했다. 물론 은행 쪽에서는 이 같은 회복이 빌리의 회사를 구조조정한 자신들의 현명한 판단과 결단력 덕분이라고 생각했다.

이로부터 30여 년이 지난 뒤 알프레드 슬로안은 당시의 온갖 일화들을 난 빛 줄로 압축해버렸나. 하시만 슬로안은 처음 2년간 빌리가 이뤄낸 모든 업적에 대해 전혀 그답지 않게 간접적으로나마 찬사를 보냈다:

모두들 듀란트가 정말 대단한 능력의 소유자라고 입을 모았다. 겁도 없이 몰아붙이다가 위험한 지경까지 갔다고 말하는 사람도 있었다. 두 가지 시각 다 어느 정도는 맞지만, 듀란트의 위대한 공헌은 전혀 알려주지 못한다. 제너럴 모터스가 출범 2년 만에 자금난에 봉착한 이유는, 부분적으로는 너무 확장이 빨랐고, 부분적으로는 경영진의 경험 부족과 세련되지 못한 조직 탓도 있었으며, 또 완전히 새로운 산업이다 보니 돌출된 문제들도 있었기 때문이다. 어쨌든 채권단이 만들어져 1500만 달러를 지원해주었고, 그렇게 새로 시작하게 된 것이었다.

제너럴 모터스와 빌리 모두에게 새로운 출발이었다. 그 후 10년간 자동차는 모건 회사를 포함한 은행가들이 1910년에 가졌던 부정적인 논리를 비웃기라도 하듯 미국 산업 전반과 미국인들의 삶마저 바꾸어놓게 된다. 그 중에서도 특히 두드러졌던 두 자동차 회사가 있었으니, 바로 포드 모터와 제너럴 모터스였다.

헨리가 미국을 끌고 당기다

듀란트가 제너럴 모터스를 설립한 1908년에서 은행가들에 의해 쫓겨난 1910년 사이 뷰익의 매출액은 두 배, 캐딜락은 세 배로 늘어났다. 제너럴 모터스 내부의 문제점에도 불구하고 어쨌든 자동차 수요가 이제 막 싹을 띄우고 있다는 듀란트의 비전이 시장이 포화 상태에 다다랐다는 은행가들의 시각을 압도한 것이었다.

채권단에서 제너럴 모터스의 빠른 정상화를 위해 내부 정비에 치중하는 동안 헨리 포드는 그가 만든 모델 T를 갖고 자동차 산업의 미래를 열어가고 있었다. 포드는 1908년 모델 T를 출시한 뒤 재빨리 다른 모델들은 전부 거둬들였다. 그래도 포드 모터의 판매대수는 1908년 1만 대 수준에서 1910년에는 2만 대를 넘어서 두 배가 됐다. 그해 포드 브랜드는 뷰익을 제치고 미국 내 판매 1위 자동차로 등극했다. 제너럴 모터스 채권단이 부채 상환과 구조조정(상당한 성과를 거두었다)에 주력하는 동안 헨리 포드는 생산성 향상과 가격 인하(엄청난 성과를 거두었다)에 집중했다.

당초 계획에 따라 채권단의 지배가 끝난 1915년이 되자 제너럴 모터스의 시장 점유율은 1910년의 21%를 크게 밑도는 10% 미만으로 떨어진 반면 포드의 시장 점유율은 28%로 치솟았다. 실제 판매대수의 격차는 이보다 훨씬 더 커서 "크레이지 헨리"의 능력에 감탄이 절로 나올 정도였다. 제너럴 모터스의 4대 브랜드 가운데 뷰익과 캐딜락은 1911년 급격하게 감소한 뒤 1912년 다시 급격하게 회복했다. 뷰익의 판매대수는 1910년에서 1915년 사이 세 배로 늘었고, 캐딜락은 같은 기간 두 배로 증가했다. 이 숫자만 놓고 보면 훌륭한 실적 같지만, 포드와는 비교도 되지 않는다. 포드 모터의 판매대수는 모델 T의 선전으로 1910년 2만255대에서 1915년 39만4788대로 18배 이상 늘어났다.

1915년 무렵 포드는 초창기 개척자들과는 전혀 딴판이었다. 경제적인 문제뿐만 아니라 정치적인 이슈에도 목소리를 내는 이 시대의 인물이었다. 자동차 업계는 "크레이지 헨리"의 모델 T가 거둔 괄목할 만한 성공을 쫓아가기 바빴고, 모델 T는 포드의 완벽한 대량 생산 방식과 일관 작업 라인에 힘입어 1910년 850달러에서 1915년에는 440달러로 떨어졌다.

포드의 모델 T와 가격 경쟁을 벌일 만한 브랜드는 없었지만, 더 크고 힘 좋은 자동차를 내놓은 메이커들도 판매대수는 증가했다. 모델 T 수요자보다 소득이 좀더 많은 구매자들이 고급 승용차로 자신들의 위상을 과시하려고 한 덕분이었다. 알프레드 슬로안은 나중에 자동차 오너의 사회적 신분과 평판을 말해주는 승용차들을 선보이면서 보다 세분화된 시장을 장악해나갔다.

　미국의 한 해 자동차 판매대수는 1908년 5만8000대에서 1910년에는 17만3000대로 늘어났고, 1915년에는 140만 대로 급증했다. 자동차 산업은 또 수십 개의 새로운 연관 산업을 만들어냈고, 은행가들이 이제 시장이 포화 상태에 다다랐다고 한 수많은 산업에도 활기를 불어넣었다. 여기에는 석유, 고무, 철강 등 자동차에 들어가는 주요 소재 산업이 전부 포함되고, 기계 공구와 도로 건설, 운송, 자동차 수리 및 정비 산업도 들어간다.

　자동차는 1901년 스핀들탑 유전 발견에 이은 엄청난 석유 붐을 불러일으켰을 뿐만 아니라 석유 정제와 화학 분야의 혁신을 몰고 왔다. 자동차 덕분에 휘발유 소매업과 모텔업까지 생겨났다. 자동차 엔진을 돌리기 위한 휘발유 수요가 늘어나면서 미국의 원유 생산량은 1900년 6000만 배럴에서 1914년에는 2억5000만 배럴로 늘었다. 최초의 휘발유 주입 펌프가 1905년에 등장했고, 1915년에는 스탠더드 오일이 표준화된 외관과 간판을 내건 주유소 체인을 선보였다. 자동차가 세상을 바꾸어 놓을 것이라는 빌리 듀란트의 비전이 역설적으로 헨리 포드의 모델 T 덕분에 현실화된 것이다.

잘 나가도 불안하기만한 부품 공급업자 슬로안의 고민

모델 T의 등장 이후 자동차 산업이 비약적으로 성장하자 다양한 부품 공급업자들의 일감도 크게 늘어났는데, 특히 헨리 릴랜드가 맨 처음 보여주었던 것처럼 균질한 품질의 제품을 대량으로 생산할 수 있는 제조업체들이 그 중심에 있었다.

알프레드 슬로안의 하이야트 롤러 베어링 컴퍼니도 그런 부품 공급업체였다. 훗날 슬로안은 뉴저지 공장이 1915년 무렵 어떻게 변했는지 재미있게 회고했다:

> 그 시절 하이야트 롤러 베어링의 사업은 전례 없을 정도로 커나갔다. 공장 옆으로는 펜실베이니아 철도 본선이 지나갔다. 만나는 사람들은 하나같이, 자기들이 우리 공장에 들릴 때마다 새로운 건물이 지어지고 있는 것을 봤다고 했다. 우리는 번 돈을 새 건물을 짓고 새 기계를 사는 데 전부 투자했다. 그야말로 눈이 휘둥그래질 정도로 자동차 산업이 성장해 가던 시기였다.

알프레드는 또 자동차 산업의 성장으로 인해 부품 공급업체들이 끊임없이 생산시설 확장 압력에 시달려야 했다고 기억한다. 포드와 제너럴 모터스가 슬로안의 양대 고객이었는데, 포드가 제너럴 모터스를 앞질렀다. 알프레드나 동료 업자들 모두 마찬가지였지만, 문제는 부품 공급업체에게 돌아오는 이익은 완성차 제조업체에 비해 크지 않다는 것이었다. 생산시설을 확장하려면 새로운 공장과 설비에 투자해야 했지만, 확장이 이루어질 때까지 자동차 붐이 계속 이어질 것이라는 보장이 없었다. 더구나 완성차 제조업체가 아무 때든 더 싼 가격을 제시하는 부품 공급업체로 거래처를 옮길 수 있었다. 그렇게 되면 먼저 번 부품 공급업체는 과잉 생산시설과 투자비 부담이라는 이중고에 시달릴 수 있었다.

슬로안은 특히 최악의 시나리오로 인해 밤잠을 설쳐야 했다. 이런 식으로 회사가 성장해 나가다가는 결국 파산으로 귀결될지도 모를 일이었다. 그는 듀란트가 꿈꾸었던 부품 제조업체 및 완성차 조립업체들의 수직 계열화라는 비전이 얼마나 강력한 위협이 될지 잘 알고 있었다. 듀란트가 자신의 마차 사업에서 그 성과를 입증했던 이 비전은 헨리 포드의 신조 중 하나가 됐고, 제너럴 모터스의 보수적인 새 경영진마저도 받아들였다. 만일 제너럴 모터스나 포드 모터가 원가 경쟁력이 더 뛰어난 베어링 업체를 계열사로 두게 된다면 슬로안 입장에서는 과도한 생산시설과 부채의 늪에 빠져들 수밖에 없는 형국이었다. 그는 당시 자신의 처지를 이렇게 회고했다:

> 스피드! 지금까지 해온 일을 하되 더 빨리 해야 한다. 생산 능력을 두 배로 늘리고, 네 배로 늘려야 한다. 다시 또 두 배로 늘려야 한다. 때로는 이게 전부 미친 짓 같았다. 하지만 사람들은 자동차에 열광했다. 생산량이 수요를 따라가지 못했다. 생산 부문에 가해지는 압력은 견딜 수 없을 정도였다.
>
> 그러나 나는 우리 사업이 커가는 게 즐겁지만은 않았다. 수직 계열화라는 더 골치 아픈 문제까지 있었다. 사실 우리에게는 큰 고객이 둘 있었다. 하나는 포드였고, 또 하나는 제너럴 모터스였다. 그런데 이 중 하나 혹은 둘 모두가 자체적으로 베어링을 만든다면 어떻게 되겠는가? 하이야트 롤러 베어링은 더 크게 지은 공장을 어떤 식으로든 활용해야 할 텐데, 베어링 외에는 달리 생산할 게 없다. 나는 평생을 하이야트에 바쳤다. 하이야트의 벽돌과 기계, 원자재가 내가 번 전부였다. 궁지에 빠질지도 모른다는 두려움에 사로잡혔다. 나 혼자만 이런 걱정을 하는 건 아니었다. 다른

부품 공급업자들도 나와 같은 처지였다.

슬로안의 양대 고객 가운데 지금까지는 포드 모터가 더 어려운 쪽이었다. 헨리 포드는 모델 T에 모든 것을 걸기로 하고 대량 생산을 통해 가격 인하를 추진하면서 부품 공급업체들이 무조건 납품 가격을 낮추기를 바랐다. 이런 요구에 응해야 했던 슬로안의 마음이 얼마나 조마조마했을지 상상이 가고도 남을 것이다. 슬로안의 말을 직접 들어보자:

하루는 하이랜드 파크의 공장에서 하이야트 베어링의 향후 생산에 대해 논의하고 있는데, 포드 모터의 생산 담당 매니저인 윌리스 씨가 끼어들었다. "내가 먼저 말하는 게 좋겠군요." 그리고는 포드 씨가 자동차 가격을 과감하게 인하하기로 했다고 말했다. 포드에서는 딱 한 종류의 차대만 쓰기로 했다. 그 유명한 결정이 나온 것도 이때였다: "고객들이 좋아하는 무슨 색상의 차든 살 수 있습니다. 그것이 검정색이기만 하다면." 모든 게 포드 씨가 기대하는 생산량 확대에 맞춰 이뤄졌다; 그래야 가격을 낮출 수 있었으니까.

하이야트는 그래도 다른 납품업체들보다는 사정이 좋은 편이었다. 우리 제품은 특허가 있었으니 말이다. 포드에서 쉽게 우리를 버릴 수는 없을 것이었다. 하지만 포드에서 우리를 원하는 것보다는 우리가 그쪽을 더 원한다는 사실 역시 분명하다.

우리의 생산원가도 괜찮은 편이었다. 하지만 윌리스 씨 말로는 우리 베어링의 원가 절감분 가운데 일부는 포드 모터의 생산량 확대에 기인한 것이므로 베어링 가격을 인하시켜야 한다고……

그러고 나서 일주일인가 열흘을 밤낮으로 이 생각 저 생각 하다가 디트로이트로 돌아갔다. 나는 우리 베어링 제품에 대해 60~70센트를 받기로 했다. 들어가자마자 나는 확 떨어뜨린 제품 가격을 이야기했다.

윌리스 씨는 두 손을 비비면서 이렇게 말했다. "그래, 그거요!"

헨리 포드의 압력에도 불구하고 한동안 하이야트 롤러 베어링은 잘 나갔고 경영자로서의 슬로안의 명성 역시 높아져갔다. 포드처럼 슬로안 역시 이익의 거의 전부를 회사에 재투자했다. 그가 6개월의 시험 기간을 받아 하이야트를 흑자로 돌려놓았던 1898년 당시 회사의 전체 임직원은 25명이었다. 1915년 그 숫자는 3800명 이상으로 불어났다. 1913년에서 1916년 사이에만 하이야트의 생산 능력은 신규 설비 증설에 힘입어 거의 두 배로 늘어났다. 1916년 한 해 동안 올린 매출액은 600만 달러에 달했다.

그러나 결정적인 제안이 들어왔을 때 슬로안은 주저하지 않고 잘 나가던 자신의 회사를 매각하고 위태로운 사업에 종지부를 찍었다.

채권단이 브라민 제임스 스터로우를 선택하다

슬로안과 포드, 그리고 자동차 업계 전부가 성장에 초점을 맞추고 있는 동안 제너럴 모터스의 운명을 쥔 채권단은 빌리 듀란트가 불과 2년 만에 짜맞춘 25개 이상의 회사와 브랜드가 난마처럼 얽혀있는 미로 속에서 헤매고 있었다. 채권단이 제너럴 모터스를 떠안게 된 1910년 말 자동차 업계에서는 제너럴 모터스가 다시 살아나 흑자로 전환할 가능성

은 거의 없다고 생각하는 분위기였다. 역사가인 아서 파운드는 당시 상황을 이렇게 전했다:

> 많은 사람들은 제너럴 모터스가 결코 다시 일어나지 못할 것이라고 여겼다. 도저히 다 갚을 수 없을 것 같은 부채에 허덕이고 있는 데다 모든 자산은 담보로 잡혀 있었다. 무형자산인 영업권과 강력한 자동차 수요가 그나마 있어 보통주 가치를 얼마라도 유지할 수 있었다. 이런 요소들을 결정적으로 활용해야 하는 게 새로운 경영진의 임무였다. 그러나 이들은 재무 전문가에 사업 전반에는 정통했지만 자동차 제조나 유통에는 아무런 경험도 없었다.

채권단이 처해 있는 입장이나 배경을 감안하면 포드와 듀란트가 이미 내다본, 다가올 자동차 판매 붐에 주력할 형편은 아니었다. 이들에게 급선무는 (1) 하루빨리 재무구조를 개선하는 것 (2) 보다 보수적이며 흑자를 최우선시하는 경영진을 앉히는 것 (3) 불필요해 보이는 사업 부문들을 매각하거나 잘라내고 가능성 있는 나머지 사업 부문의 관리 및 운영 기능을 통폐합하는 것이었다.

이 과정을 지휘할 인물은 앞서 빌리 듀란트 체제를 무너뜨렸던 리, 히긴슨의 파트너이자 보스턴의 브라민(뉴잉글랜드의 명문가 출신으로 선민의식이 강한 지식인)인 제임스 스터로우였다. 듀란트보다 세 살 어린 스터로우는 모든 면에서 제너럴 모터스의 설립자와 반대였다: 하버드 대학과 하버드 로스쿨을 졸업했고, 리스크와 투기보다는 철저한 조사를 신봉했으며, 1인 지배 방식을 불신했고 직관보다는 사실에 따라 행동했다. 물론 이런 성격 때문에 슬로안은 그를 높이 평가했지만 듀란트는 그를 인정하지 않았다.

스타로우는 1910년 11월 23일 제너럴 모터스의 임시 사장으로 선출됐으나 두 달 뒤 자동차 생산 경험은 없지만 디트로이트의 잘 알려진 페인트 공급업자인 토머스 닐에게 그 자리를 물려주었다. 스타로우는 회사의 재무위원회 의장으로 선출됐고, 비임원으로 이사회 의장 자리에는 그대로 머물렀다. 그는 리, 히긴슨의 파트너 신분과 여러 회사의 이사 직책을 유지하면서 사실상 제너럴 모터스를 지배했다.

스타로우의 첫 번째 행동은 우드워드 애비뉴를 사이에 두고 폰차트레인 호텔의 맞은 편에 있는 빌딩에 임시 본부를 차린 것이었다. 스타로우는 여기서 제너럴 모터스의 운영과 관련된 모든 업무를 시작했다. 그가 발견한 사실들은 듀란트가 만들어낸 회사에 대한 의구심만 키웠다. 아서 파운드는 이렇게 적었다:

> 재고는 숫자가 전혀 맞지 않았다. 불필요하게 쌓아둔 부품들은 엄청난 낭비 요인이었다. 한 공장에서는 타이어 1000개가 그냥 노상에 방치돼 있었다. 다른 공장에서는 값비싼 기계가 바깥에서 녹이 슬어가고 있었다. 규격 미달로 판매할 수 없는 제품도 엄청나게 많았다.

빌리가 예전의 부하를 추천하다

스타로우는 새로운 야전 관리자 팀을 구성해 여러 사업 부문을 운영해 나가는 한편으로 정말로 불필요한 부분품 사업 부문 여러 곳을 매각했다. 특히 그는 이미 쫓겨난 빌리에게 가장 중요한 사업 부문인 뷰익을 누가 경영하는 게 좋을지 조언을 구했다. 캐딜락은 누구나 그 능력을 인정하는 릴랜드 부자가 이끌어가고 있었지만, 뷰익은 듀란트의 현란한 손길이 떠나간 상태였다. 이 빈자리를 메워줄 빈틈없는 인재가 필요했다.

그런데 더 놀라운 사실은 듀란트가 적극적으로 스터로우를 도와주었다는 것이다. 쫓겨나기는 했지만 그는 여전히 자기 아이를 걱정했고, 계속 그럴 것이었다. 스터로우와 만난 자리에서 그는 자신의 오랜 친구이자 마차 사업을 할 때 그의 휘하에 있었던 찰스 내쉬를 뷰익을 이끌어 갈 적임자로 추천했다.

내쉬는 빌리나 포드처럼 스터로우와는 출신 배경이나 기질 면에서 전혀 다른 인물이었다. 보스턴 태생의 스터로우와 같은 1864년에 미시간 주에서 태어난 내쉬는 고아가 돼 여섯 살 때부터 농장 일꾼으로 살아야 했다. 열두 살 때 그곳 농장을 도망쳐 더 큰 농장에서 정식 일자리를 구했다. 거기서 그는 시간 날 때마다 읽기와 쓰기를 배웠고, 돈을 모아 80마리의 양을 샀다. 그걸 팔아 스무 살이 되던 1884년에 결혼도 하고 플린트로 이주했다. 그가 1890년 듀란트-도트 마차 공장에 나타났을 때 듀란트는 그 자리에서 그를 채용했다. 빌리가 제너럴 모터스에서 쫓겨난 1910년 당시 내쉬는 플린트를 비롯한 12개 공장을 포함해 듀란트-도트의 모든 마차 생산을 책임지고 있었다.

빌리는 스터로우에게 비록 내쉬가 자동차 분야의 경험은 없지만, 사람들을 어떻게 다루는지, 또 효율적인 생산 라인은 어떻게 구축하는지 잘 알고 있다고 강조했다. 또한 플린트에서 내쉬라고 하면 다들 높이 평가했다.

좌절을 딛고 재기를 노리다

스터로우는 조언을 받아들여 내쉬를 뷰익의 대표로 임명했다. 그곳에서 내쉬는 스터로우가 그에게 바라던 것을 그대로 해냈다. 원가를 절감하고 생산성을 향상시킨 것이다. 내쉬가 뷰익을 맡은 첫 해 판매대수는 20% 이상 떨어졌지만 다음 해에는 극적인 반전을 이뤄내 판매대수가 두 배 이상으로 늘어났다. 순이익도 같은 패턴이었다. 내쉬는 1912년 11월 19일 제너럴 모터스의 사장으로 선출됐다.

월터 크라이슬러를 데려오다

제너럴 모터스의 사장으로 선출되기 훨씬 전부터 내쉬는 스터로우에게 자신은 판매와 운송, 부품 공급업체와의 관계에 전념할 수 있도록 플린트 공장의 일상적인 업무를 전담할 뛰어난 생산 전문가가 필요하다고 말해왔다. 스터로우도 그 요청에 공감했다. 그는 마침 미국 제일의 기관차 제조업체인 아메리칸 로코모티브 컴퍼니(American Locomotive Company)의 이사직을 맡고 있었다. 그는 내쉬에게 아메리칸 로코모티브에서 얘기 들었던 인물이 그 일에 딱 맞을 것 같다고 말했다. 후보자의 이름은 월터 크라이슬러였다. 그는 기관차 엔진을 생산하는 복잡한 공정을 관리하는 데 아주 탁월한 능력을 발휘했지만 자동차 사업 쪽으로 옮기기를 간절히 원하고 있었다.

내쉬와 포드처럼 크라이슬러 역시 성공 스토리의 전형이었다. 1875년 캔자스 주 엘리스에서 태어난 그는 어린 시절 대부분을 미국 서부지역을 통과하는 기차에서 온갖 허드렛일을 하며 보냈다. 그에게 첫 정규직은 유니언 퍼시픽 철도의 관리인 자리였는데, 하루 1달러의 급여를 받앉다. 26세에 결혼한 뒤 철도와 관련된 기계공으로 일하기 시작했다. 그는 여러 철도 노선에서 일하며 이런저런 업무를 조직화하고 조립 공정에서 벌어지는 각종 병목 현상을 해결하는 데 탁월한 능력을 보여주었다. 스터로우가 그와 접촉했을 때는 기관차를 만드는 대규모 공장으로 피츠버그에 있는 아메리칸 로코모티브의 앨러게이니 제작소 책임자였다.

그는 한편으로 자동차의 원리와 구조에 대해서도 잘 알게 됐다. 그가 자동차를 구입한 것은 1908년 시카고 자동차 전시회를 보고 난 다음이었다. 그 이전에는 어떻게 운전하는지도 몰랐다. 헨리 포드를 비롯한 초창기 장인들처럼 그 역시 운전도 하기 전에 마당에서 자동차를 해체하고 다시 조립했다. 그가 이런 작업을 하면서 얼마나 열정적이었는지 들어보면 다른 초창기 장인들의 심정도 충분히 이해할 수 있을 것이다:

> 무엇을 만드는 데서 얻어지는 창조적인 기쁨은 오직 시인들만 알 수 있을 것이다. 기관차를 설계하고 만들면서 어떤 느낌이 드는지 언젠가 시를 한 편 써서 보여줄 생각이다.

크라이슬러가 성영하년 피츠버그 공장은 매년 수백만 달러 상당의 기관차를 수주해 기관차 업계에서 가장 수익성 높은 공장으로 손꼽혔다. 크라이슬러는 이 분야에서 최고의 경지에 있었지만 스터로우가 그에게 전직을 제안하자 1초도 머뭇거리지 않았다.

스터로우가 그를 처음 만난 뒤 일주일 있다가 내쉬가 그에게 전보를 보내왔다. 피츠버그를 방문하는 길에 그와 점심을 함께 하고 싶다는 내용이었다. 날짜는 다음주로 잡혔다. 크라이슬러는 식사 후 시가를 태우면서, 내쉬의 초대에 응해 플린트에 있는 뷰익 공장을 둘러본 다음 뷰익 사무실에서 이야기하기로 했다.

크라이슬러가 다니던 아메리칸 로코모티브의 사장은 뭔가 일이 진행되고 있음을 감지하고서 크라이슬러가 플린트로 떠나기 전에 그의 연봉을 8000달러에서 1만2000달러로 올려주었다. 크라이슬러는 이렇게 많은 연봉은 꿈도 꾸지 못했었다고 나중에 회고했다. 그럼에도 불구하고 그는 플린트 행 기차를 탔다. 그가 플린트 공장에서 본 것은 한마디로 혼란이었다. 제너럴 모터스의 다른 작업장들도 마찬가지였지만 스터로우와 내쉬는 이런 혼란을 한시바삐 통제하려고 했던 것이다. 온통 쇳덩어리 천지였던 기관차 작업장에서 일해온 크라이슬러는 혼란 속에서 기회를 찾아냈다. 아직 원시적인 자동차 제조 방법에 기관차를 제작하는 기준과 방식을 도입하는 것이었다:

> 눈앞에 펼쳐진 광경을 보고 깜짝 놀랐다. 당연히 나는 기계공이었고, 목재를 다루는 숙련공들을 볼 수 있었다. 차체는 전부 나무로 만들어지고 있었다. 목수가 일하는 큰 작업장을 들어가보니 길고 널찍한 판자를 증기가마로 구부려 모양을 내고 있었다. 그들 대부분이 마차를 만들던 사람이라 목재를 다루는 데는 아주 뛰어났다. 그런데 이들이 철판을 다루면 비약적인 발전이 있을 것 같았다. 나는 이런 기회를 100가지는 발견했다. 나는 너무 흥분해 속으로 이렇게 말했다. "내가 사장이 돼서 여기서 일할 수 있다면 얼마나 좋을까!"

크라이슬러는 그 이전까지 자동차 공장을 한 번도 본 적이 없었지만,

내쉬와 함께 뷰익 공장을 돌아본 뒤 곧바로 개선 사항들을 제시했다. 그 중에서도 한 가지는 원가에 민감한 내쉬의 마음에 딱 드는 것이었다. 차대를 페인트칠 하는데, 눈에 보이는 부분뿐만 아니라 차대 밑바닥까지 칠을 했다. 크라이슬러는 이 점을 눈 여겨 봤다가 내쉬에게 얘기한 것이다. "나도 운전합니다. 새 차를 집에 가져오면 차대 밑바닥은 진흙 범벅이 돼 있지요. 그 다음부터는 아무도 차대 밑바닥을 안 봅니다."

내쉬는 당장 크라이슬러와 계약하고 싶어졌다. 유일한 문제는 연봉이었다. 그때나 지금이나 연봉 문제가 이런 계약을 틀어지게 만든다는 점이 걱정이었다.

크라이슬러는 연봉이 얼마든 자신에게 주어진 일을 도전과 기회로 받아들인다는 점에서 누구나 스카우트하고 싶은 인물이었다:

마침내 그(내쉬)가 말했다: "연봉으로 얼마를 원합니까, 크라이슬러 씨?" "얼마 전 내 연봉이 인상됐습니다, 내쉬 씨. 피츠버그를 떠나기 전에 내가 맥노턴 사장에게 다른 일자리를 알아보러 간다고 했더니 내 연봉을 8000달러에서 1만2000달러로 올려주더군요."
내쉬의 관심이 다른 데로 떠나가고 있다는 것을 나는 금빙 알아차릴 수 있었다. 나에 대한 관심은 사라져버렸다. 그는 마치 바람 빠진 타이어처럼 무척 실망한 표정이었다.
"이쪽 업계에서는 그런 연봉을 줄 수 없어요." 그는 머리를 절레절레 흔들었다. 그는 연봉을 깎으려고도 하지 않았다. 그는 그것으로 그날 일을 끝내려고 했다. 그건 그럴만한 이유가 됐다. 1만2000달러는 1911년 당시 플린트에서 엄청난 금액이었다. 그는 나를 알지 못했다. 나는 이쪽 사람이 아니었다. 하지만 나는 이번 기회를 그냥 날려버릴 수는 없었다.
"내쉬 씨, 그러면 얼마를 생각하고 있습니까?"
그는 잠시 생각하더니 입술을 오므렸다. 그리고는 머리를 긁어댔다. 자신의 머리칼 아래에다 내 삶의 조각조각들을 한데 모으고 있는 것 같았다. 내 연봉이 정말 1만2000달러라면, 나를 데려가기 위해서는 더 많은 금액을 줘야 할 것이었다. 갑자기 그가 일어나더니 입을 열었다.
"크라이슬러 씨, 우리는 6000달러 이상 드릴 형편이 안 됩니다."
"좋습니다, 내쉬 씨." 그는 놀라는 표정이었다. 그와 함께 일한 지 3개월도 채 안 돼 우리는 둘도 없는 친구가 됐다. 우리는 평생지기가 됐다. 찰리는 정말 대단한 친구다.

크라이슬러는 1년만에 공장 구조를 완전히 다시 짰을 뿐만 아니라 뷰익 조립 라인을 단순화함으로써 그의 열의와 가치를 입증했다. 그저 대담한 성격의 전직 기차 차장이 이제 자기 자신의 가치를 잘 알게 된 것이다. 그는 주저하지 않고 이 점을 드러냈다. 그의 다음 번 연봉 인상이 어땠는지 그 자신의 설명을 들어보면 그의 성격이나 자신감을 잘 알 수 있을 것이다:

하루는 내쉬의 사무실로 들어가 테이블 위에 주먹을 올려놨다.
"찰리, 연봉으로 2만5000달러를 받고 싶은데."
"월터!" 절규에 가까운 목소리로 내 이름을 웅얼댔다.
"그래, 찰리, 지금까지 잘해왔잖아. 훌륭했어. 여기 뷰익은 이제 돈 잘 버는 회사가 되지 않았나 말이야."

"월터……"

"잠깐, 내 말을 끝내야지. 이 말을 하려고 오래 기다렸네. 내가 이리로 올 때 내 연봉은 1만2000달러였지만, 나는 여기서 6000달러만 받았어. 그리고 자네는 인상해주지 않았지. 나는 연봉으로 2만5000달러를 원해, 그렇게 되지 않으면 떠날 거야."

"월터, 이 문제는 스터로우 씨와 상의해봐야 돼." 나는 걸어나오면서 가는 담배 한 대를 입에 물었다.

이틀 뒤 스터로우 씨가 플린트로 왔다. 내쉬와 스터로우 씨는 회의를 한 다음 나를 찰리의 사무실로 불렀다.

"이게 무슨 일인가, 월터?"

"그렇게 많지 않아요. 내가 여기로 온 사정은 다 알잖아요. 나는 1만2000달러를 받았는데, 지금은 6000달러를 받고 있어요. 최선을 다해 3년을 일했으니, 이제 연봉 2만5000달러를 달라는 거지요. 그런데……"

"흥분하지 말게, 월터." 스터로우 씨는 애마를 다루듯이 나를 토닥토닥 두드렸다. "흥분하지 말게. 2만5000달러를 줄 테니까."

"네? 그러면 고맙지요. 그런데 내년에는 5만 달러를 주십시오. 내 나이 벌써 마흔입니다. 연봉도 올랐으니 이제 집에 가서 회포를 풀어야겠군요."

그때까지 크라이슬러는 뷰익에서 3년 동안 일했다. 월터 크라이슬러의 연봉처럼 뷰익의 판매대수도 그가 맡은 뒤로 네 배가 됐다. 내쉬는 구두쇠 스타일의 성격에도 불구하고 1912년 자신이 제너럴 모터스 사장으로 옮겨가면서 크라이슬러를 뷰익 대표로 추천했던 것이다. 그 후 제너럴 모터스는 크라이슬러의 연봉을 16배나 더 올려준다.

채권단의 손익 계산

내쉬와 크라이슬러가 뷰익을 다시 정상화하고, 릴랜드 부자가 캐딜락을 자동차 업계 최고의 품질로 올려놓기 위해 그 어느 때보다 열심히 노력한 결과 스터로우는 금세 한숨을 돌릴 수 있게 됐다. 비록 1912년의 순이익은 300만 달러에 그쳤지만(매출액은 4000만 달러가 넘었다) 1913년에는 순이익이 두 배로 늘었다.(매출액은 30% 증가하는 데 그쳤다.) 채권단의 관리가 끝난 1915년에는 순이익이 1500만 달러에 달했고, 제너럴 모터스의 재무구조는 어느 모로 보나 탄탄해졌다.

생산성 측면에서의 개선이 가장 두드러졌다. 1인당 매출액이 크게 늘어난 것이다. 아서 파운드는 사업보고서에 나온 자료를 통해 이렇게 계산했다: "1913년에는 제너럴 모터스의 1인당 매출액이 4236달러였다. 1914년에는 임직원수가 상당히 줄었음에도 불구하고 매출액은 약간 줄어드는 데 그쳐 1인당 매출액은 6037달러가 됐다." 1인당 매출액의 증가는 기본적으로 내쉬와 크라이슬러, 릴랜드의 지휘 아래 이루어낸 제품 및 공정 개선 덕분이었다. 그 한편에서 스터로우는 부채를 상환하고 한계 사업 부문 혹은 불필요한 사업 부문을 털어내는 데 주력했다.

채권단의 관리 기간 중 결실을 맺은 세 가지 진보가 있었는데, 제너럴 모터스가 1920년대와 1930년대 빠른 성장을 해나가는 데 결정적인 역할을 했다. 첫째는 1911년에 제너럴 모터스 엑스포트 컴퍼니(General Motors Export Company)를 설립한 것이었다. 이 회사를 설립하기 전까지는 사업 부문마다 제한적이나마 자체적으로 수출 사업을 해나갔다. 이제 GM 엑스포트가 모든 수출 활동을 한 군데로 통합한 것이었다. 제너럴 모터스의 사업 부문들이 더 효율적이고 명확한 사업 목표를 위해 하나로 합쳐진 것은 이것이 처음이었다. 둘째는 이로부터 한 달 뒤에 이뤄낸 것으로, 두 개의 트럭 제조 및 판매 사업 부문을 통합한 제너럴 모터스 트럭 컴퍼니(General Motors Truck Company, 나중에 GMC로 이름을 바꾼다)가 설립된 것이었다.

셋째는 채권단의 결정이나 관여 없이 이루어진 것이지만 자동차에 혁명적인 변화를 몰고 온 것이다. 1911년 처음 도입돼 1912년도 모델부터 사용된 캐딜락의 전기식 자동 점화장치가 그것이었다. 당시까지 모든 자동차는 수동식 점화 시스템을 사용해야 했다. 운전자는 차에서 내려 손으로 라디에이터 밑의 크랭크를 돌려야 했는데, 크랭크가 역회전 할 때 팔이나 턱이 부서지지 않도록 주의해야 했다. 그러다 보니 당시 코미디 무성영화에서 이런 장면이 자주 나왔고, 힘이 부족한 여성 운전자는 아예 자동차를 멀리 하는 요인이 됐다.

어쨌든 캐딜락의 1912년도 모델은 "크랭크를 돌리지 않아도 되는 차"라는 점을 앞세워 시장에서 금세 히트를 쳤다. 자동 점화장치를 처음 만든 찰스 케터링의 데이튼 공장에는 1916년 1600명의 근로자가 일하고 있었다. 1920년대에는 포드의 모델 T를 비롯해 미국에서 생산되는 모는 자가 케터링의 사동 점화장지를 장착했는데, 이긴 자동치의 안전과 편의성이라는 점에서 중대한 진전이었다. 캐딜락은 또 1912년도 모델로 다른 어떤 메이커도 따라올 수 없는 결정적인 승리를 거둔 셈이 됐다.

채권단 입장에서는 이런 세 가지 진보 외에도 기분 좋은 이유가 따로 있었다. 1915년의 대차대조표가 그것이었다. 운전자본이 3110만 달러, 현금성 자산이 1550만 달러에 달했고, 당기순이익은 1500만 달러를 기록한 것이다.

은행가의 철학 vs. 헨드 포드의 철학

이건 장부를 긍정적으로 들여다 본 것이었다. 부정적으로 들여다 보자면 제너럴 모터스의 시장 점유율은 (듀란트를 내쫓고 채권단이 지휘봉을 잡은) 1910년 21%에서 (채권단의 관리가 끝난) 1915년 10% 밑으로 떨어졌다. 기업의 성장보다는 효율성과 수익성만을 강조하다 보니 자동차 산업에 불어닥친 붐을 제대로 활용하지 못했던 결과다.

이와는 대조적으로 헨리 포드는 생산성 향상과 동시에 기업의 성장에 몰입함으로써 대성공을 거뒀다. 포드는 틀림없이 채권단이 제너럴 모터스에서 한 일에 대해 빌리 듀란트가 밝힌 견해에 동의했을 것이다:

> "사공이 많으면 배가 산으로 간다"는 옛말 그대로다. 이사회 멤버는 은행가 일색이고, 모든 결정은 위원회가 내린다. 오로지 경험으로만 얻을 수 있는 지식은 아무에게도 없다. 나의 소중한 아이디어를 옆으로 제쳐놓은 뒤 영원히 사장시켜 버리는 경우도 봤다. 신속히 결단을 내렸다면 살릴 수 있었을 기회들이 거론조차 되지 않는다. 제너럴 모터스를 강력하고도 독보적인 위치에 올려놓은 강점들이 "유동성과 부채 상환"에 밀려나버렸다. 누구에게 무엇을 갚는다는 말인가? 제너럴 모터스의 채권단은 5년간 1225만 달러를 빌려주는 수수료 명목으로 이미 현금과 주식으로 935만 달러를 가져갔다.

빌리는 과거를 한탄하는 대신 다시 한번 좌절을 딛고 재기에 매진했다. 스터로우와 내쉬, 크라이슬러가 효율성과 수익성에 집중하는 동안 그는 자신이 낳은 첫 번째 아이를 도로 찾아오기 위해, 이와는 별도의 또 다른 자식 같은 기업을 만들어내기 위해 노력했다. 그는 이 같은 두 가지 목적을 위해 앞서 마차 사업을 할 때보다, 뷰익을 흑자로 돌려놓을 때보다 더 강한 열정과 에너지, 신념을 쏟아 부었다.

빌리는 포드가 그랬던 것처럼 저가의 소형차가 가진 가능성을 분명히 알고 있었다. 하지만 1909~10년에는 제너럴 모터스에 새로운 회사를 끌어 모으는 데 너무 열중하는 바람에 그 같은 프로젝트에 집중할 수 없었다. 1908년 포드가 모델 T를 출시했을 무렵 듀란트가 대응한 방식은 언젠가 모델 T와 대등하게 경쟁할 수 있는 또 하나의 자동차 메이커에 자신의 돈을(제너럴 모터스 주식이 아니라) 투자한 것이었다.

10 쉐보레를 앞세워 난관을 돌파하다
Beating the Odds with Chevrolet

아이러니하게도 빌리 듀란트가 새로운 기업을 만들 수 있었던 것은 예전에 자신이 고용했던 루이 쉐보레 덕분이었다. 1878년 스위스에서 태어난 그는 열 살 때 프랑스로 이주했고, 20대 초반에 미국으로 이민을 왔다. 180센티미터의 키에 95킬로그램의 몸무게, 운동으로 단련된 단단한 근육질 몸매의 루이는 단순 작업보다는 화끈한 모험을 즐겼다. 그는 경주용 자동차의 기계 구조를 혼자 배워 동부 연안을 여행했고, 1905년에는 전국을 순회하며 대회에 참가하는 카레이서 중에서도 가장 인기 높은 선수가 됐다. 그해에 그는 헨리 포드 휘하의 전설적인 카레이서 바니 올드필드를 세 번이나 제쳤다. 그는 동생 아서에게 미국 행 뱃삯을 줘 미국에서 함께 카레이서 활동을 하게 불러들였다.

뷰익의 카레이서 팀이 전국 순회 대회에서 1등을 차지하고, 뷰익 브랜드가 업계 수위로 올라서자 쉐보레 형제는 1907년 봄 플린트로 왔다. 두 사람은 불쑥 빌리의 사무실로 들어와 자기들을 뷰익 팀에 넣어달라고 요구했다. 늘 대담한 행동을 좋아하는 빌리는 두 사람을 뷰익 공장 근처의 지저분한 길로 데려가 둘이서 경주를 해보라고 했다. 경주에서는 루이가 이겼지만 빌리는 아서에게 먼저 다가가 자신의 전용차 운전수라는 보수 두둑한 자리를 제안했다. 루이는 자기가 이겼는데 왜 그러느냐고 따졌다. 빌리는 아서는 도저히 이길 수 없었으며, 그런 점에서 자기 차를 운전할 적임자라고 답했다. 루이는 이와 반대로 전혀 두려워하지 않는 스타일 덕분에 뷰익 레이싱 팀에 들어갔다.

뷰익의 카레이서들은 1908~11년 사이 미국에서 열린 500회 이상의 자동차 경주대회에서 절반 이상을 휩쓸었고, 루이는 모든 카레이서들에게 선망의 대상이 됐다. 이 시기에는 카레이서와 함께 수석 정비사가 동승하는 게 관례였는데, 경주대회 도중 목숨을 잃은 루이의 정비사만 네 명이나 됐다.

연이은 우승 덕분에 전국적인 유명인사가 된 루이는 1909년 뷰익을 떠나 자유롭게 활동했다. 듀란트와 결별하기 전에 그는 작지만 우아하게 디자인한 차를 만들어보고 싶다는 자신의 개인적인 꿈을 피력했다. 혼자 힘으로 장인 겸 정비사가 된 또 한 명의 인물이 자동차 제조업에 뛰어들기로 한 것이었다.

두 사람의 대화 기록은 남아있지 않지만 빌리는 틀림없이 루이가 모델 T와 겨룰 수 있는 우수한 소형차를 만들려는 생각이리고 받아들였을 것이다. 그는 기회의 크기를 가늠해보지도 않고 쉐보레가 그의 자유시간을 이용해 시험 제작할 수 있도록 돈을 대주었다. 당시는 빌리가 제너럴 모터스 지붕 아래 한 달에 하나 이상 꼴로 회사를 사들이고 있을 때였다. 1910년에 무슨 일이 벌어질지는 전혀 예측할 수 없는 상태였고, 쉐보레의 실험은 누구도 주목하지 않았다.

천천히 모델 T를 추격하다

듀란트는 1910년에 제너럴 모터스에서 쫓겨났지만 빈손으로 물러난 것은 아니었다. 그의 수중에는 자신이 매수한 주식이 그대로 남아있었고, 재임 중에 주식시장에서 벌어둔 수백만 달러의 재산도 있었다. 하지만 늘 그래왔듯이 그는 게임에 복귀하기에 앞서 수중의 돈을 더 불릴 생각은 하지 않았다.

루이 쉐보레가 나름대로 자기 시간을 내 작업을 하고 있는 동안 듀란트는 포드가 장악하고 있는 소형차 시장으로 신속히 그리고 과감하게 진입할 필요가 있으며, 그러면 기회가 있다고 봤다. 그런데 제임스 스터로우가 이끄는 제너럴 모터스 채권단이 내린 첫 원가 절감 결정은 뷰익의 모델 10을 더 이상 생산하지 않는다는 것이었다. 가격이나 크기면에서 포드의 모델 T와 경쟁할 수 있는 제너럴 모터스의 유일한 차를 버린 셈이었다. 빌리는 새 경영진의 근시안적이며 보수적인 시각에 경악했다. 역사가인 파운드는 이렇게 적었다:

> 제너럴 모터스의 이익 창출 능력이 부채 상환액을 훨씬 앞지른다는 사실을 아는 사람은 정말 몇 안 됐다. 그 몇 명 가운데 제너럴 모터스의 창업자가 있었다.

빌리는 제너럴 모터스를 가까이서 지켜본 결과 뷰익의 모델 10 수준의 파워를 갖춘 차를 약간 싼값에 내놓으면 모델 T의 시장을 빼앗아올 수 있을 것이라고 자신했다. 또한 플린트에서 그런 차를 생산한다면, 여기에 필요한 엔지니어와 공장 근로자들을 구하는 것은 문제도 아니었다. 모델 10의 생산을 중단하는 바람에 뷰익의 매출이 급감하면서 뷰익은 월터 크라이슬러가 오기 전에 이미 근로자를 3분의 1이상 감원했기 때문이다.

그래서 빌리는 자동차를 생산하고 판매할 회사로 하나가 아닌 네 개의 회사를 만들기로 했다. 당연히 네 회사의 자본금은 현금이 아니라 주식을 발행해 조달했다.

첫 번째 회사는 오랜 친구이자 초창기 뷰익 시절부터 함께 일해온 아서 메이슨의 이름을 딴 메이슨 모터 컴퍼니(Mason Motor Company)였다. 이 회사는 신차의 엔진을 만들 예정이었는데, 스터로우가 제너럴 모터스를 구조조정하면서 어서 팔아 치우려고 했던 플린트의 뷰익 제2공장을 인수했다.

두 번째는 리틀 모터 카 컴퍼니(Little Motor Car Company)라는 딱 맞는 이름의 회사였다. 듀란트가 쫓겨난 1910년 가을 그의 오랜 친구이자 사업 동료인 제임스 휘팅은 마침 자신의 마차 사업을 넘기고 싶어했다. 빌리는 즉시 휘팅의 플린트 웨건 워크스가 보유한 부동산과 자산을 전부 인수하고, 이를 자동차 생산 공장으로 탈바꿈시켰다. 이 회사의 이름은 스터로우가 찰스 내쉬를 뷰익의 대표로 임명하기 전까지 그 자리에 있었던 "덩치 큰" 빌 리틀의 이름을 붙인 것이었다.

리틀 모터 카의 법인 설립 후 3일 만에 듀란트는 새로운 기업의 중추 역할을 할 쉐보레 모터 컴퍼니(Chevrolet Motor Company)를 세웠다. 루이는 자신의 이름만 빌려주고 자본은 대지 않았는데, 그의 이름과 전문성을 사용하는 대가로 쉐보레 보통주 100주를 받았다. 루이는 디트로이트의 그랜드 불러바드에서 작업장을 빌려 다양한 시제품을 만드는 일을 계속했다.

몇 달 뒤 빌리는 네 번째이자 그냥 묻혀버리고 만 리퍼블릭 모터스(Republic Motors)를 설립했다. 서류상으로는 아직 한 대도 만들어지지 않은 쉐보레와 리틀의 전국적인 생산 및 딜러 네트워크를 구축하는 회사였다. 리퍼블릭 모터스는 나머지 세 회사의 문제로 인해 정식 가동해보지도 못하고 합병돼 버렸지만 유통망 구축이라는 듀란트의 비전은 시대를 앞서간 것이었다.

쉐보레와 리틀이 설립된 1911년까지도 빌리의 구체적인 계획에 대해서는 누구도 잘 알지 못했다. 그러나 플린트에서는 모두들 뭔가 큰 일이 벌어질 것이라고 생각하고 있었다. 빌리와 캐서린도 여전히 주소지를 뉴욕에 두고 있었지만 다시 플린트 사람들에게 따뜻한 대접을 받게 됐다.

쉐보레를 설립하고 3주가 지난 11월 28일 플린트의 메이스닉 템플에서 빌리를 환영하는 만찬이 있었다. "마법사의 만찬"이라는 이름이 붙은 이 자리에서 참석자들은 최고급 시가 한 상자씩을 받았다. 상자 뚜껑에는 빌리의 초상화가 그려져 있었는데, 그가 고등학교 중퇴 후 플린트에서 시가를 팔아 맨 처음 유명해졌던 사실을 상기시키는 것이었다. 상자 안의 시가에 붙은 밴드에는 "산업계의 수장"이라고 씌어져 있었다. 다음 날 아침 〈플린트 저널Flint Journal〉은 이렇게 썼다. "듀란트는 자신의 계획을 공개하고 싶어하지 않았지만, 사람들은 그의 고향을 각별하게 배려한 구상을 갖고 있을 것이라고 생각했다."

그 계획이란 쉐보레 자동차를 디트로이트와 플린트 두 도시에서 생산하는 것이었다. 메이슨 모터는 쉐보레와 리틀에 엔진을 공급할 것이었다. 플린트 웨건 웍스가 있던 자리를 차지한 리틀의 생산기지 역시 중요한 곳이었지만 아직은 제자리를 못 잡고 있었다. 문제를 해결하기 위해 빌리는 곧바로 "덩치 큰" 빌 리틀을 마차 사업을 할 당시 경영자이자 오랜 친구이기도 한 A.B.C. 하디로 교체하고, 리틀은 디트로이트로 보내 루이 쉐보레와 함께 일하도록 했다. 하디는 당시 상황에 대해 이렇게 말했다:

> 휘팅과 맺은 인수 계약에 따라 우리는 플린트 웨건 워크스의 부채 전부를 갚아야 했다. 그러다 보니 마차를 만들던 오래된 건물을 자동차 생산 공장으로 전환하는 데 쓸 돈이 26만 5000달러밖에 남지 않았다. 나머지 돈은 마차와 부속품을 팔아서 충당해야 했다. 첫 해부터 우리는 온갖 종류의 사업을 동시에 해나가야 했다.

빌리가 처음 거둔 성과는 쓰디쓴 것이었다. 리틀에서 생산한 첫 번째 자동차 "리틀 휘(Little Four)"는 1912년 봄 포드의 모델 T보다 50달러 더 비싼 650달러의 가격표를 달고 출시됐다. 그러나 리틀 휘에 장착된 4기통 엔진은 모델 T보다 강력하지도 못했고 내구성도 떨어져 시장에서 고전을 면치 못했다. 디트로이트에서 제작한 루이 쉐보레의 첫 자동차 역시 빌리의 기대에는 한참 어긋난 것이었다. 6기통 엔진을 장착해 클래식 식스(Classic Six)라고 이름 붙인 이 대형차는 1912년 초 2500달러에 시판됐으나 시장에서 참패했다.

판매 부진에 따라 다시 부채가 쌓이고 채권자들도 신경을 곤두세웠지만 빌리는 전혀 흔들리지 않았다. 그는 리틀 브랜드를 폐기하고 쉐보레에 집중하기로 했다. 그는 다시 한번 "마법사"로 나서 리틀과 메이슨,

리퍼블릭의 모든 자산을 쉐보레로 이전하고, 신주 발행을 통해 쉐보레의 자본을 확충했다. 이런 모든 작업이 끝나자 쉐보레의 순운전자본은 300만 달러 가까운 금액이 됐다.

빌리는 디트로이트에서 약간의 땅을 매입했는데, 헨리 포드의 새 하이랜드 파크 공장 바로 건너편이었다. 빌리는 포드 모터와 제너럴 모터스의 코앞에다 간판을 내걸고는 자신이 이곳에 곧 쉐보레 공장을 지을 것이라고 선전포고를 한 셈이었다. 비록 그곳에 공장을 세우지는 못했지만 어쨌든 빌리의 성격을 잘 보여주는 대목이다.

빌리는 루이를 곁에서 지켜보며 그가 다시 우수한 소형차 제작으로 마음을 돌리도록 하기 위해 아내와 함께 디트로이트로 거주지를 옮겼다. 딸 마거리와 사위 에드윈 캠벨 박사도 함께 이사했다. 그러나 루이와 가까이 지낼수록 빌리의 조바심은 더 커졌다. 루이는 시제품을 두 개 더 개발했지만 빌리는 생산하지 않기로 했다. 마침내 1913년 여름 두 사람은 안 좋게 헤어졌다. 루이에 따르면, 불화가 누적된 상태에서 개인적인 모욕이 최후의 결별 이유가 됐다고 한다. 몸집도 작은 듀란트가 헐크 같은 쉐보레에게 가느다란 궐련 담배는 꺼버리고 시가를 피우라고 명령한 것이었다. 궐련 담배는 자동차 회사 임원이 피우기에 사내답지 못하다는 이유였다.

하지만 진짜 이유는 쉐보레의 이름을 단 자동차를 어떤 차종으로 할 것인가를 놓고 의견이 달랐기 때문이다. 빌리는 모델 T와 경쟁할 수 있는 차를 출시하기를 그 어느 때보다 바랐던 반면 루이는 더 크고 고급스런(유럽풍의) 디자인을 원했다. 담배 사건이 있기 전 루이는 장래 구상을 위해 한 달간 유럽으로 떠났었다. 돌아와 보니 자신이 최근에 만든 시제품을 빌리가 완전히 새로 디자인해놓은 것이었다. 다시 한번 듀란트는 자기가 낳은 회사를 1인 기업으로 만들어버린 셈이었다.

루이는 결국 자신이 보유하고 있던 쉐보레 주식 100주를 듀란트에게 1만 달러에 팔고 카레이서로 복귀했다. 그는 알베르 샹피옹이라는 유럽인에게서 자금 지원을 받아 프론테냑 모터 컴퍼니(Frontenac Motor Company)를 설립했다. 이 회사는 경주용 자동차만 생산했는데, 1920년에는 권위 있는 인디애나폴리스 500 대회에서 우승했다. 루이는 1920년대 들어 항공기 엔진에도 손을 댔지만 대공황으로 인해 사업은 망하고, 1941년 죽을 때까지 겨우 중산층 수준의 생활을 유지했다. 데이비드 뷰익과 마찬가지로 루이 역시 수천 명의 경영자와 딜러, 투자자들을 거부로 만들어준 쉐보레 브랜드로는 전혀 수입을 얻지 못한 것이다.

맨해튼에 자동차 공장을

빌리 듀란트는 쉐보레 자동차를 플린트 뿐만 아니라 (다른 곳도 아닌) 뉴욕에서 만들기로 결정했는데, 이건 아마도 그 자신이 뉴욕을 사랑했던 데다 주식시장의 사물들과 가까이 있기 위해서였을 것이다. 맨헤튼에서 자동차를 만든 것은 이것이 사상 처음이자 마지막이었다. 당시로서도 이건 모든 논리를 뛰어넘는 파격이었지만, 그는 전혀 다른 시각으로 바라봤다. 뉴욕에서 쉐보레 자동차를 생산함으로써 인지도를 높이면 추가 비용은 상쇄할 수 있다는 계산이었다. 그는 미출간 자서전에서 이렇게 설명했다:

우리의 다음 과제는 좀 어려운 것이었다. 한마디로 쉐보레라는 이름을 미국인들의 뇌리에 확실하게 심어주는 일이었다. 어떻게 하면 될까? 뉴욕은 미국에서 인구가 가장 많은 도시고, 곧 세계 최대의 도시가 될 곳이었다. 뉴욕에 자동차 공장이 없다는 생각이 들었다. 성공적으로만 돌아간다면 뉴욕이라는 거대 도시의 심장부 맨해튼에 자리잡은 우리 공장은 엄청난 광고 효과가 있을 터였다…….

친구들은 우리 계획을 듣고 나더니 우리더러 정신이 나갔다고들 했다. 우리 속내를 알지 못했으니 그럴 만도 했다. "그건 말도 안 돼. 뉴욕은 이 세상에서 땅값이 제일 비싼 곳인데, 거기다 대규모 생산 공장을 짓겠다니, 근로 조건도 열악할 것이고, 주변 환경은 더 끔찍할 것이고, 그리고, 그리고."

그렇게 우리는 안 된다, 하지 말라는 이야기를 수없이 들었다. 그러나 우리는 예의 우직함으로 쭉 밀고 나갔다.

뉴욕 맨해튼 공장은 56번가와 57번가 사이의 일레븐스 애비뉴에 있는 건물을 빌려 입주했다. 쉐보레의 브랜드 인지도는 뉴욕에서는 물론 딜러들과 동부 연안 지역의 잠재적인 고객들 사이에서 즉시 높아졌지만, 자기 관할 구역에 자동차 공장이 들어오는 것을 달가워하지 않던 현지 갱단과 부패 정치인의 신경도 건드렸다. 갱단 가입을 거절한 엔지니어 한 명이 두들겨 맞은 뒤 현지 갱단 두목이 갑자기 빌리에게 연락을 해왔다. 이날 만남에서 빌리는 세일즈맨다운 매력을 한껏 발휘했다. 마법사의 회고를 직접 들어보자:

우리 공장 바로 건너편인 57번가와 일레븐스 애비뉴가 만나는 북동쪽 코너에는 무시무시한 사업이 진행되는 살롱이 있었다. 이곳 주인은 이 지역 갱단 두목이었다; 그가 말하는 것은 그가 원하는 대로 무조건 실행됐다. 공장을 가동한 지 얼마 안돼 다음주에 "그를 환영하는" 파티가 열린다는 퉁명스런 연락을 받았다. 그의 조직은 반드시 파티를 성공적으로 개최해야 했다. 티켓 가격은 1달러였다. 그는 나에게 몇 장이나 가져가겠느냐고 물었다. 나는 그의 이름과 이곳에서 얼마나 오래 살았는지, 그의 사업은 어떤지 물어봤다; 또 그의 조직에 대해 물어본 다음 "그 성대한 파티"에 우리가 얼마나 참석할 수 있는지 물어봤다. 그는 열 장이라고 말했고, 가져온 티켓을 그만큼 보여주었다. 나는 그에게 우리 직원들은 그런 자리를 좋아한다면서 스무 장을 줄 수 없겠느냐고 했다. 그는 깜짝 놀랐고 확실히 기분 좋은 표정이었다.

그날 이후 그 지역에서는 누구도 우리 직원을 때리거나 위협하지 않았다.

마침내 히트를 치다

새로운 쉐보레 시제품의 생산을 앞둔 1913년 말 빌리는 다시 자신감에 부풀었다. 이번에는 두 가지 모델의 승용차를 만들어 동시에 출시하는 것이었다. 두 모델은 포드의 모델 T보다 가격은 약간 비쌌지만 좀더 컸고 출력도 더 높았다. 로열 메일이라는 이름의 투어링 카(5~6인승의 포장형 승용차)는 750달러였고, 베이비 그랜드라는 로드스터(2~3인승의 지붕 없는 승용차)는 875달러였다.

결과적인 이야기지만 타이밍은 그야말로 기가 막혔다. 두 모델은 1914

년 봄에 출시됐는데 미국 경제와 자동차 시장 모두 붐을 타고 있을 때였다. 앞서 모델 T를 사려고 했던 자동차 구매층이 좀더 크고 강력하며 특별해 보이는 쉐보레로 모여들었다. 모델 T나 다른 1000달러 미만 자동차와는 달리 로열 메일과 베이비 그랜드는 자동 점화장치와 전기 헤드라이트, 오버헤드 엔진을 장착하고 있었다. 게다가 이제 전설이 돼버린 쉐보레의 "나비 넥타이" 엠블럼(듀란트가 신문에 난 버지니아 주의 한 석탄 회사 광고를 보고 손수 디자인한 것이었다)까지 달고 있었다.

쉐보레의 두 모델을 출시한 지 몇 달 만에 빌리는 수요 부족이 아니라 생산 시설 부족이라는 벽에 부딪쳤다. 하지만 무조건 앞만 보고 달리는 스타일답게 그는 재빨리 리퍼블릭 모터스를 만들 때의 비전을 가동시켰다. 자동차 업계에서는 처음으로 전국적인 생산 네트워크를 구축하기로 한 것이다. 헨리 포드조차도 모델 T 전부를 디트로이트 한 곳에서 집중 생산하던 시기에 말이다.

빌리는 먼저 멀리 캘리포니아 주 오클랜드와 미주리 주 세인트루이스에 있는 공장을 빌려 자동차 조립 공장으로 전환했다. 곧 이어 텍사스 주 포트워스에 새 공장을 지었고, 캐나다의 샘 맥놀린과 쉐보레 공장 라이센스 계약을 맺었다. 또 뉴욕 주 태리타운에 있는 맥스웰 공장을 매입해 대규모 시장인 동부 연안 시장에서의 입지를 강화했다.

베이비 그랜드와 로열 메일 출시 후 1년도 채 안 돼 쉐보레는 (아마도 빌리를 제외한) 모든 사람들의 예상을 훨씬 뛰어넘었다. 예의 큰소리치는 성격답게 빌리는 다음에 출시할 차의 이름은 490이라고 공표했다. 다음 차의 가격으로 1914년도 모델 T의 가격과 똑같은 490달러를 매기겠다는 말이었다. 1915년 1월 2일 듀란트는 뉴욕에서 발행되는 신문들에 시

제품의 사진과 함께 달랑 "THE CAR"라는 설명만 달았다. 사진 위에 덧붙여진 내용은 전설이 됐다: "490—THE PRICE"

대중들의 호기심은 한껏 달아올랐다. 490의 실제 가격은 결국 550달러가 됐지만 어쨌든 새 모델과 그 이름은 소비자들의 마음에 각인됐다. 그렇게 강력한 엔진에 그렇게 다양한 사양(오버헤드 엔진, 자동 점화장치, 전기 헤드라이트 등)을 갖춘 차가 그렇게 싼값에 나온 경우는 없었다. 빌리는 "어린아이도 살 수 있을 정도"라고 강조했고, 출시한 뒤 실제로 그렇게 광고했다. 쉐보레의 판매대수는 1914년 2000대 미만에서 1915년 2만 대로 치솟았다. 듀란트의 미래 전략이라는 측면에서 더 중요한 대목은 순이익이 1915년에 130만 달러를 넘어섰다는 점이었다.

다시 한번 게임의 정점에 올라선 빌리는 1914년 캐서린을 뉴욕으로 데려왔다. 그의 어머니와 딸 마거리, 사위도 곧 이사했다. 그의 첫 아내 클라라는 캘리포니아에 정착했고, 펜실베이니아 군사대학을 졸업한 아들 클리프는 한동안 어머니와 함께 살다가 1914년 빌리가 쉐보레의 카레이서 팀을 만들자 창설 멤버로 들어왔다. 마거리는 쉐보레를 막 시작했던 이때가 아버지 인생에서 가장 행복했던 시기라고 회고했다.

제너럴 모터스 채권단의 관리 기간이 끝나가던 1915년 가을 무렵에는 그동안 빌리의 능력을 반신반의해왔던 사람들마저 그가 하는 말에 귀를 기울여야 했다. 그의 향후 행보가 점점 더 분명해져 갔다. 그는 자신이 생명을 불어넣은 기업을 되찾는다는 한 가지 목표에 초점을 맞췄다. 하지만 은행가들은 상상하지도, 믿을 수도 없는 방법으로 그것을 이뤄낼 것이었다.

그런데 이와 비슷한 시기에 델라웨어 출신의 두 사업가가 개인 자금으로 제너럴 모터스 주식을 조용히 사들였다. 두 사람은 빌리만큼 상황을 예의 주시하고 있었다. 두 사람의 이름은 피에르 듀폰과 존 제이콥 라스콥으로, 빌리 듀란트와 알프레드 슬로안의 운명에 결정적인 변수로 작용했을 뿐만 아니라 제너럴 모터스가 세계 최대의 기업으로 성장하는 데 중요한 역할을 했다.

헨리 포드가 다시 게임의 룰을 바꾸다

사실 자동차 업계에서 1914년의 가장 큰 뉴스는 쉐보레 모터의 급부상도 아니고, 듀폰과 라스콥의 등장도 아니었다. 그해의 최대 뉴스는 헨리 포드가 하이랜드 파크 공장의 일관 작업 라인을 가동하고, 모든 공장 근로자에게 하루 5달러라는 파격적인 최저 임금을 보장하기로 했다는 소식이었다. 이 두 가지 소식은 자동차 시장의 "게임의 룰"을 완전히 바꿔놓았다.

 일관 작업 라인이 도입되자 하이랜드 파크 공장의 생산성은 그 즉시 비약적으로 향상됐다. 조립 라인의 처리 속도와 근로자 개개인의 작업을 조정하면서 하루 생산량은 계속해서 늘어났고, 덕분에 포드는 지속적인 가격 인하와 함께 판매 인력 확대가 가능해졌다. 1914년에 포드 모터는 1만3000명의 근로자가 26만 대 이상의 자동차를 생산했다. 반면 포드를 제외한 나머지 자동차 메이커는 전부 합쳐 6만6000명의 근로자가 28만7000대를 생산하는 데 그쳤다.

 생산 공정은 4층으로 된 하이랜드 파크 공장의 4층에 있는 차대 조립 라인에서 맨 처음 시작된다. 거기서부터 수백 가지의 공정을 거쳐 1층까지 내려오는 것이다. 이 공정을 최소화하기 위해 포드는 트럭 시장은 포기하고 오로지 승용차만 만들었다. 또 생산 라인의 속도를 최대화하기 위해 근로자 개개인의 작업을 가능한 한 단순 반복적인 동작으로 만들었다. 헨리 포드의 설명을 들어보자:

> 부속품을 갖다 놓는 사람은 그것을 끼워 넣지 않는다. 볼트를 끼워 넣는 사람은 너트를 돌리지 않는다. 너트를 돌리는 사람은 그것을 꽉 조이지 않는다.
> 공장에서 이뤄지는 작업 하나하나가 다 움직인다. 고리에 달려서 혹은 머리 위의 체인에 매달린 채 움직일 수 있다. 이동식 판자를 따라 움직이거나 그냥 위에서 아래로 떨어질 수도 있다. 하지만 중요한 점은 누가 들어 올리거나 차로 운반하는 경우는 없다는 것이다.……어느 작업자도 자리를 옮기거나 무엇을 들어올리지 않는다.

이건 대량 생산 방식과 부품의 호환성이라는 점에서도 완전히 새로운 개념이었다. 한편으로 근로자에게는 단조롭고 피곤한 작업이었다. 근로자들은 하루종일 한 가지 일만 해야 했고, 점심시간이니 화장실 갈 때가 아니면 지정된 자리를 벗어날 수조차 없었다.

그러다 보니 공장의 생산성이 높아지는 것과 동시에 근로자들의 이직률도 늘어났다. 그런데 "크레이지 헨리"가 모든 미숙련공에게 하루 5달러라는 전례 없는 최저 임금을 주겠다고 하자 입사 지원자가 쇄도했다. 하루 5달러는 당시 통상적인 임금의 두 배가 넘는 금액이었다. 한술 더 떠 그는 하루 작업시간도 9시간에서 8시간으로 줄였다.

근로자 입장에서는 고된 작업보다는 돈이 훨씬 더 와 닿았다. 포드가 그렇게 많은 임금을 주기로 한 동기는 사실 근로자들이 기분 좋게 작업할 수 있게 하려는 것은 아니었다. 이직을 줄여 노동력을 안정화하고, 자사 근로자들의 소득을 높여줌으로써 잠재적인 모델 T 구매자를 확충하려는 의도였다.

하루 5달러 임금에는 또 다른 목적도 숨어있었다. 포드는 모든 근로자가 자신의 도덕적 기준에 부합하도록 적극적으로 이끌었다. 공장 인력 모두를 바른길로 인도하기 위해 사회부라고 이름 붙인 부서까지 만들었는데, 이 부서 직원들은 불시에 근로자의 집을 방문해 술은 안 마시는지, 목욕은 정기적으로 하는지, 집안 청소는 잘 하는지, "저속한" 소설 따위는 안 읽는지 체크했다. 사회부에서는 또 영어 교육 프로그램도 진행했는데, 모든 이민 근로자는 하루 8시간 작업을 끝낸 뒤 강제적으로 참석했다. 교육을 받은 대다수 근로자와 그 가족들은 영어를 배울 수 있게 해준 포드에게 무척 고마워했다.

이렇게 모델 T의 생산대수와 효율성을 최대화한 뒤 포드는 다시 한번 부품 공급업자들을 쥐어짰다. 자동차 가격의 인하와 생산대수 제고라는 두 가지 목표 달성을 위해 부품 공급업체들도 기여해야 했다. 알프레드 슬로안의 하이야트 롤러 베어링 컴퍼니가 받는 압력은 특히 심했다. 전체 매출의 절반 정도를 포드가 올려주었기 때문이다. 어쨌든 슬로안은 포드 모터에서 왜 그런 주문을 하는지 잘 알고 있었고, 헨리가 원하는 것보다 훨씬 더 확실하게 요구 조건을 들어주었다:

포드는 지금까지 그 어느 기업도 보여주지 못한 속도로 빠르게 성장하고 있었다. 하이야트 롤러 베어링 컴퍼니도 포드와 함께 성장해야 했다. 그렇지 않으면 추격해오는 다른 부품 공급업체에게 자리를 내주게 될 형국이었다. 이 같은 성장의 이면에는 꾸준한 제조 기술의 향상과 자동차 가격의 계속적인 인하로 점점 더 커가는 시장이 있었다. 그러나 이보다 더 놀라운 사실은 자동차 가격은 떨어져도 임금은 오를 수 있다는 점이었다. 포드 씨가 하루 5달러라는 파격적인 최저 임금을 발표했을 때 전 산업계에 퍼져나갔던 경악의 파장을 나는 생생히 기억한다…….

당시 업계 관행은 저임금이었고, 임금은 낮을수록 좋다는 것이었다. 임금 삭감은 언제든 가능할 때마다 하되, 임금 인상은 어쩔 수 없을 때만 한다는 식이었다. 적절한 임금을 지급함으로써 소비 수요를 자극할 수 있다는 생각은 아예 없었다. 5달러 임금은 제대로 들어맞았는데, 그건 포드 근로자들이 더 많이 생산할 수 있었기 때문이다. 1909~10 회계연도부터 1916~17 회계연도까지 모델 T의 가격은 매년 떨어져 950달러에서 780달러로, 다시 690달러, 600달러, 490달러, 440달러, 360달러로 인하됐다. 이런 마법은 가격 인하에 앞서 원가를 떨어뜨릴 수 있게 해준 생산대수의 증가에 기인한다. 같은 기간 중 생산대수는 해마다 이렇게 늘어났다: 1만8664대, 3만4528대, 7만8440대, 16만8220대, 24만8307대, 30만8213대, 53만3921대, 78만5432대.

헨리 포드 자신의 동기나 논리는 둘째치고 일관 작업 라인은 포드 모터를 세계에서 가장 생산성 높은 제조업체로 만들었고, 하루 5달러 임금제는 보통사람과 함께 호흡하는 독불장군이라는 그의 이미지를 더욱 확실히 해주었다.

그러나 빌리 듀란트나 제너럴 모터스 채권단 입장에서 1914년의 핫이슈는 헨리 포드의 혁신이나 그의 높은 인기가 아니었다. 그건 빌리가 낳은 아이를 놓고 벌이는 도박에 피에르 듀폰과 존 라스콥이 뛰어들기로 한 예기치 않은 결정이었다.

피에르 듀폰과 존 라스콥이 등장하다

피에르 새뮤얼 듀폰은 빌리 듀란트나 알프레드 슬로안, 헨리 포드와 달리 평생 직장이 미리 정해져 있었다: 가문의 이름을 딴 화약 및 폭약 제조회사였는데, 델라웨어 주에서 가장 큰 기업이었다.

1870년 1월 15일 11남매(이 중 한 명은 어린 시절 죽었다) 중 첫째로 태어난 피에르는 청교도 가치관 속에서 자랐고, 부유한 집안이었지만 매달 25센트의 용돈만 받았다. 열네 살 때 회사의 니트로글리세린 공장이 폭발하는 바람에 아버지가 세상을 뜨자 델라웨어 주 윌밍턴의 고향집에서 동생들을 책임지게 됐다. 그의 삼촌이자 법적 후견인이었던 알프레드 빅터 듀폰은 술과 여자에 빠져 건강과 재산을 탕진하는 인물이었다. 피에르가 열일곱 살에 MIT에 입학했을 때는 이미 동생들이 그를 "아빠"라고 불렀을 정도로 아버지보다 더 강한 인상을 주었다. MIT 화학과를 졸업한 지 3년 만에 알프레드 삼촌이 죽자 피에르는 23세 나이로 동생 9남매의 법적 후견인이 되었다.

이런 성장 배경은 모든 면에서 젊은 피에르를 자기 나이보다 더 빨리 성숙하게 만들었다. 그는 집안에서나 직장에서 자신의 책임을 다 했고, 거기서 행복을 느꼈다. 그러나 서른 살이 된 1900년 그는 가업 경영이 매우 형편없이 이뤄지고 있다는 사실을 발견하고는 낭패감을 느꼈다. 그는 마침 자신이 최대 투자자로 있던 철강회사 존슨 컴퍼니의 경영을 맡게 되자 삼촌과 사촌들에게 최후 통첩을 했다. 그를 파트너나 임원으로 앉히지 않으면 존슨 컴퍼니로 떠나겠다는 것이었다. 친척들은 이 제안을 거절했고, 피에르는 존슨 컴퍼니가 있는 오하이오 주 로레인으로 떠났다. 그곳에서 그는 스물한 살의 저돌적인 뉴욕 청년을 경리직원으로 고용하는 운명적인 결정을 내렸다.

이 경리직원이 존 제이콥 라스콥으로, 그는 피에르 듀폰이나 알프레드 슬로안보다는 찰스 내쉬나 월터 크라이슬러와 더 공통점이 많은 인물이었다. 라스콥은 뉴욕의 헬스 키친이 있는 동네에서 가난하게 자랐다. 그는 신문 배달과 사환을 하며 학교를 다녔고, 사람들은 그를 매력적이고 유머감각 있는 친구로 기억했다. 라스콥과 피에르는 성격이나 집안 배경 면에서는 정반대였지만 곧 친구 사이가 된다.

피에르가 오하이오로 온 지 2년 만인 1902년 당시 듀폰 컴퍼니의 사장을 맡고 있던 유진 듀폰(피에르의 또 다른 삼촌)이 갑자기 사망했다. 가문의 첫 반응은 이제 사업체를 매각해야 할 때가 됐다는 것이었다. 피에르는 재빨리 알프레드와 콜맨, 이렇게 두 명의 사촌과 힘을 합쳐 다른 곳에서 기웃거리기도 전에 회사를 매수했다. 그리고는 윌밍턴에 돌아와 재무 책임자가 됐고, 라스콥이 그를 도왔다. 두 사람은 1년도 채 안 돼 회사의 재무구조를 혁신했다. 사업을 감시하고 전망할 수 있는 새로운 재무 통제 및 측정 시스템을 도입했는데, 여기에는 자산 수익률처럼 당시 알려져 있지 않던 수익률 측정 방법이 포함돼 있었다.

피에르는 1903년에 듀폰의 사장 겸 이사회 의장으로 지명됐다. 라스콥과 함께 그는 스탭 기능을 통합했고, 외부 감사 시스템을 만들었으며, 모든 사업 단위들은 매달 대차대조표를 만들도록 했고, 보너스와 연금 지급 방식을 도입했다. 이 같은 혁신 정책은 훗날 제너럴 모터스에서도 채택했고, 곧이어 사실상 모든 대기업이 뒤따랐다.

1914년 무렵 라스콥은 듀폰의 성장 덕분에 큰 부자가 됐다. 그는 피에르의 후임으로 재무 책임자가 됐고, 피에르의 오른팔이자 대리인 역할을 했다. 이보다 더 중요한 점은 오직 그만이 새로운 아이디어를 실행할 때 피에르의 지지를 얻었다는 것이다.

빌리 듀란트처럼 존 라스콥도 월스트리트를 자세히 관찰하며 열심히 배워나갔다. 1914년에 그는 포드 모터와 쉐보레의 판매 수치가 증가하고 있는 걸 유심히 지켜봤다. 특히 그의 눈을 사로잡은 것은 제너럴 모터스였다. 그는 이미 채권단이 이 회사를 재무적으로 건전한 기업으로 탈바꿈시켰다는 사실을 잘 알고 있었다. 듀란트처럼 그도 이 회사 주식의 숨겨진 가치가 엄청나다는 사실에 주목했다. 제너럴 모터스는 회사 설립 이후 아직 주주들에게 배당금을 준 적이 없었다. 라스콥과 듀란트는 채권단 관리가 끝나면 배당금이 지급될 것이라고 확신했다. 그렇게 되면 주가는 날아오를 터였다.

비록 피에르는 자동차 사업에 전혀 흥미를 느끼지 못했지만 라스콥은 그에게 채권단 관리가 끝나는 대로 1년 안에 GM의 주가가 두 배가 될 것이라고 자신 있게 말했다. 마침 제1차 세계대전이 발발하면서 피에르와 그의 회사는 기대하지도 않았던 엄청난 이익을 올리게 됐다: 연합군과 독일군 양측 모두 세계 최대의 폭약 생산업체인 듀폰에게 TNT와 화약을 주문한 것이었다.

주식시장에 투자할 가용 자금이 넉넉해지자 피에르는 라스콥의 조언을 따랐다. 그와 라스콥은 제너럴 모터스 주식을 각각 2000주, 500주씩 샀다. 주당 매수 가격은 70달러였다. 1년도 안 돼 주가는 라스콥이 장담한 것 이상으로 치솟았다. 제너럴 모터스 보통주는 1915년 1월 82달러에서 그해 말 558달러로 급등했던 것이다.

제너럴 모터스 주가가 12개월 사이 7배나 뛴 것은 사실 회사를 되찾으려는 듀란트의 전략과 이에 맞선 채권단의 대응(당시 주식시장을 통틀어 사상 최대의 배당금을 지급했다)에 힘입은 것이었다. 빌리는 다시 한번 월스트리트가 주목하는 인물이 됐고, 제1차 세계대전 덕분에 수천만 달러의 돈벼락을 맞은 피에르와 라스콥도 그와 같은 생각을 하고 있었다.

11 전무후무한 이사회에서의 반란
A Boardroom Coup Like None Before or Since

빌리 듀란트는 1910년 제너럴 모터스에서 축출된 바로 그날부터 조용히 하지만 꾸준히 더 많은 주식을 매수해나갔다. 쉐보레가 순항하면서 이 회사의 설립자인 빌리에게 다시 한 번 그 창의성과 경영 능력 면에서 천재라는 찬사가 쏟아졌다. 그는 아는 사람을 만날 때마다 자기와 똑같이 할 수 있다고 말해주었다. 피에르 듀폰과 존 라스콥을 포함한 이들 대부분은 주저하지 않고 그의 조언을 따랐다. 1915년 말 듀폰이 개인적으로 투자한 자산의 절반 이상은 제너럴 모터스 주식이었다.

1915년 10월 1일자로 채권단 관리가 종료됨에 따라 제너럴 모터스의 이사회가 9월 16일 열리기로 돼 있었다. 이날은 마침 회사 설립 7주년이 되는 날이기도 했다. 듀란트는 비록 발언권은 상실한 상태였지만 제너럴 모터스의 이사 자리는 유지하고 있었다.(하지만 이때까지 어떤 회의에도 참석하지 않았다.) 이사회에서 처리할 가장 중요한 안건은 11월 16일로 예정된 주주총회에서 선출될 이사회 멤버를 지명하는 것이었다. 제임스 스터로우와 회사 측에서는 자신들의 후보자 명단이 통과될 것이라고 낙관하고 있었다. 그러면 채권단 관리가 끝난 뒤에도 사실상 같은 사람들이 회사를 경영하게 되는 셈이었다. 채권단 쪽에서는 듀란트가 무슨 계책을 세우고 있는지 아무런 대비도 하지 않았다.

9월 16일에 벌어진 한판 승부에 관해서는 당연히 설이 분분하다. 예의 흥행사답게 빌리가 큰 바구니에 주식 증서를 가득 담아왔다는 전설 같은 이야기도 있다. 그런가 하면 핵심 투자자와 지지자들을 자랑스럽게 자신의 뉴욕 사무실로 불러들여 한 무더기의 주식 증서를 보여주었다는 말도 있다. 빌리를 지원하는 열렬한 주주들이 그의 사무실로 수백 주씩 주식 증서를 가져왔고, 그는 이걸 사람이 들어갈 만한 큼직한 금고에 담아두었기 때문에 그는 이것만 들고 가면 충분했다고도 한다.

이사회는 뉴욕에 있는 벨몬트 호텔에서 오후 2시에 시작될 예정이었지만, 몇 블록 떨어진 곳에서 별도의 모임이 열리는 바람에 개최 시간이 계속 늦어졌다. 빌리는 자기 편 사람인 피에르 듀폰과 제이콥 라스콥을 참석시킨 가운데 예비 이사회 모임을 가졌다. 빌리는 또 이 자리에 자신의 자문역이자 투자은행가인 루이스 카우프만도 함께 하도록 했다. 듀폰이 라스콥을 신뢰하는 것처럼 듀란트 역시 카우프만을 절대적으로 신뢰했다. 카우프만은 뉴욕에서 이뤄지는 듀폰 회사의 모든 금융 거래를 주선했고, 피에르는 카우프만의 은행 이사이기도 했다.

스터로우는 이날 이사회가 쉽게 끝나지 않으리라는 사실을 금세 알아차렸다.

사실 예비 이사회 모임에 피에르를 참석시킨 건 카우프만이었다. 그는 이미 몇 달 전부터 듀란트가 제너럴 모터스의 경영권을 되찾기 위한 전략에서 방향타 역할을 해왔다. 스터로우가 전혀 눈치 못 채는 사이 카우프만은 GM의 주요 주주들을 빌리 지지파로 끌어들이는 데 성공했다. 그가 얻어낸 위임장은 1908년에 뷰익 주식과 교환해 GM 주식을 매수한 플린트 시민의 주식 수천 주도 포함돼 있었다. 또 1909~10년 사이 듀란트가 제너럴 모터스를 확장하면서 인수한 기업의 사장들이 갖고 있던 주식도 있었다. 이들 가운데 GM 주식을 판 경우는 하나도 없었고, 모두들 빌리의 탁월한 능력을 믿고 있었다.

빌리는 자신이 제너럴 모터스 주식의 과반수 이상을 확보하고 있다는 사실을 숨길 필요가 없었다. 그는 스터로우를 똑바로 바라보면서 말했다. "괜한 소란은 없었으면 좋겠군요, 스터로우 씨. 오늘부터 제너럴 모터스의 지배주주는 바로 납니다."

스터로우는 빌리가 허풍을 떤다고 여겼다. 빌리 입장에서도 당장 자신의 주장을 입증할 수는 없었으므로 두 사람의 담판은 교착 상태에 빠졌다. 마침내 스터로우가 놀라운 타협안을 내놨다. 이사회 멤버를 11명에서 17명으로 늘리고, 자신과 듀란트가 각각 7명씩 이사를 선임한다는 것이었다. 나머지 3명의 후보는 중립적인 인사로 하기로 했다. 그런데 스터로우는 이미 듀란트가 후보자로 내세운 피에르 듀폰에게 3명의 중립 후보 지명권을 주자고 한 것이다.

스터로우는 과연 왜 이런 타협안을 제시했을까? 그가 듀폰을 끌어들인 이유는 무엇일까? 스터로우의 속내를 알려주는 자료는 남아있지 않지만 그는 피에르 듀폰이 이 전투에서 중립을 지켜줄 것이라고 생각했던 것 같다. 당시 피에르는 그 인품이나 공정성 면에서 누구나 존경하는 인물이었다. 비록 듀란트와 가깝다고는 해도 주주들의 이해에 반하는 행동을 하리라고는 아무도 생각지 않았다.

듀란트는 말할 것도 없이 듀폰이 자기 편이라고 확신했다. 그는 주저하지 않고 스터로우의 타협안을 받아들였다.

9월 16일 오후 6시 그들 모두는 다른 이사회 멤버가 기다리고 있는 벨몬트 호텔로 자리를 옮겼고, 정식 이사회가 시작됐다. 더 이상의 대결은 필요 없었다. 찰스 내쉬는 제너럴 모터스의 부채를 전부 상환했으며, 보통주 배당금으로 50달러를 지급하겠다고 발표했다. 이사회는 즉각 이를 승인했다. 당시 제너럴 모터스의 주가가 100달러였음을 감안하면 어느 모로 보나 사상 최대 규모의 배당금이었다.

배당금 지급안이 승인되자 스터로우는 새로운 이사회 구성안을 제안했다. 피에르 듀폰이 지명한 3명의 후보는 라스콥과 J.A. 해스켈(듀폰 회사의 이사로 훗날 제너럴 모터스의 인사 및 관리 담당 부사장이 된다), 라몬 벨린(피에르의 처남)이었다. 이날 오후에 열린 이사회에서 더 이상의 마찰이나 불상사는 없었다. 타협안에 따라 지명된 후보들은 만장일치로 승인됐고, 11월에 열린 주주총회에서도 무난히 통과됐다.

그러나 듀란트에게는 이게 끝이 아니었다. 그는 시간은 자기 편이며, 자신이 제너럴 모터스의 지배주주라는 점을 확실히 입증할 때가 곧 올 것이라고 확신했다.

위임장 전투의 시작

9월 이사회가 끝난 지 일주일 만에 빌리는 쉐보레 이사회를 소집했다. 9월 23일 열린 이사회에서 쉐보레는 델라웨어 주의 쉐보레 모터 컴퍼니로 회사 구조를 바꾸고, 수권자본금을 2000만 달러 증액해 신주 발행 한도를 늘렸다. 나중에 신주가 발행되자 수요가 몰려 청약 경쟁률이 10대 1

이나 됐다. 월스트리트에서 쉐보레의 미래를 확신한다는 의미였다. 듀란트와 카우프만의 비밀 그룹을 제외하고는 누구도 이게 빌리의 또 다른 계획과 연관돼 있다는 사실을 눈치채지 못했다.

주당 50달러의 배당금 발표를 계기로 치솟기 시작한 제너럴 모터스 주가는 쉐보레 이사회가 끝난 지 일주일도 채 안 돼 400달러를 넘어섰다. 그 즈음 월스트리트에서는 스타로우 측에서 쉐보레의 경영권을 인수해 듀란트를 영원히 축출해버릴 계획을 세우고 있다는 루머가 돌고 있었다. 9월 29일자 〈플린트 저널〉에는 이런 루머를 일축하는 빌리의 발언이 실렸다: "이 나라에 있는 돈을 다 가져와도 쉐보레를 살 수는 없다. 아니 나를 지지하는 쉐보레 주주들의 지분조차도 인수하지 못할 것이다. 쉐보레는 내가 이제 막 세상에 내놓은 새내기이자 내가 가장 아끼는 자식과도 같은 존재다. 어떤 어려움이 있어도 쉐보레는 설립자에 의해 경영돼야 할 것이다."

이 루머는 쉐보레의 신주 발행은커녕 빌리와 그의 친구들이 제너럴 모터스 주가를 끌어올리는 주도 세력이라는 사실조차 전혀 감을 잡지 못한 것이었다.

타협안에 따른 이사 지명안은 11월 16일 열린 주주총회에서 승인됐다. 9월 이사회에서 3명의 "중립적인" 이사를 지명한 피에르 듀폰이 이사회 의장으로 선출됐다. 그는 전쟁 특수 덕분에 전례 없는 속도로 성장해 나가고 있는 자기 회사에 전념하고 싶었지만 마지못해 수락했다. 그러나 그의 개인 재산 대부분이 제너럴 모터스 주식이었고, 그런 회사가 스타로우와 듀란트 진영 간의 다툼으로 만신창이가 되는 것은 그도 바라지 않았으므로 그로서는 수락하는 것 외에 달리 선택의 여지가 없었다.

12월 23일 쉐보레 이사회가 다시 소집됐고 수권 자본금을 8000만 달러나 증액했다. 빌리에게 새로운 총탄이 보급된 셈이었다. 빌리는 제너럴 모터스의 모든 주주들에게 GM 주식 1주 당 쉐보레 주식 5주씩을 교환해주겠다고 공식 발표했다. 그의 계획이 성공한다면 제너럴 모터스보다 외형이 훨씬 작은 쉐보레가 사실상 제너럴 모터스를 지배하게 될 터였다.

다시 한번 그의 제안은 먹혀들었다. 쉐보레 주식과 교환해 준 GM 주식과 앞서 9월 이사회 전에 받아둔 위임장을 포함해 쉐보레는 마침내 과반수 지분을 확보하게 된 것이다.

그러나 스터로우 진영도 순순히 물러서지 않았다. 제너럴 모터스 주주들을 상대로 듀란트의 제안에 넘어가지 말도록 언론을 통해 설득 작전을 펼치기 시작했다. 스터로우 진영에서는 자기들과 "친한" 기자들까지 동원해 기사를 내보냈다.

쉐보레 주식과 GM 주식의 교환 작업은 1916년 1월 25일 마무리됐다. 제너럴 모터스 주주들을 상대로 펼친 스터로우의 설득 작전은 무위로 돌아갔다. 피에르 듀폰이 조용히 회사의 일상적인 운영 사항을 배워나가고 이사들의 면면을 살펴보는 동안 공식적인 의사결정 체계는 사실상 공백 상태였고, 이런 상황은 5월 이사회 때까지 이어졌다. 첨예했던 위임장 전쟁에 종지부를 찍기 위해 빌리는 이사회에서 쉐보레 모터가 제너럴 모터스의 전체 발행 주식 82만5589주 가운데 45만 주를 확보했다고 공식 보고했다. 1915년 한 해 동안 10만2000대의 차를 판매한 제너럴 모터스가 같은 해 불과 2만 대를 판 쉐보레의 계열사로 들어간 것이었다.

스터로우와 듀란트 진영 간의 싸움은 각종 언론과 이사회, 월스트리트까지 넘나들며 벌어진 치열한 각축전이었다. 양측에서 사용한 전술, 특히 기자를 동원한 여론 조작과 실탄 확보를 위한 신주 발행은 선례가 되어 오늘날 훨씬 광범위하게 쓰이고 있다.

자신이 낳은 아이를 되찾기 위한 싸움은 끝났고, 빌리는 다시 명예를 회복했다: 비록 한동안이었지만.

경영 철학의 충돌: 피에르 vs. 빌리

빌리는 피에르 듀폰에게 자신을 지지해 준 점과 1915년 9월 16일 이후 이사회를 잘 이끌어준 데 대해 감사를 표했다. 어쨌든 피에르는 조용히 빌리의 리더십을 예의 주시하면서, 자신은 물론 주주들의 이익까지 지켜낼 태세였다. 운명적인 이사회가 끝난 지 하루 만에 그는 해스켈에게 보낸 편지에서 자신은 "거수기 이사는 결코 되지 않을 것"이라고 밝혔다.

1916년 상반기 동안 듀폰 회사는 피에르의 사촌 콜맨의 관리 아래 원만하게 운영됐고, 덕분에 피에르와 라스콥은 여러 차례 비공식적으로 디트로이트와 플린트를 다녀갈 수 있었다. 둘은 찰스 내쉬와 월터 크라이슬러, 헨리 릴랜드를 비롯해 제너럴 모터스의 경영진 수십 명과 사적으로 만났다. 그들은 한결같이 듀란트를 마음대로 하게 내버려두면 그의 천재성이 결국 제너럴 모터스의 몰락을 가져올 것이라고 경고했다.(빌리를 존경하는 인물까지도 그랬다.) 모두들 빌리의 추진력과 제너럴 모터스에 대한 각별한 애정은 인정했지만, 그가 1910년 치욕을 겪은 뒤 잇달아 승리를 거둠으로써 과도한 자신감과 야망을 갖게 됐을지 모른다고 걱정했다. 헨리 릴랜드는 특히 주식 투기와 시세조종에 뛰어난 빌리의 재주가 매우 위험하다는 점을 지적했다.

  피에르와 라스콥은 이렇게 듣고 관찰해 가는 한편으로 빌리를 뉴욕에서 여러 차례 만났다. 둘은 제너럴 모터스를 향한 그의 원대하고도 공격적인 비전에 지원 의사를 밝히면서 피에르가 듀폰에 도입했던 많은 정책들, 특히 재무 및 조달 분야의 정책을 채택하도록 끊임없이 요구했다.

  빌리는 두 사람에게 고마워하기는 했지만 확실한 언질은 주지 않았다. 두 사람의 지원에 진정 사의를 표하는 것과는 별도로 그는 이사회 의장이 됐든 어떤 자문역이 됐든 누구에게도 자신의 실질적인 권한을 넘겨줄 의향이 전혀 없었다. 이사회의 불신임으로 자기 회사에서 쫓겨난 많은 최고경영자처럼 그 역시 이사들은 의사결정을 듣는 존재지 의사결정에 참여하는 존재가 아니라고 생각했다. 그에게 이사회의 역할이란 정책을 입안하는 게 아니라 정책을 통과시키는 것이었다.

  피에르는 듀란트가 정식으로 제너럴 모터스 사장으로 선출된 1916년 6월 1일 직후부터 불안해지기 시작했다. 빌리의 사장 선임과 동시에 채권단에서 지명한 이사회 멤버 7명 모두가 교체됐다. 그 자리에는 제너럴 모터스의 4개 핵심 자동차 생산 부문과 그 밖의 운영 단위 대표가 임명됐다. 빌리는 자기가 지명하지 않은 이사 전원(듀폰과 라스콥을 제외한)을 제거하고 자기가 데려온 사람을 앉힌 것이었다. 피에르도 이사회에서 물러나겠다고 했으나 빌리는 즉각 그에게 의장을 맡아줄 것과 라스콥도 이사회에 머무르도록 부탁했다. 그들이 투자한 주식의 미래가 달린 문제였으므로 두 사람은 동의했다.

  빌리는 피에르처럼 명망 있고 영향력 있는 인사를 자기 편으로 두는 게 중요하다는 점을 잘 알고 있었다. 그러나 6월 이사회 이후 몇 주 동안이나 빌리는 이사회 의장과 한 마디도 하지 않았다. 결국 8월 25일자 편지에서 피에르는 듀란트에게 직접 분노를 터뜨렸다:

> 제너럴 모터스의 문제와 관련해 내가 당신에게 조언해 달라고 한 게 잘못된 겁니까? 나는 당신 역시 그 문제에 관해 나와 이야기하고 싶어할 것이라고 생각했습니다. 당신에게서 아무런 말도 못 들으니 이사회에서 서로 만난다 해도 이런 오해로 인해 대화가 되지 않을까 염려가 되는군요.

빌리는 대응하지 않았다. 9월에 그는 이사회 구조를 뜯어고쳐 이사 숫자를 5명으로 줄이고 재무위원회도 없애겠다고 했다. 피에르와 라스콥은 그의 이런 제안을 거부할 수 있었지만, 빌리에게 이사회 구성이나 기업 지배라는 개념은 부차적인 것이었다. 그는 자신의 결정을 이사회에 설명하거나 큰 결정을 앞두고 동의를 구하는 게 시간 낭비로 느껴졌다: 이건 1920년 위기 때 그가 제너럴 모터스에서 축출되는 결정적인 원인이 됐다.

기반 다지기 제1단계, 크라이슬러를 붙잡다

빌리는 1910년 권좌에서 쫓겨났음에 불구하고 하나도 달라진 게 없었다. 비공식적인 일 처리와 성급한 행동, 독불장군 식의 리더십은 여전했고, 그 이후 이어진 잇따른 성공은 오히려 이런 성격을 더 부추겼다.

빌리의 철학은 피에르 듀폰과 정반대였고, 월터 크라이슬러나 알프레드 슬로안과도 대조적이었다. 빌리는 회사의 심장부 격인 플린트나 디트로이트로 돌아가지 않고 뉴욕에 머물렀다. 이곳에는 단 세 명의 간부가 있을 뿐이었다: 재무 책임자 허버트 라이스, 회계 감사관 마이어 프렌스키, 법률 보좌관 존 T. 스미스였다.

물론 빌리도 자신의 기업 제국을 운영해 나갈 능력 있고 충성심 강한 참모진이 필요하다는 점을 잘 알고 있었다. 그래야 자신은 회사를 확장하는 데 집중할 수 있었다. 스터로우와의 위임장 전쟁에서 승리가 확실해진 1916년 1월 그는 이미 내쉬가 떠나야 한다고 생각했다.(내쉬 스스로 사의를 표했다.) 내쉬의 빈자리를 메우기 위해서는 제너럴 모터스에서 판매대수가 가장 많고 수익성도 가장 높은 생산 부문의 책임자, 바로 뷰익의 월터 크라이슬러를 어떻게든 붙잡아야 한다는 점도 그는 계산하고 있었다.

크라이슬러는 내쉬와 스터로우 덕분에 자동차 업계에 들어올 수 있었고, 듀란트와는 아무런 인연도 없었다. 그는 또 다시 집을 옮긴다는 게 편치는 않았지만, 위스콘신 주 케노샤에 있는 중소기업 토마스 제프리 컴퍼니를 인수한 내쉬와 함께 할 생각이었다. 그러나 그가 뷰익을 그만두겠다며 사직서를 제출하자 빌리는 크라이슬러가 도저히 거절할 수 없는 또 다른 제안을 내놓았다. 먼저 빌리의 회상을 들어보자:

> 그의 사직서를 받자마자 나는 플린트로 가는 첫 기차를 타고 그의 사무실로 예고도 없이 찾아갔다. 그 사무실은 내가 예전에 몇 년 동안이나 썼던 곳이라 내 집처럼 편안한 기분이 들었다. 크라이슬러가 들어오자 나는 사직서를 잘 받았으며, 해결책을 찾아보기 위해 즉시 뉴욕에서 달려왔다고 말했다.

월터 크라이슬러의 설명이 좀더 자세한데, 얼마 지나지 않아 두 사람이 왜 그렇게 사사건건 충돌하게 되는지 단서를 제공해준다:

> 나는 롤탑식 책상(위쪽에 말려들어갈 수 있는 뚜껑이 달려 있는 책상-옮긴이)과 넓은 탁자 사이에 있는 내 회전의자에 털썩 주저앉았다. 듀란트는 탁자의 맞은편에 앉아 있었다. 나는 그에게 연봉을 올려줄 수 있는지 물어보았다.
>
> "뷰익 사장으로 여기 남는다면 50만 달러의 연봉을 주겠네." 그는 눈도 깜짝하지 않고 대뜸 그렇게 제안했다. 나는 갑자기 멍해졌다.
>
> "듀란트 씨, 지금 제안한 연봉은 내가 기대했던 것보다 훨씬 더 많은 것입니다만……"
>
> "그러니 월터, 당분간은 자네 사업을 하겠다는 생각 따위는 접어두게." 우리 두 사람은 순식간에 가까운 사이가 됐다. "자네의 야망을 탓하지는 않겠지만, 내게 3년만 시간을 달라고 하고 싶군."
>
> "한 가지 조건이 있는데……"
>
> "월터, 자네는 이 제안을 받아들여야 하네. 내쉬는 떠났지만, 여기 직원들은 자네 곁에 있고, 또 이제……"
>
> "말씀하신 것처럼 그들은 쭉 내 곁에 있어왔어요. 하지만 나는 전권을 휘두를 수 있을 때에만 그들 곁에 있을 겁니다. 그들 덕분에 회사를 이렇게 키울 수 있었어요. 어떤 간섭도 원치 않습니다. 윗사람은 당신 혼자면 충분합니다. 뭐가 잘못돼 간다고 생각되거나 내 행동이 마음에 들지 않으면 나에게 곧장 오세요. 다른 누구한테도 가지 말고, 내 권한을 분산시키려고 하지도 마세요. 플린트와 디트로이트 사이에는 딱 한 채널만 있는 겁

니다: 당신한테서 나에게 오는 채널 말이지요. 전권을 위임하는 것, 그게 바로 내가 원하는 겁니다."

그는 나를 노려보았다. 그러더니 가볍게 손가락을 탁자 위에 올려놓으며 힘주어 말했다. "그럼 된 거네."

크라이슬러는 당시까지 자동차 업계에서 누구도 받아보지 못했던 거액의 연봉을 손에 쥐게 됐다. 사실 그가 받기로 한 금액은 50만 달러 이상이었다. 매달 1만 달러 현금을 추가로 쓸 수 있었고, 제너럴 모터스 주식도 일부 받았다. 그가 끝내 제너럴 모터스와 영원히 작별한 1919년 그는 재산이 수백만 달러에 달하는 거부가 돼 있었다.

빌리는 또 크라이슬러가 회사를 운영하는 방식에 개입하지 않겠다고 약속해 주었다. 약속을 지키려면 성격 자체를 완전히 바꿔야 했는데, 빌리 듀란트는 절대로 그렇게 하지 않을 사람이었다.

빌리는 다시 되찾은 제너럴 모터스에 새로이 추가할 회사들을 사냥하기 시작했다. 이번에는 특히 자동차 부품 제조업체에 주목했다. 그는 또 옛날 버릇을 되풀이했는데, 바쁜 경영진을 예고도 없이 불쑥 찾아가는가 하면 그들에게 알리지도 않고 그들 사업 부문에 영향을 미칠 결정을 내리거나 변경해버렸다. 그는 자신의 경영 스타일에 문제가 있다고 생각하지 않았고, 제너럴 모터스의 성장 잠재력을 키워줄 기업뿐만 아니라 능력 있는 경영자를 끌어들이는 데 집중했다. 어떤 경우에는 인수하는 기업의 가치보다 그 기업 경영진의 가치를 훨씬 더 중시하기도 했다.

이렇게 영입된 인물 가운데 특히 두 사람, 알프레드 슬로안과 찰스 케터링은 제너럴 모터스를 근본적으로 개조하는 데 결정적인 역할을 하게 된다.

제2단계, 알프레드를 끌어오다

제너럴 모터스의 지배권을 둘러싼 전투가 한창이던 1915년 가을부터 1916년 봄까지 알프레드 슬로안의 명성은 계속 높아져 갔고, 포드와 제너럴 모터스의 자동차 판매가 급증함에 따라 하이야트 롤러 베어링 컴퍼니의 매출과 순이익도 꾸준히 증가했다. 하이야트의 임직원 수는 4000명으로 늘어났고, 주 공장의 면적은 75만 평방피트에 달했으며, 영업 지점도 세 곳으로 넓혔다. 뉴어크와 시카고, 디트로이트에 설치된 영업 지점에는 고객들의 민원 해결과 특수 제품 개발 주문에 응하기 위해 화학자와 야금기사까지 상주했다.

1913~16년 사이의 매출 신장 중 80%는 모델 T 덕분이라고 해도 과언이 아니었다. 그러나 판매가 늘고 확장이 이뤄질수록 하이야트의 양대 고객인 포드 모터와 제너럴 모터스에 대한 의존은 더 커졌고, 만일 어느 한 회사라도 자체적으로 베어링을 제작하거나 다른 공급업체로 눈을 돌릴 경우 치명적일 수 있었다. 슬로안은 특히 두 회사가 내부에서 부품을 생산하는 것을 가장 두려워했다.

이 같은 부품 공급업체의 공포를 더욱 증폭시키는 것은 주요 자동차 메이커가 자체적으로 부품을 생산할 경우 그 부품을 다른 자동차 메이커에게 팔 수도 있고, 그러면 부품 공급업체들에게 추가적인 압력으로 작용할 것이란 점이었다.

이건 빌리 듀란트가 염두에 두고 있는 전략 그대로였다. 그는 예전에 마차 사업을 할 때부터 일찌감치 수직 계열화를 시도해 완전히 익혔고, 포드 모터를 포함한 여러 회사들이 그의 이런 아이디어를 좇아왔다. 헨리 포드는 모델 T를 더 빨리 더 싸고 효율적으로 만드는 데만 주력했지만 빌리는 제너럴 모터스의 생산 네트워크 상 당장 절실하지는 않은 핵심 부품업체들 가운데 역량 있고 비전 있는 곳들을 물색하고 있었다. 그의 계획은 이런 회사들을 유나이티드 모터스(United Motors)라는 새로운 지주회사로 한데 묶는 것이었다.

하이야트는 이런 새로운 계획에 딱 맞는 기업이었다. 그동안 빌리가 인수해왔던 회사들보다 덩치는 작았지만 실적은 대단했다: 1912년 130만 달러였던 매출액은 1915년 320만 달러로 늘었고, 1916년에는 600만 달러를 내다보고 있었다. 또 1912년의 순이익은 230만 달러가 넘을 것으로 예상돼 순이익이 매출액의 30%를 넘었다. 빌리의 대담함이나 그가 초창기에 보여주었던 혁신적인 사례들을 잘 알고 있던 알프레드 슬로안은 듀란트가 점심을 함께 하자고 초대하자 선뜻 응했다. 1916년 따뜻한 봄날이었다.

알프레드는 도저히 점심시간을 낼 수 없이 빌리와 그날 오후에 만났다. 두 사람이 대면하기는 처음이었다. 듀란트를 만나본 사람들이 전부 그렇듯 슬로안 역시 강한 인상을 받았다. 40여 년이 지난 뒤 그는 이렇게 회고했다:

듀란트는 아주 설득력 있는 인물이었다. 온화한 목소리에 상대방의 기분을 맞춰줄 줄 알았다. 키는 작았고, 구김살 하나 없는 점잖은 옷차림에 언제까지나 침착하게 있을 것 같은 분위기였다.

알프레드는 빌리가 자신에게 제안을 할 거라고 생각하고 있었다. 그역시 팔 준비가 돼 있었다. 다시 한번 슬로안의 말을 들어보자:

듀란트의 점심 초대는 마치 한밤중에 갑자기 문을 두드리는 소리 같았다. 그건 하이야트 롤러 베어링 컴퍼니의 장래를 위해 내가 결단을 내려야 한다는 신호였다. 제너럴 모터스의 계열화 작업은 이미 진행 중이었다. 그렇다면 나는 어떻게 해야 하나? 거대한 포드 모터의 지붕 아래에는 내 사업이 들어갈 공간이 없었다. 그렇다면 그냥 독립된 사업체로 남아있는 게 현명한 일일까? 이 분야에서 3위 업체인 윌리스-오버랜드가 당시 흔들리고 있었다. 적어도 많은 사람들이 그렇게 생각했다. 그런 점에서 미래를 위해 내가 선택할 여지는 아주 적었다. 나는 마음속으로 듀란트와 인수 협상을 잘 마무리하면 우리 회사를 위해서도 득이 될 거라고 생각했다.

알프레드는 돈이 열쇠가 될 것이라고 직감했다. 맨해튼에 있는 듀란트의 쉐보레 사무실에서 이뤄진 운명적인 첫 만남에서 알프레드는 매우 조심스러워 했고, 빌리는 그의 이런 태도를 익히 아는 눈치였다.

빌리가 슬로안에게 하이야트를 매각할 의사를 가져본 적이 있었느냐고 묻자 그는 없었다고 대답했다. 빌리는 다시 회사의 주주 숫자는 많으냐고 물었다. 슬로안은 그렇지 않다며 "가족 기업 형태"로 하는 사업이라고 설명했다.

빌리는 마침내 그러면 이제 매각을 생각해볼 수 있지 않느냐고 물었다. 슬로안은 이렇게 답했다. "왜 안 되겠습니까? 물론 전제조건이야 있겠지만……."

빌리는 말을 끊으며 염두에 두고 있는 가격이 얼마냐고 물었다. 슬로안은 이사회에 물어봐야 할 것 같다고 답했다.

슬로안은 "이사회"가 자신과 아버지, 그리고 두 부자의 변호사로 구성돼 있다는 사실은 말하지 않았다. 또 이들 네 사람이 하이야트 주식을 전부 보유하고 있다는 사실과 최대주주는 본인이라는 점도 말하지 않았다. 그날 오후 빌리와 헤어지던 장면을 알프레드는 이렇게 회고한다:

> 내가 나가려고 일어서는데 그는 전혀 조바심을 내지 않았다. 그가 보여준 자세는 그야말로 한 치의 흐트러짐도 없는 신사의 매너 그 자체였다. 그러면서도 그는 자신이 알고 싶어했던 것을 알아냈다: 하이야트를 인수할 수 있다는 것이었다.

알프레드가 빌리와 한 배를 타다

며칠 뒤 두 사람이 다시 만났을 때 슬로안은 뜸들이지 않고 하이야트의 가격으로 1500만 달러를 제시했다. 앞서 그의 아버지와 다른 "이사회 멤버들"은 너무 과한 금액이 아니냐고 하면서도 그에게 최선의 딜을 이끌어내라며 전권을 위임했다. 슬로안은 두 번째 만남을 이렇게 회고한다:

> 듀란트는 눈도 깜짝하지 않고 유난히 하얀 이를 드러내며 계속 미소를 지었다.

"재미있군요, 슬로안 씨."

그리고는 자신의 계획을 약간 설명해주었다. 그의 탁월한 수완이라면 성공적인 부품 제조업체들을 한데 끌어모을 수 있을 것 같았다. 그는 듀란트-카우프만 신디케이트의 주연 배우였다.

슬로안이 여기서 빌리를 듀란트-카우프만 신디케이트의 주연 배우라고 한 대목이 특히 중요하다. 만남이 이뤄지던 1916년 늦은 봄 무렵은 빌리가 막 제너럴 모터스의 사장이 된 시점이지만, 그는 제너럴 모터스의 계열사로서가 아니라 자기 소유의 회사로 유나이티드 모터스를 만들려고 했다. 그렇게 함으로써 자신의 권한을 강화하고, 번잡하게 제너럴 모터스 이사회의 승인을 받을 필요도 없게 만들려는 것이었다.

빌리는 알프레드 슬로안을 끌어들이는 한편으로 다른 부품 공급업체 네 곳도 유나이티드 모터스로 데려오는 작업을 벌이고 있었다: 하이야트의 베어링보다 더 큰 볼 베어링과 경적을 생산하는 뉴 디파쳐 매뉴팩춰링 컴퍼니(New Departure Manufacturing Company); 자동 점화장치와 자동차 전기 시스템의 선도적인 공급업체인 찰스 케터링의 데이튼 엔지니어링 래버러토리즈 컴퍼니(Dayton Engineering Laboratories Company, 델코); 델코와는 다른 기술로 점화장치 및 전기 부품을 생산하는 레미 일렉트릭(Remy Electric); 휠 림과 스티어링 휠을 생산해 제너럴 모터스와 몇몇 군소 자동차 메이커에 공급하고 있는 펄만 림(Perlman Rim)이었다. 이들 부품 공급업체 네 곳도 알프레드와 마찬가지로 주요 고객이 부품을 자체 생산하게 되면 큰 타격을 입을 수 있었다.

알프레드를 세 번째로 만나는 자리에 빌리는 자신의 변호사 존 토머스 스미스와 재무 자문역 루이스 카우프만을 데려왔다. 빌리는 스미스와 카우프만에게 논의를 주재하도록 했다. 둘은 곧바로 슬로안에게 1500만 달러는 말도 안 된다고 설명했다. 슬로안은 금액을 1350만 달러로 낮추며 이렇게 덧붙였다: "이게 끝입니다. 그렇게 하든가, 아니면 없던 일로 하지요."

듀란트가 개입해 새로 제시한 금액에 합의했다. 스미스와 카우프만은 아무 말도 하지 않았다.

알프레드는 화끈 달아올랐다. 물론 그 자신은 이런 말을 써본 적이 없었지만. 그리고 나서 몇 주만에 빌리는 인수 작업을 벌여왔던 네 회사 모두를 사들였다. 전부들 하이야트와 함께 유나이티드 모터스로 통합한다는 데 적극 찬성했다. 모두가 신설 기업의 성장 잠재력을 높이 샀고, 특히 제너럴 모터스와의 관계도 중시했다. 또한 이런 모험 사업을 성공적으로 이끌어온 빌리의 과거 이력 역시 다들 잘 알고 있었다.

빌리가 인수한 대부분의 기업들처럼 이번에 통합된 기업의 매도자들도 매각 대금의 상당 부분을 현금 대신 유나이티드 모터스의 주식으로 받고자 했다. 케터링의 델코는 현금 500만 달러와 300만 달러 상당의 주식을 받았다. 하이야트의 경우 슬로안은 당초 매각 대금 1350만 달러의 절반을 유나이티드 모터스 주식으로 받기로 했으나, 아버지와 두 변호사는 현금을 고집했다. 이 바람에 슬로안은 합의를 지키기 위해 자신의 돈을 추가로 내서 유나이티드 모터스 주식을 더 가져갔다. 이건 알프레드가 빌리와 신생 기업을 얼마나 신뢰했는가를 보여주는 대목이기도 하지만, 그의 표현대로 "현금은 거의 없이 엄청난 주식의 늪에 빠져든" 것이기도 했다.

유나이티드 모터스를 태동시킴으로써 빌리는 자동차 업계 최초로 계열 부품업체들의 네트워크를 구축했을 뿐만 아니라 제너럴 모터스의 수직 계열화 작업도 완성시킬 수 있었다. 충분한 부품 생산 능력을 갖춤으로써 GM의 안정적인 부품 조달 흐름이 가능해졌다. 이와 동시에 다른 제조업체나 소비자를 상대로 한 부품 서비스 시장에도 판매할 수 있게 됐다. 제너럴 모터스의 미래라는 측면에서 보자면 알프레드 슬로안을 붙잡았다는 게 더 중요한 점이었다. 그는 곧 빌리가 1인 기업가처럼 밀고 나가는 동안 서로 협력하는 경영진의 모습을 보여줌으로써 이사회 의장인 피에르 듀폰의 주목을 받게 된다.

유나이티드 모터스를 설립하자마자 빌리는 알프레드에게 사장 겸 최고운영책임자(COO)를 맡아달라고 요청했다. 그는 알프레드의 경영에 간섭하지 않겠다고 약속했다. 월터 크라이슬러와 헨리 릴랜드에게 했던 것과 똑같은 약속이었다. 알프레드는 또 유나이티드 모터스의 이사회 의장도 맡았는데, 다른 이사들은 유나이티드 모터스에 회사를 매각하고 지금은 각 사업 단위의 대표로 있는 사람들이 임명됐다.

슬로안은 선뜻 이 제안을 받아들였다. 그는 41세 나이로, 자신의 경영 능력에 대한 자신감이 그 어느 때보다 강했고 과감히 도전할 준비가 돼 있었다. 그는 유나이티드 모터스의 다양한 사업 단위를 통합하고 확장해나간 경험이 훗날 제너럴 모터스의 조직 구조를 다시 짜나갈 수 있었던 밑거름이 되었다고 회고했다.

유나이티드 모터스에서 보낸 첫 해 동안 슬로안은 빌리의 간섭 없이 혼자 힘으로 다른 군소 업체 여럿을 인수했다. 이중에는 나중에 자동차 냉난방 시스템의 선구자가 되는 해리슨 라디에이터(Harrison Radiator)와 경적을 만드는 클락슨 컴퍼니(Klaxon Company)가 있었다. 유나이티드 모터스가 사업 첫 해에 올린 매출액은 3363만8956달러에 달했다. 알프레드의 신속하고 결단력 있는 행동과 뛰어난 사업 실적은 이미 디트로이트와 제너럴 모터스 이사회의 신뢰를 얻어가고 있었다.

그러나 최고 권력자는 여전히 빌리 듀란트였다. 그의 과거 이력은 미국 재계에서 누구도 따라올 사람이 없었다: 그는 1500달러의 투자자금으로 세계 최대의 마차 기업을 일궈냈다; 그는 최초 자본금 7만5000달러로 뷰익을 잿더미에서 구해내 이를 기반으로 제너럴 모터스를 만들어냈다; 모두들 그가 끝났다고 생각할 때 아무것도 없이 쉐보레 모터 컴퍼니를 설립해 성공시켰고 결국 그의 무모함을 비난하던 은행가들로부터 더 크게 성장한 제너럴 모터스의 경영권을 되찾아왔다. 이정도 화려한 이력이면 아무리 대담한 기업가라 할지라도 만족할 터였지만 빌리 듀란트는 더 큰 것을 꿈꾸고 있었다. 그 어느 때보다 많은 재산과 자신감으로 무장한 그는 한시도 멈출 줄을 몰랐다.

12 창업자의 장악력이 다시 느슨해지다
The Founder's Grip Slips Again

빌리가 더 원대한 꿈을 향해 달리는 동안 자동차 업계와 미국인들은 여전히 포드 모터와 그 창업자에게 열광하고 있었다. 제너럴 모터스와 플린트의 마법사는 그 뒷전이었다. 1916~20년 사이 벌어진 제너럴 모터스의 극적인 반전 드라마는 같은 시기 헨리 포드와 그의 회사가 몰고 온 소용돌이에 비해 크게 주목 받지 못했다. 그러나 이보다 더 중요한 사실은 이 기간 중 포드가 대중들의 시선을 사로잡은 방식은 기업 지배 구조 및 조직 관리라는 기본적인 측면에서 제너럴 모터스가 지향하는 목표와 극히 대조적이었다는 점이다.

포드의 일거수일투족에 온 나라가 흥분했다. 그럴만한 이유가 있었다. 제1차 세계대전 기간 중 미국의 자동차 판매대수는 두 배 이상 늘어났는데, 포드의 모델 T가 이 증가분의 87%를 가져갔다. "크레이지 헨리"는 미국 경제와 특히 전례 없는 속도로 성장하고 있는 자동차 산업을 움직이는 진정한 천재라는 찬사가 전 세계에서 쏟아졌다.

헨리의 과외 활동 역시 주목을 끌었다. 사업가로서 거둔 엄청난 성공과 스스로 보통사람임을 자임하는 자세, 반(反) 지식인 스타일의 시골소

년 같은 이미지는 그가 만든 자동차와는 전혀 다른 성격의 개인 철학을 더 돋보이게 하는 토대가 돼주었다.

알프레드 슬로안처럼 헨리 포드도 메시지를 자신이 직접 통제하려고 애썼다. 하지만 슬로안과는 달리 포드는 자신에게 쏟아지는 사탕발린 찬사를 즐겼고, 자신의 이미지와 회사의 이미지를 구분하지 못했다. 이보다 더 나빴던 것은 자신의 주장과 사실이 배치될 경우 굳이 둘 중 어느 하나를 더 알아보려고 하지 않았다는 점이다.

헨리 포드의 반전주의와 정치활동

미국이 공식적으로 제1차 세계대전에 참전한 1917년 이전까지 대부분의 미국 기업과 기업인들은 유럽에서 벌어지고 있는 전쟁에 대해 정치적인 발언을 삼가했지만 헨리 포드는 일찌감치 1915년부터 논쟁에 끼어들었다. 그는 이번 전쟁이 탐욕스러운 은행가와 총탄 제조업자들로 인해 촉발된 것이라고 주장했다. 또 자신의 공장에서는 어떤 종류의 전쟁 물자도 생산하지 않을 것이라고 선언했다. 그가 반전 활동에 개인적으로 자금을 지원하겠다고 발표하자 온갖 반전주의 단체가 그의 집 앞에 외서 문을 두드리기도 했다.

그러나 헨리의 반전주의는 오래가지 못했다. 1917년 4월 미국이 참전하기로 하자 그는 즉시 (또한 공식적으로) 미국의 승리를 위해서라면 무기를 포함해 자신이 만들 수 있는 모든 품목을 생산하겠다고 선언했다. 모델 T에서 보여준 그의 신속한 대량 생산 경험 덕분에 그는 새로운 형태의 함정인 대잠(對潛) 초계함의 제작 주문을 따냈다. 이글(Eagle)로 불린

이 함정은 포드 모터가 독점적으로 생산했다.

함정 제작 주문의 일환으로 미국 정부는 공장 신설을 위한 자금 지원과 공장이 들어설 저습지의 물을 빼주기로 약속했다. 공장이 들어선 미시간 주 디어본의 루즈 강변 저습지는 포드 모터가 1915년에 매입한 것이었다. 포드는 이곳에 수직 계열화한 생산단지를 세계 최대 규모로 조성해 세상을 깜짝 놀래줄 요량으로 조용히 부지를 매수했었다. 마침내 1920년대 중반 정부가 1단계 지원을 마친 뒤(이때는 이미 이글 함정은 생산하지 않았다) 그의 꿈은 현실이 됐다.

이글 함정 생산으로 거액이 들어오는 동안 헨리는 1918년 미시간 주에서 연방 상원의원 선거에 뛰어들었다. 5000표도 채 안 되는 차이로 아깝게 패배한 그는 재검표를 요구했으나 역시 지고 말았다. 다행히 그에게 이긴 후보가 나중에 불법 선거 운동 혐의로 당선이 취소됐다. 그러나 주지사는 그 자리에 헨리의 옛 오른팔이었던 제임스 커즌스를 임명했다.

1918년 선거가 끝나자 헨리는 자기 신문사를 사들였다. 미국인들로 하여금 모델 T의 아버지가 하는 말을 정확히 듣도록 하겠다는 것이었다. 그의 신문이 된 〈디어본 인디펜던트〉는 곧 반 유대주의의 선봉이 되었다.

빌리 듀란트 vs. 릴랜드 부자

헨리 포드의 주장과 아이디어가 신문지면을 장식하고 있는 동안 빌리 듀란트는 새로 되찾은 제국의 영토를 확장하는 데 조용히 집중하고 있었다. 제1차 세계대전은 자동차 제조업체들의 일부 시설을 전쟁 물자 생산으로 돌려놓기는 했지만 미국의 자동차 수요에는 거의 영향을 미치지 못했다.

빌리에게 최우선 목표는 수요가 넘쳐나는 국내 자동차 시장이었지만, 사실 제너럴 모터스는 포드 모터보다 더 많은 전쟁 물자를 연합국 측에 공급했다. 제너럴 모터스의 미국 내 공장 시설 23곳 중 18곳이 한 건 이상의 전시 공급 계약을 따냈다. 제너럴 모터스가 생산한 전쟁 물자는 모두 3500만 달러어치에 달했는데, 여기에는 5000대의 앰뷸런스와 트럭, 2350대의 지휘관용 차량, 1157대의 장갑차 엔진, 2528대의 리버티 항공기 엔진(포드 모터도 함께 생산했다) 등이 포함됐다.

아이러니하게도 빌리의 경영진 가운데 두 명이 전쟁 물자 생산을 문제 삼아 언론에다 대고 그를 비난했다. 다름아닌 릴랜드 부자였다. 헨리와 윌프레드 부자는 앞서 1909년 빌리가 캐딜락을 인수할 당시 줄다리기를 벌이면서, 또 빌리가 캐딜락의 경영을 두 부자에게 맡기겠다고 약속했을 때부터 빌리와 껄끄러운 사이였다. 미국의 참전 열기가 피크에 달했던 1917년 8월 릴랜드 부자는 갑자기 제너럴 모터스를 "그만두었다." 거침없는 성격의 헨리는 원래 자신은 더 많은 캐딜락 생산 시설을 리버티 항공기 엔신 제삭으로 돌리고 싶어했지만 듀란트가 그러지 않았다고 주장했다. 그의 아들 윌프레드는 상원 청문회 증언에 나가 빌리가 "전쟁에 동조하지 않는다"고 밝혔다.

그러나 릴랜드 부자가 캐딜락과 제너럴 모터스를 떠난 것은 애국심 문제가 아니라 사업 전략과 성격상의 차이 때문이었다. 두 부자는 상원 청문회까지 나갔지만 사실상 듀란트에 의해 쫓겨난 것이었다.

자기 생각이 분명한 피에르 듀폰이 제너럴 모터스 이사회 의장으로서 자신을 지켜보고 있다 보니 빌리는 더욱더 자신에게 충성스러운 경영진이 필요했다. 그는 제너럴 모터스에서 자신의 경영권을 더욱 확고히 하고 싶어했고, 캐딜락의 매출 증가를 절실히 원했다. 그런데 고집불통의 릴랜드 부자는 판매 확대보다는 캐딜락의 고급스러운 이미지를 유지하는 데 주력했다. 빌리의 희망사항은 귓등으로도 듣지 않았다. 결국 떠날 수밖에 없었던 셈이다.

어쨌든 빌리는 이 문제를 그 후 다시는 공식적으로 거론하지 않았다. 헨리 릴랜드를 개인적으로 존중해줄 필요도 있었을 것이고, 모든 소란이 그냥 가라앉기를 바랐기 때문일 수도 있다. 그런데 이보다 더 중요한 것은 캐딜락 책임자로 그의 심복을 앉힐 수 있게 됐다는 점이었다. 그는 마차 사업을 하면서 처음 만나 뷰익의 영업 책임자로 영입했던 리처드 콜린스를 선택했다. 콜린스는 당시 뷰익의 영업 시스템을 총괄하고 있었는데, 자동차 업계에서는 그가 워낙 많은 뷰익 자동차를 주문받아 기차에 실어 보낸다고 해서 "트레인로드 콜린스(Trainload Collins)"라고 불렀다.

릴랜드 부자의 그 뒤 이야기는 데이비드 던바 뷰익의 비극을 재현한 것이나 다름없다. 둘은 1917년 제너럴 모터스와 캐딜락을 그만두자 곧장 링컨 모터 컴퍼니(Lincoln Motor Company, 헨리 릴랜드의 영원한 우상인 에이브러햄 링컨을 기리는 뜻에서 붙인 이름이다)를 설립했다. 그들이 쌓아온 '정밀성'에 관한 한 일인자라는 명성을 내세워 정부로부터 6000대의 리버티 항공기 엔진을 수주했다. 그들이 앞서 확장하고 최신 설비를 들여놓은 기존 디트로이트 공장의 매입 자금도 어렵지 않게 모을 수 있었다.

1918년 11월 11일 제1차 세계대전이 끝나자 릴랜드 부자는 가장 비싸고 가장 고급스러운 대형차를 새로이 설계하기 시작했다. 이번에도 자금 지원을 받는 데는 어려움이 없었다. 그러나 1920년 링컨의 첫 차가 출시되자 몇 해 전의 캐딜락을 더 비싸게 만들었을 뿐이라는 야유가 쏟아졌다. 설상가상으로 연방정부는 릴랜드 부자의 탈세와 리버티 엔진의 과도한 비용 청구를 조사하기 시작했다. 결국 1921년 11월 링컨은 파산 신청을 했고, 헨리 릴랜드는 (빌리 듀란트가 1910년에 그랬던 것처럼) 자기가 만든 기업의 생명줄인 돈을 구하기 위해 동분서주해야 했다.

헨리 릴랜드는 최후의 구원자로 헨리 포드를 찾아갔다. 1902년에는 포드가 세운 공장을 자신이 인수해 캐딜락으로 이름을 바꾼 인연이 있었다. 포드는 영리하게도 릴랜드의 지원 요청을 질질 끌었다. 1922년 2월 4일 파산 재판부가 링컨 모터 컴퍼니의 모든 재산을 경매에 부치자 그때서야 단독 응찰자로 나섰다.

포드는 링컨의 자산 평가액에도 훨씬 못 미치는 500만 달러를 써냈다. 릴랜드 부자의 채권자들을 감안해 재판부는 최소 응찰액을 800만 달러로 조정했고, "크레이지 헨리"는 이를 수락했다. 포드는 당초 릴랜드 부자로 하여금 포드 모터의 일원으로 링컨을 계속 경영하도록 해주겠다고 약속했다. 그러나 곧 링컨 공장을 자신의 대량 생산 기념(릴랜드의 소량 생산 철학과는 상치되는 것이었다)에 맞게 재설계하도록 자신의 휘하 경영진에게 지시했다.

경매가 있은 지 네 달도 채 안 돼 릴랜드 부자는 자신들이 자동차 사업에서 완전히 배제됐다는 사실을 깨달았다. 그 후 두 사람은 다시 복귀하지 못했다. 부품의 호환성에 주목해 포드의 일관 작업 라인의 단초를 제공했던 헨리 릴랜드는 1932년 디트로이트에서 89세를 일기로 세상을 떠났다. 그가 만든 링컨 브랜드는 오늘도 여전히 포드 모터에서 생산하고 있고, 캐딜락 역시 제너럴 모터스에서 만들고 있다.

회사는 성장하는데 주가는 떨어지다

1917년 릴랜드 부자가 떠남으로써 제너럴 모터스의 경영진(월터 크라이슬러를 포함해) 가운데 빌리 듀란트 덕분에 성공하지 않은 사람은 하나도 찾아볼 수 없게 됐다. 그러나 이사회 의장만은 그렇게 말할 수 없었다. 피에르 듀폰은 빌리의 스타일과 전략을 주시하고 있었고, 그의 참모인 존 라스콥이 제너럴 모터스에서 더 중요한 업무를 맡도록 했다. 피에르의 제안에 따라 라스콥은 제너럴 모터스의 재무위원회에서 일하게 됐는데, 이제부터 제너럴 모터스에 전일제로 근무하게 된 것이었다.

피에르가 제너럴 모터스에서 가장 시급하게 추진한 것은 재무 및 운영 구조를 듀폰 회사의 시스템에 따라 다시 설계하는 것이었다. 그러나 라스콥은 곧 정력적으로 일하는 듀란트의 열렬한 후원자가 되어 피에르의 뜻을 적극적으로 따르지 않았다. 라스콥은 빌리가 자산보다 부채가 더 많은 기업을 인수하고, 이로 인해 제너럴 모터스가 추가로 신주를 발행하거나 부채를 끌어와야 했지만 회사를 키워나가려는 빌리의 야망을 전폭적으로 지지했다. 사실 라스콥은 제너럴 모터스 입장에서 너무 과도한 시도였던 1919년의 확장 프로그램에서 빌리만큼은 아니더라도 상당한 역할을 했다.

자신의 회사가 거침없이 질주하자 비로소 빌리는 그동안 벌어둔 재산을 쓰기 시작했다. 1917년에 그는 뉴욕의 센트럴 파크가 내려다 보이는 휘프스 애비뉴 907번지의 아파트를 구입했다. 같은해 뉴저지 주의 딜에 있는 레이미어라는 대저택도 매입했다. 대서양을 끼고 있는 해변가의 이 대저택은 세계적인 금융인 제이콥 로스차일드가 지은 것으로, 빌리는 제이콥의 미망인으로부터 아주 싼값에 사들였다.

이것만으로도 부족했는지 빌리는 대저택을 둘러싼 여러 부동산도 매입했다. 월터 크라이슬러는 그렇게 고급스러운 주택은 처음 봤으며 그렇게 우아한 집주인들도 처음이었다고 회고했다. 빌리는 사업차 여행을 할 때가 아니면 휘프스 애비뉴의 아파트에서 지냈고, 주말은 레이모어에서 보냈다.

그러나 레이미어에 있을 때도 늘 전화기에 붙어 살았다. 예고도 없이 사업상 동료들을 불러 회의도 열고 새로운 제안도 했다. 놀랍게도 제너럴 모터스 제국의 모든 사업 단위들은 빌리가 인수하기 전과 똑같은 구조를 유지했고 그대로 경영됐다. 또 각 사업 단위의 대표들은 모두 그에게 직접 보고했다.

자동차 시장이 계속 커나가고 순이익도 증가하는 한 각 사업 단위에 전권을 위임한 것이나 상호간의 협력 및 재무 문제 같은 것은 핫이슈로 부상하지 않았다. 그러나 변덕스러운 주식시장 탓에 빌리는 곧 시스템에 따른 경영 구조를 받아들이라는 듀폰의 요구를 들어줄 수밖에 없게 된다.

1917년 4월 미국이 제1차 세계대전에 참전한 뒤 자동차 판매는 큰 영향을 받지 않았지만, 주식시장은 처음 겪어보는 불확실성에 휩싸였다. 전쟁이 얼마나 오래 갈지 상품 가격과 공급에는 얼마나 충격을 줄지 아무도 예측할 수 없었다. 자동차 기업의 주가는 그해 여름과 가을 유난히 큰 폭으로 떨어졌다가 겨울이 되어서야 겨우 회복했다. 제너럴 모터스 보통주는 1917년 1월 200달러 수준이었는데, 6월에 115달러로 떨어졌고, 9월에는 86달러, 10월에는 75달러까지 주저앉았다.

빌리는 피에르와 라스콥에게 주가를 안정시키고 더 높일 수 있도록 주식 매수를 위한 신디케이트를 조직하자고 제안했다. 그러나 두 사람은 주가를 끌어올리려는 목적의 시세조종보다는 더 많은 배당금을 주는 게 낫다며 이 제안을 일축한다. 그러나 그들이 거절한다고 해서 가만히 있을 빌리가 아니었다.

마법사가 다시 도박을 하다

제너럴 모터스의 성장 잠재력과 현재 주가가 저평가돼 있다는 사실을 확신한 빌리는 1917년 여름부터 대규모 주식 매수에 착수했다. 주가 안정과 자사 시가총액을 끌어올리기 위해 홀로 전쟁에 뛰어든 것이었다. 그러나 이보다 더 위험했던 것은 그가 신용으로 주식을 매수했다는 것이다. 그는 자신이 보유한 제너럴 모터스 주식을 담보로 증권회사에서 주식 매수 자금을 빌려다 썼다.

빌리는 주식 매수 자금의 10%만 예치하고 나머지는 신용으로 썼는데, 제너럴 모터스의 주가가 그의 매수 가격보다 10%이상 하락하자 증권회사에서 그에게 신용을 갚으라고 요구("마진콜")했다. 즉, 그가 주식을 사면서 담보로 맡긴 주식이 그가 빌려간 매수 자금의 90%에 못 미치게 된 것이었다.

빌리는 다시 궁지에 몰렸다. 그는 라스콥에게 가서 자신의 상황을 설명한 뒤 회사 측에서 100만 달러를 빌려주었으면 한다고 부탁했다. 그의 영향력과 회사 지배권 약화를 자초한 일련의 움직임은 이때부터 시작된다. 그는 자신이 회사의 이익을 위해 주식을 매수했던 것이고, 마진콜을 갚기 위해 주식을 팔고 싶지는 않다고 얘기했다.

일리가 있다고 생각한 라스콥은 빌리의 요청을 이사회 안건으로 올렸다. 그러나 빌리를 빼고 1917년 11월 9일에 열린 이사회에서는 법적으로 문제의 소지가 있다며 이를 부결시켰다. 그렇지만 빌리의 무리한 주식 매입이 세상에 알려질 경우 제너럴 모터스가 곤혹스러워질 수 있는데다 창업자가 회사와 투자자들을 위해 주식을 매수한 점을 고려해 이사회에서는 라스콥이 짜낸 묘안을 통과시켰다. 빌리는 제너럴 모터스에 복귀한 이래 이사에게 지급하는 여비 70달러만 월급으로 받아왔다. 그래서 라스콥은 빌리에게 1916년부터 소급해 연봉 50만 달러를 지급하도록 한 것이다.

이사들은 모두 동의했다. 빌리는 100만 달러짜리 수표를 받았고, 신문에는 아무 기사도 실리지 않았다.

제너럴 모터스의 자본금이 줄어드는 것은 아니라 하더라도 주가가 떨어져 불안정한 상태를 지속한다는 것은 피에르나 빌리 모두에게 걱정스러운 일이었다. 그래서 라스콥은 해결책을 듀폰 회사에서 찾아냈다. 듀폰 회사는 전시에 엄청난 규모의 폭약과 화학제품을 판매한 덕분에 생각지도 않았던 5000만 달러의 여유자금을 보유하고 있었다.

듀폰 회사 입장에서 제너럴 모터스는 여유자금을 투자하기에 적당한 투자 대상이었을 뿐만 아니라 페인트처럼 자사의 화학제품을 소비하는 성장 기업의 지분을 취득할 좋은 기회였다. 게다가 라스콥의 생각으로는 듀폰 회사가 투자하면 자신과 피에르가 보유한 제너럴 모터스의 개인 지분에 버팀목이 되어줄 것이었다.

빌리 입장에서 보자면 듀폰 회사의 대규모 투자는 주가를 지지해주기는 하겠지만 자신의 지배력을 약화시킬 것이었다. 빌리는 현재 쉐보레와 제너럴 모터스 주식을 함께 보유한 GM의 최대주주였다. 만일 듀폰 회사에서 충분한 지분을 매수해 피에르와 라스콥이 바라는 대로 쉐보레와 유나이티드 모터스를 제너럴 모터스와 합병하라고 할 경우 그는 어쩔 수 없이 자신의 권한을 나누어줘야 할 터였다.

피에르는 듀폰 회사의 이사회에 투자 제안을 하기 위한 두 가지 전제 조건을 라스콥에게 이렇게 전달했다: (1) 자본 확충의 일환으로 쉐보레와 유나이티드 모터스를 제너럴 모터스와 합병하는 데 듀란트가 동의할 것 (2) 제너럴 모터스의 재무위원회 및 경영위원회는 듀폰 회사의 방식을 따르고, 빌리가 경영위원회 의장을 맡는 대신 라스콥이 재무위원회 의장을 맡는다는 데 듀란트가 동의할 것.

제너럴 모터스의 주가 안정과 회사 확장을 위한 자본을 끌어들이는 대가로 빌리 듀란트는 자기가 만든 기업의 재무 지배권을 사실상 잃게 됐다. 회사의 의사전달 체계 및 재무구조를 개선하려는 피에르의 노력에 빌리가 코웃음을 쳤던 것처럼 이번에는 피에르가 1915년에 했던 "거수기 이사"는 절대 되지 않겠다는 약속을 창업자의 면전에다 대고 확실히 들이민 셈이었다. 12월 20~21 양일간에 걸쳐 격론을 벌인 끝에 듀폰 회사는 제너럴 모터스 발행 주식의 25%에 가까운 9만7875주와 쉐보레 모터 컴퍼니의 주식 13만3000주를 매수하기로 결정했다. 전체 투자 규모는 2500만 달러로 전시에 들어온 여유자금의 절반이었다.

쉐보레와의 합병을 둘러싼 법적 문제를 모두 해결한 직후인 1918년 2월 피에르는 뉴욕 메트로폴리탄 클럽에서 성대한 만찬을 개최했다. 공식적인 목적은 듀폰 회사의 제너럴 모터스 지분 참여 사실을 알리고, 빌리를 동부 지역의 영향력 있는 은행가들에게 소개하기 위한 것이었다. 빌리는 이날 만찬을 이렇게 회고했다:

아주 근사한 자리였다. (……) 나는 제너럴 모터스의 역사를 간략하게 소개해달라는 요청을 받았다. 그래서 우리 회사는 이제 태동한 지 11년 됐고, 자동차 분야를 둘러싼 여건은 상당히 좋으며, 제너럴 모터스는 다른 제품을 생산하는 곳에도 관심을 가져왔다고 말했다…….

여기서 "다른 제품을 생산하는 곳"이란 프리지데어를 말하는데, 그가 예전에 자기 돈으로 인수한 전기 냉장고를 처음 개척한 기업이었다. 그의 회고를 더 들어보자:

나는 자신 있게 주저하지 않고 이렇게 덧붙였다. 대중들이 전기 냉장고의 중요성과 사전제품으로시의 가치를 깨닫는 순간 프리지데어 순이익은 제너럴 모터스가 발행한 우선주 전체의 배당금을 지급하고도 남을 것이라고 말이다.

그날 저녁에는 아무도 이 말에 수긍하지 않았지만 마법사는 다시 한 번 예지력을 발휘했다. 듀란트가 GM에 10만 달러를 받고 넘긴 프리지데어는 9년 만인 1928년 1500만 달러의 순이익을 올렸다. 그러나 그날 저녁 메트로폴리탄 클럽을 가득 메웠던 엘리트 손님들이 놓친 메시지는 단순히 프리지데어의 성장 잠재력이 아니었다: 그것은 제너럴 모터스가 이제 더 이상 1인 기업 방식으로 운영되지 않는다는 사실이었다. 빌리 듀란트가 생명을 불어넣은 기업의 운명이 이제 즉흥적인 의사 결정보다는 분명한 정책 방향에 따라 경영되는 듀폰 기업 제국의 운명과 이어지게 된 것이다.

듀폰의 자금 주입에도 불구하고 제너럴 모터스가 야심 차게 성장해 나가려면 계속적인 자본 확충이 필요했다. 이에 따라 듀란트의 지배권과 영향력은 지속적으로 줄어들었다. 1918년 1월 쉐보레의 발행 주식 전부를 인수해 쉐보레와의 합병을 완료할 수 있도록 GM의 수권 자본금은 2억 달러로 늘어났다. 6월에는 유나이티드 모터스를 제너럴 모터스의 계열사로 끌어오기 위해 4400만 달러의 우선주를 새로 발행했다.

1916년에 하이야트 롤러 베어링 컴퍼니를 빌리에게 매각하면서 현금이 아닌 유나이티드 모터스 주식을 달라고 했던 알프레드 슬로안은 이때 가장 많은 GM 주식을 받았다. 그의 지분은 물론 경영자로서의 자질을 인정해 회사에서는 그를 이사 겸 경영위원회 위원(의장은 빌리가 맡았다)으로 임명했다.

1918년 11월에는 수권 자본금을 다시 3억7000만 달러로 늘렸다. 한 달 후 듀폰 회사는 피에르의 지배권과 두 회사의 연결 고리를 더 단단히 하기 위해 2800만 달러를 추가로 투자했다. 발행 주식수가 계속 늘어났지만 제너럴 모터스의 주가는 회복세를 이어갔다. 듀폰 회사는 근사한 투자 수익을 올릴 수 있었다. 듀폰 회사의 사업보고서에 실린 주주들에게 보낸 서한에서 피에르는 이렇게 적었다:

제너럴 모터스의 사장이자 오늘날 미국뿐만 아니라 전 세계 자동차 업계의 지도자이자 아버지인 윌리엄 C. 듀란트 씨와 파트너 관계를 맺었다는 건 우리에게 정말로 큰 행운이었습니다.

1919년 6월 빌리 듀란트는 기업 확장을 최대한 빨리 진행하기 위해 사상 최대 규모의 수권 자본금 확대를 제안했고, 이사회는 다시 한번 그를 전폭적으로 밀어주었다. 이번에 새로 보통주와 우선주가 발행됨으로써 제너럴 모터스의 수권 자본금은 10억 달러를 상회하게 됐는데, 이는 U.S. 스틸에 이어 두 번째였다. 전후의 경제 회복세와 자동차 시장의 놀라운 성장에 힘입어 증권회사와 투자자들은 그 어느 때보다 GM의 장래를 낙관적으로 바라보았다: 신주를 발행할 때마다 수요가 부족한 경우는 없었다.

13 자기 손으로 빚어낸 기업을 영원히 떠나다
A Last Good-Bye to the Baby

자본이 넉넉해진 제너럴 모터스는 1919년 내내 야심찬 확장 프로그램을 밀고 나갔다. 이 계획에는 현재의 자동차 생산대수를 두 배로 늘리고, 사실상 모든 사업 단위들이 마음껏 기존 공장을 확장할 수 있게 하며, 다른 사업체들을 인수하거나 새로 설립하는 것이 포함돼 있었다. 그래서 1919년에 뷰익에서만 공장 증설에 500만 달러 이상을 썼고, 캐딜락은 500만 달러에 조금 못 미치는 금액을 투자했으며, 쉐보레는 700만 달러 이상을, 올즈는 200만 달러 이상을 각각 지출했다.

그러나 중구난방 식의 투자는 여기서 그치지 않았다. 자동차 생산이 확대되면서 차체 공급이 중단되는 사태를 막기 위해 업계 최대이자 이름 있는 차체 생산업체인 피셔 바디의 지분 60%를 2760만 달러에 인수했다. 게다가 그해 보통주 배당금으로 1700만 달러를 지급했다. 마지막으로 빌리 듀란트보다 존 라스콥이 고집을 피워 디트로이트에 세계 최대의 사무용 빌딩을 지었는데, 여기에 들어간 돈이 그해 말까지만 400만 달러에 달했다.(완공하기까지 2000만 달러 이상이 소요됐다.)

이 같은 지출 규모는 그해 회사가 거둔 순이익 1300만 달러를 훨씬 넘어서는 것이었지만 당장 현금 흐름에 문제를 야기하거나 채무 상환에 곤란을 겪을 정도는 아니었다. 확장 계획은 라스콥이 초안을 작성해 제출하면 경영위원회와 재무위원회에서 승인했다. 모두들 판매가 늘어나면 위험도 상쇄될 것이며 특히 부족한 현금 흐름도 메워줄 것이라고 생각했다.

1919년 말 빌리 듀란트의 제너럴 모터스에는 다음과 같은 주요 사업 부문과 수십 개에 이르는 군소 부품 제작 계열사가 있었다:

- 뷰익 부문
- 캐딜락 부문
- 쉐보레 그룹(산하에 4개의 독립 사업 단위가 있었다)
- 오클랜드 부문
- 제너럴 모터스 트럭 부문(GMC)
- 스크립스-부스 코퍼레이션(Scripps-Booth Corporation, 실험적인 자동차 제작업체였다)
- 제너럴 모터스 캐나다 법인
- 제너럴 모터스 억셉턴스 코퍼레이션(GMAC, 딜러와 소비자 금융을 담당했다)
- 샘슨 트랙터(Samson Tractor) 부문
- 유나이티드 모터스 그룹(산하에 9개의 독립 부품 제작 계열사가 있었다)
- 참피온 이그니션 컴퍼니
- 데이튼-라이트 컴퍼니(Dayton-Wright Company, 항공기 제작회사)
- 델코-라이트 컴퍼니(Delco-Light Company, 라이트 제조업체)

- 프리지데어 코퍼레이션
- 제너럴 모터스 유럽 법인
- 제너럴 모터스 엑스포트 컴퍼니

위기의 서막

놀랍게도 이 거대한 제국을 이끌어가고 매일같이 조정해나가는 것은 빌리 혼자였다. 1919년 말 그는 미국 내에서만 40개 도시에 걸쳐 있는 70개 이상의 공장을 감독했고, 50명이 넘는 경영진이 그에게 직접 보고했다. 빌리처럼 정력이 넘쳐나고 잠은 거의 없는 리더만이 이런 엄청난 부담을 이겨낼 수 있었다. 그는 이 일을 기꺼이 받아들였을 뿐만 아니라 그것을 즐겼다. 알프레드 슬로안이 그의 업무를 조금 줄이는 조직 개편안을 가져오자 빌리는 정중하게 감사를 표했을 뿐이다. 슬로안의 회고를 들어보자:

> 1919년 말과 1920년 초 조직 개편 안을 만들어 듀란트 씨에게 보고했다. 그는 고맙게 받아들이기는 했지만 아무런 조치도 하지 않았다. 내 생각으로는 당시 그는 조직 개편 문제를 처리할 생각이 전혀 없었던 것 같다; 그에게는 시급히 다뤄야 할 회사의 온갖 문제에다 개인적인 자금 문제까지 안고 있어 조직 개편 같은 장기적인 계획은 생각할 겨를이 없었던 것이다.

피에르 듀폰도 인내의 한계에 다다랐다. 빌리는 제너럴 모터스의 회사 구조를 듀폰 회사처럼 바꾸려 하지 않았다. 그는 빌리에게 말을 하는 대신 듀폰 회사의 간부급 엔지니어들을 "옵저버"로 보내 제너럴 모터스의 경영 효율성을 평가하도록 했다. 이들은 보고서에서 새로운 조직 구조를 짧게 제안했지만 그 필요성만큼은 분명히 했다. 빌리가 이 보고서에 실린 숱한 공격적인 문구들을 보고 어떤 반응을 보였을지 상상하고도 남을 것이다. 가령 이런 구절이다:

> 듀란트 씨는 모든 계획의 확실한 총책임자며, 정책의 시행 방향까지 지시한다. 그는 많은 경우 최종 결정을 앞두고 자신의 의견에 조언을 구하지만, 새로운 확장 계획이나 여러 공장을 짓는 데 최종 중재자 역할을 하는 사람은 조직 내에 단 한 명도 없는 것 같다. (……) 공장들 상호간에도 협력하려는 정신이 결여돼 있다. 이들 공장은 구매와 회계에서 또 별개의 조직이라는 점에서 독립적이며, 제너럴 모터스에 들어오기 전부터 독립 조직이었던 것처럼 지금도 비슷한 독립 조직으로 운영되고 있다. 한마디로 가장 일반적인 방식을 제외하고는 이들을 지휘하는 어떤 중앙 조직도 없다고 생각하는 게 이해하기 쉬울 것이다.

피에르와 함께 이 보고서를 검토한 뒤 빌리는 듀폰 회사의 간부들이 제너럴 모터스 경영진에게 자문해주는 데 동의했다. 하지만 조직 구조를 좀더 공식화하는 것은 이번에도 고려하지 않았다. 호황이 이어진 1919년 내내 각 사업 부문은 공장 증개축뿐만 아니라 부품 재고를 쌓아두느라 지출을 계속해서 늘려나갔고, 이 과정에서 중앙 부서의 조정이나 통제는 일절 없었다. 미국 경제에 갑작스러운 충격이 가해져 전사적인 확장 전략의 기본 전제가 무너져버리자 제너럴 모터스의 창업자는 독립적으로 움직이는 이들 야전 사령관을 통제할 수가 없었다.

　1919년 전후 경기 붐과 수요 증가로 인해 모든 상품 가격이 뛰어오르고 인플레이션이 기승을 부리는 동안에는 1920년 여름에 현실화된 것처럼 그렇게 순식간에, 또 끔찍하게 세상이 무너져 내리리라고는 아무도 상상하지 못했다. 그해 말에는 미국에 대한 신뢰가 다시 살아나기는 했지만, 국내총생산(GNP)은 6%나 줄어들었고, 뉴욕 주식시장의 주가는 평균 25%나 떨어졌으며, 제조업체들은 근로자를 25%나 줄였고, 50만 명의 농민이 집과 농지를 잃었으며, 10만 개의 사업체가 파산했다.

　제너럴 모터스는 어느 기업보다도 타격이 컸다. 재앙을 불러일으킬 요소가 한데 몰려 있었던 것이다: 1919년 확장 프로그램의 부담, 수요 증가를 기대한 막대한 재고 누적, 딜러들의 자동차 주문 중단에 따른 현금 유입의 고갈, 주가의 추락, 적절한 시점에 지시 계통을 따라 각 사업 부문에 생산 감축과 원가 절감을 강제할 수 있는 내부 구조나 메커니즘의 결여.

제너럴 모터스와 포드 모터의 대응 방식

빌리 듀란트와 헨리 포드의 사업 전략은 모두 미국 자동차 시장이 지속적으로 성장해나갈 것이라는 전제를 기반으로 한 것이었다. 하지만 1920년 봄 갑자기 자동차 및 내구소비재 시장이 얼어붙었을 때 포드에게는 듀폰이나 슬로안처럼 그를 감시하는 인물이 없었다. 그때까지 포드 모터는 그의 개인회사였다. 또 듀란트와는 달리 포드는 신주 발행이 아니라 이익을 재투자해 운영 자본을 조달했다. 그는 폭풍우를 헤쳐나가 그 어느 때보다 강력한 모습을 보여줄 준비가 돼 있었다: 빌리는 그렇지 못했다.

그해 봄과 여름 판매가 감소하자 포드는 재고를 줄이고 현금 흐름을 유지하기 위해 재차 가격을 인하했다. 그래도 생산량을 다 소화하지 못하자 주저하지 않고 고통을 감수하기로 했다. 헨리 본인의 발표가 있은 지 24시간도 안 돼 포드 모터의 공장이 생산을 중단했고, 전 근로자가 집으로 돌아갔다. 확고한 의지와 신뢰를 갖고 포드는 딜러들을 개인적으로 설득해 남아있는 자동차 재고를 사가도록 했다. 딜러들은 이 자동차를 팔려면 손해를 보지 않을 수 없다는 사실을 알고 있었지만, 나중에 상황이 좋아졌을 때 포드와 좋은 관계를 유지하기 위해 주문을 했다. 포드는 또 부품 공급업자들에게도 가격 인하를 요구해 관철시켰다. 한마디로 포드 모터의 구성원 모두가 고통을 분담한 셈이었다.

그러나 제너럴 모터스는 어느 쪽에서도 그렇게 신속하게, 또 강제적으로 움직일 수 없었다. 그해 봄 자동차 시장이 얼어붙었음에도 불구하고 빌리의 공장들은 확장 프로그램에 따라 늘어난 생산 시설을 최대한 가동했다. 자동차 사업 부문에 생산량 감축과 부품 재고 축소를 요구했지만 아무도 말을 듣지 않았다. 빌리가 이들의 독립성이나 막무가내 식 행동을 전혀 제어하지 않은 결과였다. 종국에 가서는 재고 차량을 세워 둘 곳이 없어 부득불 생산을 중단해야 했다.

늦여름과 가을 내내 제너럴 모터스의 재고와 부채는 눈덩이처럼 불어났지만 포드 모터는 오히려 줄어들었다. 포드 모터는 1920년 판매대수가 급감하기는 했지만 헨리의 결단력 덕분에 다음해 훨씬 더 극적인 재기를 이뤄낼 수 있었다. 제너럴 모터스가 1920년에 판매한 자동차 대수는 처음 5개월간의 강세에 힘입어 1919년보다 약간 많았지만 결국 다음해 극적인 구조조정을 단행해야 하는 위기를 맞았다. 포드가 전속력으로 달리는 사이 제너럴 모터스는 추진력을 상실해버렸던 것이다.

슬로안은 당시의 위기를 40여 년이 지난 뒤 이렇게 회고했다:

> 제너럴 모터스의 재고 차량은 1920년 1월 1억3700만 달러에서 4월에는 1억6800만 달러, 6월에는 1억8500만 달러, 10월에는 2억900만 달러로 늘어났다. (……) 그런데도 최악의 상황은 아직 오지 않은 것이었다.
> 자동차 시장은 9월에 바닥까지 추락했다. 포드 씨는 상황을 타개하기 위해 9월 21일 가격을 20~30% 인하했다. 듀란트 씨는 각 사업 부문의 영업 책임자들이 하는 말을 듣고 당분간 가격을 유지하기로 했고, 딜러와 고객들에게 가격 인하는 없을 것이라고 장담했다. 10월 들어 상황이 더 악화되자 제너럴 모터스에서는 원자재 대금과 임금을 지불할 돈도 구하기 힘들어졌다. 그달에 우리가 은행에서 단기 어음으로 빌린 금액이 8300만 달러에 달했다. 11월에는 뷰익과 캐딜락을 제외한 모든 주요 자동차 사업 부문이 사실상 공장 가동을 멈췄고, 뷰익과 캐딜락도 가동시간을 줄였다.

슬로안의 새로운 스승이 된 피에르는 위기가 지나가고 2년이나 더 기다린 다음에야 제너럴 모터스 주주들에게 공식적으로 설명했다. 그는 전국적인 경기 침체나 1919년의 확장 계획이 아니라 빌리 듀란트의 통솔력 결여와 확실한 정책의 부재에다 비난의 화살을 돌렸다. 피에르와 그의 측근들에게는 한 치의 빈틈도 찾아볼 수 없었다.

다름아닌 자신이 힘을 보태 1915년 제너럴 모터스의 경영권을 되찾은 빌리에게 모든 잘못이 있다는 게 피에르의 생각이었다.

하지만 그는 듀란트의 운명은 회사의 실적과 전혀 관련이 없었다는 점을 분명히 했다. 피에르에 따르면 빌리가 또 다시 몰락하게 된 것은 위기가 정점에 달했을 때 시세조종을 통해 제너럴 모터스의 주가를 띄우려 하면서 야기된 자금 문제 때문이었다.

창업자도 의심을 품었었다

하지만 잘 들여다 보면 빌리 듀란트가 그냥 팔짱만 낀 채 제너럴 모터스가 수렁으로 빠져드는 걸 지켜본 것은 아니었다. 아이러니하게도 1920년 경기 침체가 오기 훨씬 전부터 제너럴 모터스의 확장 자금 조달에 우려의 목소리를 낸 것은 빌리 한 명뿐이었다. 그는 재무위원회 의장을 맡고 있던 라스콥에게 이런 편지를 쓰기도 했다:

> 당신을 화나게 하려는 건 아니지만 주의를 촉구해야만 할 것 같소. 재무위원회기 승인히고 있는 엄청난 지출 규모는 우리가 거둘 순이익에 비해 너무 과도하고, 내가 생각하기에 자금 조달 방식은 안전하거나 건전하지도 않아요. 업계에 큰 충격이 가해지거나 혼란이 올 경우 우리는 심각한 상황에 빠질 수도 있소. 솔직히 말해 나는 무척 걱정하고 있고, 우리 경영진 가운데 상당수도 예의 주시하고 있다는 점을 알아주었으면 좋겠소.

이 편지는 1920년 1월에 쓰여진 것인데, 라스콥과 재무위원회는 무

시해버렸다: 이와 관련해 어떤 토론이나 대응이 있었다는 기록도 없다.

빌리는 또 듀란트 빌딩이란 이름으로 디트로이트에 짓고 있는 사옥 신축에 대해서도 우려를 표명했다. 이것 역시 라스콥의 아이디어였다. 하지만 이에 대해서는 통상 그랬던 것처럼 구두로만 그치고 문서로는 남기지 않았다.

중요한 사실은 경기 침체가 깊어지고 빌리의 권력 기반이 무너져가던 1920년 봄부터 가을까지 이사회나 재무위원회, 경영위원회의 멤버 누구 하나도 그의 지도력에 공식적으로 이의를 제기하지 않았다는 점이다.

다시 또 월스트리트에서 일을 저지르다

빌리의 경영진과 이사회가 똑같이 입을 다물고 있었지만 월터 크라이슬러의 사임과 함께 균열이 가기 시작한 그에 대한 신뢰는 1920년 여름 제너럴 모터스의 매출이 급감하자 지속적으로 추락해갔다. 제너럴 모터스의 판매대수는 그해 3월 승용차와 트럭을 포함해 4만2000대였으나 11월에는 1만3000대로 쪼그라들었다.

그러나 가장 심각하게 몰락한 것은 제너럴 모터스의 가치였다. 회사의 주가 하락과 함께 시가총액도 속절없이 떨어졌다. 경기 침체가 덮치기 직전이었던 1920년 3월 듀폰 회사는 제너럴 모터스 보통주 6000만 달러어치를 추가로 매수했다. 당시 매수 가격은 200달러였다. 그 후 몇 주 만에 주가는 420달러까지 올랐다. 그러나 7월 말 제너럴 모터스 보통주는 20달러로 떨어졌다. 11월에는 12달러까지 추락했다.

확장 계획으로 인해 눈덩이처럼 불어난 부채에 현금 유입은 고갈되면서 월스트리트에서 처한 상황은 앞서 빌리가 주가를 지지하기 위해 개입했다가 그의 경영권에 상당한 타격을 받았던 1917년 당시보다 더 나빴다.

이번에는 존 라스콥과 피에르 듀폰이 직접 개입했다. 두 사람은 여러 은행에서 단기 대출을 받은 8000만 달러로 제너럴 모터스 주식 매수를 위한 두 개의 신디케이트를 구성했다: 하나는 영국의 노벨 컴퍼니가, 또 하나는 빌리와 앙숙 관계인 J.P. 모건 회사가 주도 역할을 맡았다. 모건 계열에서는 신디케이트를 맡으면서 제너럴 모터스 이사회 멤버로 자기 측 대표를 앉히는 덤까지 얻어냈다. 빌리에게는 또 다른 타격이었지만, 이번에도 달리 저항할 길은 없었다.

신디케이트가 구성되면서 듀폰 회사든 빌리 자신이든 주가를 띄우기 위한 일체의 시도도 하지 않기로 했다. 모건 계열에서는 자칫 해가 될 수 있는 어떤 투기 행위도 끼어들지 않도록 했다. 하지만 빌리는 또 다시 비밀리에 주식을 매수하기 시작했다. 그것도 1917년처럼 신용을 얻어서.

이번에도 빌리는 신용 담보로 자기가 보유한 제너럴 모터스 주식을 제공해야 했다. 주가가 추락하기 전인 그해 봄까지도 그의 개인재산은 9000만 달러가 넘었나. 그러나 11월 말이 되자 그 많던 재산은 다 사라지고 그는 다시 듀폰에게 구제를 요청하는 신세가 됐다.

대체 무엇이 그로 하여금 이런 바보짓을 두 번씩이나 저지르게 한 것일까? 모건 신디케이트에 맞서는 일을 하지 않기로 약속까지 해놓고서 말이다.

빌리는 이와 관련해 아무런 기록도 남겨놓지 않았다. 다만 당시 자동차 업계에서 가장 이름있는 저널리스트였던 W.A.P. 존과 인터뷰를 했는데, 기사가 나가기 전 듀란트는 존의 초고를 읽어봤다: 1923년 1월호 〈모터Motor〉에 실린 이 기사는 3인칭 시점으로 쓰여져 있으나 빌리의 육성을 생생히 들을 수 있다:

> 그는 제너럴 모터스 주식의 가치를 잘 알고 있었고, 여기에 그의 손으로 빚어낸 회사에 대한 엄숙한 신념까지 더해졌다. (……) 게다가 그에 대한 믿음 때문에 제너럴 모터스 주식에 투자한 수많은 주주들이 자신에게 품고 있을 신뢰도 무엇보다 큰 부담이었다. 듀란트의 책임감은 제너럴 모터스 주식이 죽어가는 것을 막는 게 자신의 의무라고 생각하게 만들었을 것이다. 시장에서 해적질을 일삼는 작전 세력들은 냉혹하게 제너럴 모터스 주식을 내동댕이치고 있었는데, 시장이란 원래 그런 작전을 좋아했다. 결국 제너럴 모터스 주식이 매물로 쏟아져 나올 때마다 회사의 가치와 이익 창출 능력을 알고 있는 그가 개인적으로 나서서 전부 사들였던 것이다.

이 기사에서는 다른 세력들이 주가를 떨어뜨려 결과적으로 빌리를 제너럴 모터스에서 끌어내기 위해 고의적으로 주식을 대규모로 내다팔았다고 전제한다. 빌리를 변호하는 쪽에서는 모건 계열의 복수라고 비난했지만 이런 음모설을 입증할 확실한 증거는 없다. 모건 계열이나 피에르 듀폰 쪽에서는 빌리가 1917년 당시 자신이 팠던 것보다 더 깊은 굴을 파내려 갈 때까지 그가 주식을 매수하고 있는지 전혀 몰랐다고 주장한다.

어느 쪽 주장이 사실이든 빌리는 계속 주식을 매수했고, 가을까지도

주가가 떨어지자 그는 더 이상 버틸 수 없었다. W.A.P. 존의 기사를 더 읽어보자:

> 1920년 7월 20일 하루에만 제너럴 모터스 주식 10만 주가 갑자기 시장에 쏟아져 나왔다. 시장은 기겁을 했다. 제너럴 모터스의 주가는 20.5달러로 떨어졌다. 듀란트가 이 주식을 매수했다. 그는 돈에 대해서는 전혀 걱정하지 않았고, 자기를 믿는 수천 명의 주주들만 생각했다. 더 낮은 가격으로 더 많은 주식이 매물로 나왔다. 그는 이것도 샀다. 또 더 많은 물량이, 그리고 더 많은 물량이 매물로 나왔는데, 그때마다 가격은 더 떨어졌고, 그가 매수한 주식의 가치도 더 줄어들었다. 그는 혼자서, 누구의 도움도 없이, 고집스럽게, 웃으면서 전투를 해나갔다. 주가가 12달러로 떨어질 때까지 매수했다. 10여 년 전 제너럴 모터스를 일궈낼 수 있게 해준 사람들을 위해 그는 제너럴 모터스를 지켜내야 했다.

기사를 통해 자기 주장을 밝힌 빌리와는 달리 피에르 듀폰은 당시 듀폰 회사의 사장을 맡고 있던 사촌 아이린 듀폰에게 보낸 2500단어의 장문 편지에서 그간 있었던 일들을 조심스럽게 회고했다. 피에르는 여기서 빌리가 개인적으로 투기를 한 사실은 물론 모건 계열 혹은 어느 쪽에서든 빌리에 맞서 투기를 벌였는지 자신은 전혀 몰랐다고 자세히 설명했다.

피에르에 따르면 11월 10일 모임이 열렸는데, 이 자리에는 빌리와 라스콥, 피에르, 모건 회사의 파트너인 드와이트 머로가 참석했다. 그런데 머로가 불쑥 모건 신디케이트와의 합의를 깨고 제너럴 모터스 주식을

매수하고 있는 사람이 이 자리에 있는지 물었다. 피에르는 편지에서 자신도 전혀 몰랐다고 회고했다:

> 나는 내가 아는 한 듀폰 그룹의 누구도 제너럴 모터스 주식을 공매도 했다거나 어떤 식으로든 작전을 벌이지 않았다고 밝혔다. 머로 씨는 모건 회사와 그 동조 세력이 매수한 주식은 여전히 보유하고 있으며 매도할 생각이 없다고 말했다. 내가 기억하기로 듀란트 씨는 그 말이 자신을 겨냥한 것이라고 생각하는 눈치였지만, 자기가 주식을 공매도 했다거나 어떤 작전을 벌이고 있다는 내색은 일체 하지 않았다. 머로 씨는 그에게 대놓고 혹시 시장에서 공매도 하는 사람을 알고 있느냐고 물었는데, 그의 대답은 "아니오"였다.

다음날 빌리는 피에르와 라스콥을 점심식사에 초대해 "은행가들"이 자신을 제너럴 모터스에서 축출하려 한다고 말했다. 피에르는 편지에서 자신은 빌리에게 그럴 리가 없다고 분명히 말해주었다고 했다. 이야기가 길어지면서 빌리는 자신의 "개인 투자"에 관해 걱정하고 있다고 언급했다. 라스콥이 빌리에게 갚아야 할 돈이 정확히 얼마나 되느냐고 묻자, 빌리는 (피에르에 따르면) "계산해봐야 한다"고 답했다.

긴 주말을 보내고 닷새 뒤에 피에르와 라스콥은 금액이 얼마나 되는지 알아보기 위해 빌리의 뉴욕 사무실을 찾아갔다. 기가 막히게도 빌리는 이런 상황에서 두 사람을 몇 시간씩이나 기다리게 했다. 그리고는 충격적인 메모지를 들이밀었다. 다시 피에르의 회고를 들어보자:

듀란트 씨는 그날 매우 바빴다. 사람들 만나랴, 전화 받으랴 사무실을 들락날락했다. 그래서 우리는 하염없이 몇 시간을 기다렸는데 결국 오후 4시가 되어서야 듀란트 씨는 우리에게 자기가 처해 있는 상황을 보여주었다. 은행 별로 대출받은 금액을 연필로 적어둔 메모장이었다. 자기 말로는 우리 옆에서 썼다고 하는 메모장을 보니 증권회사에서 신용으로 쓴 금액이 2000만 달러였는데, 이 금액은 듀란트가 보유한 주식(얼마인지 모른다)과 다른 사람이 보유한 주식 130만 주를 담보로 한 것이었다; 또 이와는 별도로 자신이 보유한 제너럴 모터스 주식 300만 주를 담보로 은행과 증권회사에서 빌린 돈이 1419만 달러에 달했다. 듀란트 씨는 따로 장부나 계좌를 관리하지 않아 정확한 부채가 전부 얼마인지는 확실하게 말해줄 수 없다고 했다. 그가 우리에게 알려준 금액은 자신과 다른 사람의 재산을 담보로 해서 빌린 부채라는 말이었다.

빌리는 결국 자기 자신조차 그 탈출구를 알지 못하는 궁지에 스스로 빠져든 셈이었다.

그러나 듀폰과 라스콥 역시 곤란하기는 마찬가지였다. 만일 빌리가 파산 신청이라도 하는 날에는 이 모든 사실이 공개될 것이며, 430만 주의 담보권 행사로 인해 제너럴 모터스는 결정타를 맞을 것이었다. 다시 한 번 빌리를 구제하는 길밖에 달리 대안이 없었다.

듀폰 회사와 모건 회사의 대표들이 듀란트가 은행과 증권회사에 진 부채를 갚기 위한 새로운 신디케이트 구성을 위해 힘을 합쳤다. 상환할 금액을 전부 취합하니 3000만 달러가 넘었다.

이 같은 구제의 조건으로 빌리는 제너럴 모터스를 떠나기로 했다. 아무런 논평도 없었다. 그리고 빌리는 다시는 제너럴 모터스에 복귀하지 못했다. 피에르 듀폰은 빌리의 사임이 그의 결정이라고 주장했지만, 이미 창업자의 신뢰성이나 이사회에서의 영향력은 상실된 상태에서 벌어진 일이었다. 빌리는 자신의 사임이 구제 조건의 일부였다고 주장했다.

W.A.P. 존은 빌리가 떠나던 순간을 이렇게 대신 이야기한다:

> 1920년 12월 1일 그가 제너럴 모터스 사장실에 마지막으로 출근했다. 그의 주위에서 일하던 사람들의 눈에는 눈물이 가득 고였고, 그들의 목소리는 젖어있었다. 그는 조용히 침착하게 미소를 지으며 집무실로 들어왔다. 몇 장의 서류에 서명하고, 몇 가지 설명을 들은 다음 모자와 코트를 집어들었다.
>
> 그는 분노하거나 후회하는 기색 하나 없이 잠시 집무실을 둘러보더니 이렇게 말했다. "참, 대개는 5월 1일이 인사이동 있는 날이지. 그런데 이번에는 12월 1일에 인사가 났구먼." 이것이 "제너럴 모터스의 영혼"이라고 불린 인물의 마지막 대사였다. 극작가 유진 오닐도 아직 이런 마지막 대사는 쓰지 못했다.

사장실을 떠나던 날 빌리 듀란트는 60세 생일을 일주일 앞두고 있었다. 대저택 레이미어의 미녀 캐서린은 서른둘이었다. 두 사람에게는 아직 창창한 미래가 남아 있었다.

빌리의 마지막 선물

빌리가 사임한 뒤 제너럴 모터스의 이사회 의장 겸 사장을 맡을 인물은 피에르 듀폰뿐이었다. 피에르는 조직 개편과 구조 개혁을 실행해야겠다는 열망은 컸지만 새로운 직책을 좋아하지도 즐기지도 않았다. 그는 빨리 은퇴해 델라웨어 주에 있는 200에이커 넓이의 대저택에 살고 싶어했고, 과도기의 관리자라고만 생각했다. 그러다 보니 그는 곧장 알프레드 슬로안을 운영 담당 부사장이라는 요직에 임명했다. 경영진 가운데 스타일이나 성격 면에서 듀란트와 가장 대조적인 반면 자신과 가장 비슷한 인물이 슬로안이었다.

피에르는 또 회사의 문화와 정체성이 창업자의 기질과 스타일에 너무 물들어 있다는 사실을 잘 알고 있었다. 빌리의 매력과 "마법사"라는 명성 덕분에 거의 모든 근로자들이 그를 영웅시하고 있었다.

피에르는 이와 동시에 자신의 인품에 대해서는 아무도 모른다는 점도 알고 있었다. 그는 대부분의 조직 구성원들에게 베일에 가려진 인물이었다. 따라서 신임 사장이 해결해야 할 첫 과제는 자신을 알리고, 임직원들에게 회사의 안정성과 나아갈 방향을 재확인시켜주는 것이었다.

1910년에 그랬던 것처럼 빌리 듀란트는 축출당했음에도 불구하고 자신의 도움이 필요하자 발벗고 나섰다. 옆에서 비난하는 대신 그는 자신과 가까웠던 옛 경영진을 불러 제너럴 모터스를 지켜야 배에서 뛰어내리면 안 된다고 말했다. 그가 무슨 일을 하든 제너럴 모터스를 떠나 그를 돕겠다는 사람들에게, 그는 그나마 조금 남은 자기 재산은 제너럴 모터스 주식뿐이니 제너럴 모터스를 돕는 게 자신을 도와주는 것이라고 대답했다. 끝으로 그는 피에르 듀폰과 새 경영진은 "훌륭한 사람들"이며 회사에 최선을 다할 것이라고 이야기했다.

빌리가 그의 후임자에게 고마워해야 할 이유는 있었다. 듀폰과 모건 신디케이트는 그가 빚진 3000만 달러 이상의 부채를 갚아준 뒤 그에게 제너럴 모터스 보통주 23만 주를 남겨주었는데, 이 주식의 가치는 1921년 1월 당시 300만 달러에 달했다. 알프레드 슬로안은 《제너럴 모터스와 함께한 세월》에서 이 주식의 가치는 그 뒤 2500만 달러 이상으로 불어났으며, 만일 빌리가 1947년 죽을 때까지 이 주식을 계속 보유했더라면 배당금만으로 2700만 달러를 받았을 것이라고 적었다.

안타깝게도 빌리는 이 주식을 계속 갖고 있을 수 없었다: 그는 여전히 다른 꿈을 꾸고 있었다.

한 시대의 마감

빌리는 1920년의 위기와 관련해 공식적인 언급은 삼갔지만 그의 경영 실책에 대한 비난은 제너럴 모터스 안팎에서 적지 않은 논란을 불러일으켰다.

하지만 맨 처음 제너럴 모터스의 비전을 발견하고 이를 키워낸 사람은 빌리 듀란트 한 사람뿐이었다는 데는 이견이 없다. 그는 대담하게, 불굴의 의지로, 창조적인 손길로 이 비전을 현실화했다. 알프레드 슬로안이 요약한 창업자에 대한 설명은 아마도 빌리가 남긴 기업 유산의 가장 적절한 비문(碑文)이 될 것이다:

> 듀란트 씨는 위대한 인물이었지만 결정적인 약점도 지니고 있었다. 그는 창조할 줄은 알았지만 관리할 줄은 몰랐다. 마차 사업에 이어 자동차 사

업까지 그는 정말 대단한 창조의 세월을 25년 이상이나 보낸 뒤 결국 무너져 내렸다. 그가 제너럴 모터스에 심으려고 했지만 끝내 이루지 못한 것은 미국 기업사에서 비극으로 남을 것이다.

제너럴 모터스의 공식 사사(社史)에서는 창업자가 떠나간 이유에 대해 아주 짤막하게 언급하고 있을 뿐이다: "그는 늘 최선의 상황을 바랐다. 최악의 상황이 닥쳤을 때는 전혀 대비하지 않았다."

빌리의 추락은 분명하면서도 정직하고 개방된 의사 전달 시스템이 얼마나 중요한지 말해준다. 그러나 이와는 별도로 기업 세계가 얼마나 복잡해졌으며, 경제와 소비자 역시 과거와 완전히 달라졌음을 보여준다. 또한 기업의 성장과 비전에 따라 자본과 부채, 현금 흐름도 함께 관리돼야 한다는 점을 새롭게 인식시켜주었다. 이제 장인과 몽상가의 시대는 갔다: 경영자의 시대가 열린 것이다.

창업자가 사라지자 제너럴 모터스는 빠른 속도로 바뀌어갔다. 모든 기업, 심지어 비영리 단체까지 따라 하는 모델로 변신한 것이다. 이 모델 아래서는 한 사람의 비전이 아니라 대차대조표가 나침반이자 교본이 됐다. 위원회가 감각이 아니라 데이터에 의해 수립한 목표에 따라 수익성과 생산성을 측정했다. 목표를 달성하지 못한 사람은 책임을 져야 했고, 목표에 미달한 임직원은 개인 역량과 관계없이 그 대가를 치러야 했다.

이제부터 새로운 올즈모빌 자동차를 만들려면 한 사람이 아니라 여러 명의 경영진이 함께 의사결정을 내릴 것이었다. 기업 인수 역시 시험 제품이 돌아가는 데 감동한 한 사람의 결정이 아니라 잠재적인 투자 수익률에 대한 신중한 연구에 따라 이뤄질 것이었다. 누구나 자신의 새로운 아이디어를 내놓고 발전시킬 수 있지만 실행에 옮겨지기 전에 철저히 검증할 것이었다. 당장 그 자리에서 내리는 충동적인 의사결정은 앞선 개척자 시대의 이야기일 뿐 알프레드 슬로안이 새로 정립한 기업의 시대에는 통하지 않는 것이었다.

슬로안은 "프로페셔널 경영자"라는 말을 만들어냈다. 그는 자기 휘하의 모든 핵심 경영진이 프로 경영자답게 한 개인의 꿈이 아니라 기업 자체의 영원한 발전을 위해 헌신해야 한다고 생각했다. 이제 빌리가 빚어낸 기업뿐만 아니라 미국의 모든 기업이 달라질 것이었다.

14 알프레드가 지휘권을 잡다
Alfred Pulls the Ranks Together

1921년부터 슬로안이 은퇴한 1956년까지 제너럴 모터스는 대공황에도 불구하고 전례 없는 성장세를 이어나갔다. 슬로안은 주주들에게 보낸 서한에서 제너럴 모터스를 일개 기업이 아니라 하나의 기관이라고 언급하기도 했다.

기관의 문화란 조직적이고 논리적이며, 책임과 결과를 중시하는 팀워크를 특징으로 한다: 슬로안과 그의 연구 및 작가 팀이 《제너럴 모터스와 함께한 세월》을 쓰기 위해 구축했던 문화가 바로 이런 것이다. 이 책은 제너럴 모터스뿐만 아니라 수많은 기업의 경영진과 장래 최고경영자(CEO)를 꿈꾸는 이들에게 바이블이나 마찬가지가 됐다. 이 책은 제목과는 달리 회고록이나 기업 역사책이 아니라 경영에 초점을 맞춘 책이다. 가령 이 책의 주요 장들은 이런 제목을 달고 있다: "위원회를 통한 협력" "재무 관리의 개발" "정책 도출" "인사 및 노사관계" "인센티브를 통한 보상" "경영은 어떻게 이루어지는가."

《제너럴 모터스와 함께한 세월》은 빌리 듀란트가 빚어낸 허술한 기업이 어떻게 산업계의 아이콘이 될 수 있었는지 그 과정을 상세히 기록한

유일한 자료다: 슬로안이 목표로 한 게 바로 이런 변화였을 것이다. 듀란트의 미출간 자서전은 1920년 위기 이전까지만 다루고 있다. 듀란트는 자서전을 그 이후까지 쓰려고 했고 목차까지 작성해두었지만 딸 마거리 외에는 아무와도 이런 사실에 관해 얘기하지 않았다. 또한 그가 실제로 문서로 남겼는지 여부는 제너럴 모터스의 누구도 알지 못한다.

피에르가 전면에 나서다

빌리는 제너럴 모터스를 떠난 지 한 달도 채 안 돼 듀란트 모터스(Durant Motors)라는 신설 기업을 차리고 주식 발행으로 500만 달러의 자본금을 모아 다시 새로운 꿈을 좇기 시작했다. 그 사이 피에르 듀폰은 제너럴 모터스의 공장과 임직원들이 모여있는 지역을 순회했다. 그의 목적은 임직원들과 직접 대면하면서 이제부터 회사를 이끌어갈 "동부 경영자"가 어떤 사람인지 그들 스스로 판단할 수 있게 해주려는 것이었다.

피에르가 신뢰와 호의를 얻기까지는 어느 정도의 유예기간이 필요했다. 하지만 그는 말이 아니라 행동으로 이 관계를 확실히 정립해야 했다. 그는 이 답을 새 엔진에서 찾았다. 이 엔진은 자동차 자체를 완전히 다시 정의하게 해줄 혁명적인 것이었다.

MIT에서 화학을 전공했고, 가족 회사인 브랜디와인 연구소에서 주임 연구원으로 일해보기도 했던 피에르는 재무 관리자로 있는 동안에도 과학적 연구와 개발의 신봉자였다. 그런 점에서 1920년 12월 제너럴 모터스를 떠안게 되자 그해 여름 제너럴 모터스 리서치의 사장으로 승진한 찰스 "보스" 케터링을 슬로안과는 별도로 눈여겨보게 된 것도 그리

놀라운 일이 아니다. 피에르는 슬로안이 가져온 새로운 조직 구조 개편안에 힘을 실어주는 한편으로 케터링의 혁명적인 새 엔진에 푹 빠져있었다. 제너럴 모터스가 포드 모터를 앞지를 수 있게 해줄 엔진이라는 게 케터링의 주장이었다.

케터링의 공랭식 엔진

케터링의 새 엔진은 냉정하기 짝이 없는 알프레드 슬로안조차 혁명적이라고 이야기했지만 사실 이론적으로는 그리 새로울 것도 없었다. 이 엔진은 단지 물이 아니라 공기로 냉각하는 전통적인 휘발유 내연기관 엔진이었다. 공랭식 엔진(이로부터 10여 년 뒤에야 폭스바겐 비틀과 쉐보레 코베어에서 처음 상용화된다)은 엔진이 돌아가는 동안 날개를 통해 바람을 엔진 외벽에 불어넣는 시스템으로, 이전에 몇몇 자동차에서 시도해보기는 했지만 너무 무거운 데다 신뢰성도 확보하지 못해 대량 생산까지는 가지 못했다.

케터링은 엔진을 식히는 날개로 구리를 사용하면 상용화가 가능한 공랭식 엔진을 만들 수 있다고 주장했다. 구리는 이전 공랭식 엔진에서 사용했던 강철보다 열전도율이 10배나 높은 반면 무게는 훨씬 가볍고 모양도 마음대로 만들 수 있었다. 그러나 온도에 따른 수축과 팽창이 강철에 비해 심했다. 결국 실제 기온과 운전 환경이 아무리 변해도 날개는 변하지 않도록 하는 게 관건이었다.

"보스" 케터링은 1918년 오하이오 주 데이튼에 있는 델코 연구소에서 처음 공랭식 엔진을 실험했었다. 그러다 1920년 12월 2일, 그러니까 듀란트가 회사를 떠나간 바로 다음날 피에르에게 상용화에 근접했다고 보고했다. 그의 주장대로라면 엔진의 장점은 분명했다: 무게는 기존 공랭식 엔진에 비해 200파운드나 가벼워졌고, 돌아가는 부품들도 25% 줄어들었다. 게다가 연비도 좋아졌고, 추위나 더위가 아무리 혹독해도 얼거나 과열되지 않았다. 케터링은 시험용 차량을 몇 대 만들어 실험해보자고 제안했다. 실험 결과가 좋으면 공랭식 엔진(당시에는 구리로 된 날개를 달았다고 해서 구리 냉각식 엔진이라고 했다) 자동차를 1500~2000대 만들어 1921년 여름 시장에 내놓을 수 있을 것이라고 신임 사장에게 자신 있게 말했다.

1921년은 매출이나 순이익 면에서 최악의 해가 되리라고 생각하고 있던 피에르에게는 귀가 번쩍하는 이야기였다. 슬로안은 나중에 이렇게 지적했다. "모든 게 그의 주장대로 됐다면 자동차 업계에 혁명을 몰고 왔을 것이다." 피에르는 조금도 망설임 없이 케터링의 엔진을 추진하도록 했다.

피에르에게 케터링의 엔진은 시장을 변화시킬 마법의 탄환처럼 보였다. 특히 쉐보레가 모델 T를 따라잡으려면 이미 오래된 490 모델을 획기적으로 업그레이드할 필요가 있었다. 케터링의 보고가 있은 지 닷새 만인 12월 7일 피에르는 슬로안을 비롯한 여러 경영진을 데이튼으로 불러 엔진 개발 현황을 처음 보여주었다. 슬로안에 따르면 다들 너무 흥분해, 케터링의 엔진이 돌아가기만 하면 다음해부터 쉐보레 490을 대체할 기본 엔진이 될 것이라고 입을 모았다고 한다.

그러나 쉐보레의 현장 경영진은 이런 논의가 있는지 알지 못했다. 데이튼에서 개발이 진행되면서 쉐보레 팀은 실험적인 새 엔진을 생산하려면 복잡한 공정 변환과 원가 부담이 있을 것이라며 회의적인 시각을 갖게 됐다. 쉐보레는 결국 490 모델의 기존 수랭식 엔진을 개선하는 방안을 자체적으로 추진하기 시작했다.

1921년 1월 490 모델의 기존 수랭식 엔진과 공랭식 엔진의 장단점을 연구해보라는 지시가 내려졌다. 결론은 1년 안에는 공랭식 엔진의 상용화가 어렵다는 것이었다. 케터링은 한숨을 내쉬었고, 쉐보레 경영진은 환호했다.

그러나 케터링과 듀폰의 열의는 그대로였다. 연구 결과가 나온 지 2주 만에 경영위원회는 쉐보레의 공랭식 엔진을 오클랜드 승용차 생산 라인에서 6기통 형태로 개발하는 계획을 승인했다. 이번에는 슬로안조차 문제를 지적했지만 개발 계획은 진행됐다.

케터링은 쉐보레와는 별개로 자신의 실험 프로그램을 독자적으로 추진했다. 피에르는 15만 대에 달하는 쉐보레 490의 재고가 다 팔리는 즉시 쉐보레를 공랭식 엔진 체제로 전환하도록 하고, 쉐보레 쪽에는 공랭식 엔진을 장착한 자동차를 1922년 5월부터 생산하도록 했다.

그러나 결국은 현명해 보이는 CEO들이 자주 저지르는 치명적인 실수를 피에르도 저지른 셈이 되고 말았다: 그는 이 프로젝트를 너무 확신한 나머지 다른 사람들의 지적을 외면했고, 실패할 가능성은 일부러 생각하지 않았다. 그는 데이튼에서 작업을 진행 중이던 케터링에게 이런 편지를 보냈다:

이제 우리는 새로운 승용차의 생산을 계획할 시점에 와있네. 나는 마치 오랫동안 손꼽아 기다려왔던 서커스단이 들어와 동네방네 포스터가 나붙기 시작한 것을 보고 있는 어린아이 같은 심정이야. 서커스의 한 장면 한 장면을 눈앞에 그려보면서 어떤 묘기가 나를 사로잡을지 상상하는 그런 기분 말이네.

고립에서 좌초로

알프레드 슬로안은 갈수록 더 불안해졌다. 지난 여름 빌리 듀란트의 경영 스타일이 제너럴 모터스를 파국으로 몰고 가는 것을 똑똑히 지켜봤던 그였다. 알프레드는 감히 피에르를 공격하지는 않았고, 케터링의 재능도 높이 샀지만, 쉐보레가 하루빨리 신차를 출시해야 한다는 점 역시 잘 알고 있었다. 마침내 1921년 12월 그는 중재자로 나서 공랭식 승용차의 개발과 쉐보레 부문의 자체적인 "새로운" 수랭식 490 모델을 동시에 개발하자고 제안했다.

모두가 슬로안의 중재안에 동의했다. 그러나 세 달 뒤 쉐보레 부문의 대표인 칼 W. 짐머쉬드가 중상모략과 언쟁에 시달리다 사임했다. 짐머쉬드는 공랭식 승용차에 맞설 만한 개선된 수랭식 490 모델을 개발하기 위해 쉬지 않고 일해 동료들이 쓰러지기 일보직전이라고 말해왔던 터였다. 결국 그의 자리는 피에르 듀폰에게 넘겨져, 피에르는 제너럴 모터스의 이사회 의장 겸 사장에 쉐보레 부문 대표까지 세 개 직책을 갖게 됐다.

피에르는 그러나 쉐보레를 실질적으로 이끌어갈 적임자를 이미 물색해둔 상태였다: 윌리엄 K. 넛센이 그 주인공으로 앞서 포드 모터의 모든 공장 조직을 만들어 업계에서 전설적인 존재가 된 인물이었다. 넛센은 헨리 포드와의 갈등이 너무 깊어져 1921년 봄에 회사를 그만둔 상태였다. 그가 사직하자 며칠 만에 슬로안이 그를 스카우트했다. 넛센이 데이튼 연구소를 돌아본 뒤 공랭식 엔진의 가능성을 인정하자 피에르는 곧 그의 후원자가 됐다. 그는 넛센을 쉐보레 운영 담당 부사장으로 임명하고, 쉐보레의 공랭식 승용차 개발을 최우선 과제로 맡겼다.

그러나 넛센도 금세 환상에서 깨어나야 했다. 그가 공랭식 승용차 생산을 하루 10대에서 시작해 연말까지 목표 생산량을 하루 50대로 늘리겠다고 하자마자 미국 자동차 시장이 1920년의 침체 국면에서 강한 회복세로 돌아섰다. 그러다 보니 오래된 쉐보레 490 모델마저 갑자기 잘 팔려나갔다. 하지만 공랭식에 집착하다 보면 이런 절호의 기회를 놓쳐버릴 수 있었다. 결국 수랭식과 공랭식 생산 프로그램을 병행하자는 슬로안의 중재안을 계속 가져가는 수밖에 없었다. 넛센이 공랭식 승용차를 좀더 보완할 필요가 있다고 강조하자 케터링은 쉐보레 팀이 의도적으로 자신의 발목을 붙잡고 있다고 여겼다.

공랭식 쉐보레 승용차는 마침내 1923년 1월 23일 뉴욕 자동차 전시회에서 처음 공개됐다. 언론에서는 공랭식 기술을 극찬했지만, 넛센과 그의 휘하 기술진은 이 차를 대량 생산하기가 생각보다 훨씬 어렵다는 점을 잘 알고 있었다. 또 나오지마자 이 차를 구매한 고객들이 엔진이 제대로 돌아가지 않는다며 수십 가지 불만 사항을 접수시켰다. 이런 상황에서 전국적인 자동차 판매대수는 사상 최고치를 경신했다.

이해 봄이 끝나갈 무렵에는 피에르조차 공랭식 엔진이 참담한 실패로 돌아갔음을 인정하지 않을 수 없었다. 5월 10일 피에르는 제너럴 모터스의 사장직에서 물러나고(이사회 의장직은 그대로 유지했다) 자신의 후계자인 슬로안을 그 자리에 앉혔다. 한 달도 채 안 돼 쉐보레가 생산한 모든 공랭식 승용차에 대해 리콜 조치가 이뤄졌다: 자동차 업계 최초의 공식적인 리콜 조치였다. 공랭식 쉐보레 승용차는 전부 다해서 759대만 생산됐다. 이 가운데 239대는 딜러에게 가기 전에 회수됐다. 실제로 소비자에게 팔려나간 승용차는 300대에 불과했다.

리콜 조치와 함께 케터링은 슬로안에게 편지를 띄워 모든 책임은 자동차 생산 부문에 있으며, 자신은 다른 자동차 제조업체로 가서 공랭식 엔진을 설계해보고 싶다고 전했다. 나흘 뒤 그는 사직서를 제출했다.

그러나 슬로안은 사내 갈등에도 불구하고 케터링의 재능은 여전히 인정했다. 그는 케터링 자신이 운영하는 별도의 새로운 조직을 만들어 엔진 개발 작업을 계속해나가도록 했다. 케터링은 회사 전체의 리서치 및 수석 엔지니어 자리도 그대로 유지했다.

그렇다면 케터링은 굳이 회사를 그만둘 필요가 없었다. 모두가 바랐던 대로 그의 중심 테마는 공랭식 엔진에서 페인트와 연료, 디젤 엔진 기술 같은 진짜 혁명적인 결과를 가져온 프로젝트로 옮겨갔다.

슬로안은 예의 스타일답게 자신과 관련된 일화는 슬며시 뒤로 돌렸다. 《제너럴 모터스와 함께한 세월》에서 그는 이렇게 썼다:

공랭식 승용차는 다시 부상하지 못했다. 그냥 묻혀버리고 말았는데, 그 이유는 나도 잘 모르겠다. 엄청난 호황이 몰려왔고, 우리는 폭발적인 자동차 수요를 대기 위해, 또 개선된 수랭식 자동차 디자인으로 경쟁하는 데 모든 에너지와 신경을 집중해야 했다.

컨설턴트의 의견을 무시하고 쉐보레를 살리다

피에르는 1920년 12월 케터링에게 운명의 공랭식 엔진 개발을 진행하도록 허락한 직후 회사 운영의 철저하고도 객관적인 평가라고 생각하는 일을 시작했다. 별 준비 없이 큰 일을 해치우는 많은 CEO들처럼 그 역시 새로운 아이디어를 가진 내부의 심복 몇 명과 외부 컨설턴트에게 일을 맡겼다.

다른 많은 CEO들이 직면하는 것처럼 이번에도 컨설턴트가 제안한 내용은 현장에서 듣고 싶어하지 않는 것이었다. 슬로안의 말을 옮기자면, "누군가가" 1920년 말 외부 용역을 수행했는데, 회사에서 유일하게 소형차를 생산하고 있는 쉐보레 브랜드와 운영 부문을 없애는 게 좋다는 결론을 내렸다. 슬로안은 격렬하게 반발했고, 결국 그의 의견은 컨설턴트의 제안을 눌러버렸다.

슬로안 자신이 이 사건에 어떻게 대처했는가에 대한 설명은 위기의 순간에 외부 "전문가"의 의견에 귀 기울이는 경영진에게 아주 적절한 충고가 될 것이다:

> 듀폰 씨가 사장이 되자 누군가가 구조조정 프로그램의 일환으로 제너럴 모터스가 가진 자산을 조사해보자는 아이디어를 내놓았다. 이 일은 권위 있는 컨설팅 회사에 맡겨졌다. 그런데 제일 눈에 띄는 권고 사항이 쉐보레 사업장을 매각하라는 것이었다: 쉐보레는 수익성 있는 사업장으로 만들 수 없다. 경쟁의 여지조차 없다. 이런 권고였다. 나는 정말 흥분했다. 누가 컨설팅을 했든 우리 입장과는 정반대의 주장을 했기 때문이다. 그래서 나는 듀폰 씨를 찾아가 우리가 훌륭한 제품을 만들어 공격적으로 판매하려면 어떻게 해야 하는지 설명했다. 앞으로 더 많은 사람들이

캐딜락, 아니 뷰익보다 더 경제적인 소형차를 살 수 있게 될 것이라고 강조했다. 우리가 누구와 경쟁할 수 없다는 건 모욕적인 언사다. 그건 능력과 노력의 문제다. 그러자 듀폰 씨가 말했다. "그 보고서는 잊어주시오. 계속 해나갈 겁니다. 우리가 할 수 있다는 걸 보여주세요." 듀폰 씨는 늘 그런 식이었다. 그는 용기를 갖고 자신의 믿음을 밀고 나갔다. 오로지 사실만이 중요했다. 그렇게 해서 쉐보레는 살아났고, 제너럴 모터스는 파국을 피해갈 수 있었다.

쉐보레는 결국 회사의 가장 큰 사업 부문으로 커나갔고, 헨리 포드를 누르는 데 일등공신 역할을 했다. 포드 모터를 그만두고 슬로안의 품으로 들어온 넛센의 지휘 아래 쉐보레는 1927년 포드 브랜드를 제치고 미국 판매 1위 자리를 차지했다. 제너럴 모터스가 만약 외부 전문가의 권고를 받아들였다면 어떻게 됐을지 상상에 맡길 따름이다.

헨리 포드가 시장의 거대한 변화를 놓치다

슬로안이 이끄는 경영진이 공랭식 엔진과 기업 조직 재구성을 놓고 씨름하고 있는 동안 헨리 포드는 계속 순항하고 있었다. 1923년의 경우 제너럴 모터스의 쉐보레가 1대 팔리면 포드 모터의 모델 T는 13대가 팔려나갔다. 헨리에게는 적수가 없었다. 그는 1908년에 처음 출시한 자동차 그대로인 모델 T를 바꿔야 할 필요를 전혀 느끼지 못했다. 다른 포드 차 모델을 시장에 내놓을 이유 역시 없었다. 감히 이와 다른 의견을 제시하는 사람은 헨리의 분노만 살 뿐이었다.

훗날 쉐보레를 이끌고 포드를 앞질러버린 윌리엄 넛센은 헨리에게 입바른 소리를 했다가 노여움을 산 몇 안 되는 인물 중 한 명이었다. 덴마크에서 단신으로 이민을 온 넛센은 10대 시절 뉴욕 거리에서 살아남기 위해 주먹 쓰는 법을 배웠다. 그는 키 180센티미터에 몸무게 90킬로의 큰 덩치와 싸움꾼으로서의 명성을 바탕으로 뉴욕 주 버펄로에 있는 제철소에서 십장으로 일하면서 근로자들을 다루는 기술을 마스터했다. 헨리는 그 제철소를 인수하면서 반드시 넛센이 함께 와야 한다고 주장했는데, 생산 조직과 사람을 "다루는" 넛센의 기술 때문이었다. 넛센은 7년도 채 안 돼 포드 모터의 생산 책임자로 승진했고, 헨리가 가장 신임하는 경영자가 됐다.

그러나 넛센은 감히 모델 T의 전성기가 지났을지도 모른다는 말을 하자마자 헨리의 심복 자리에서 내려와야 했다. 비록 모델 T가 소형차 시장을 계속 휘어잡고는 있었지만 넛센은 슬로안이나 듀란트처럼 다양한 모델이 필요하다고 생각했다. 그는 또 디어본의 루즈 강변에 포드가 지은 너무 거대한 공장은 효율성이 떨어질 수 있다고 우려했다. 당시 루즈 생산단지에는 8만 명 이상의 근로자가 일하고 있었다. 워낙 넓다 보니 각종 생산 시설이 몇 마일씩이나 떨어지게 됐고, 이것은 모든 생산 공정을 한 곳에 집중한다는 당초 목적에서 한참 어긋난 것이었다.

1921년 초 넛센은 모델 T를 대체할 신차의 설계안을 헨리에게 과감히 제시했다. 헨리는 단칼에 이 제안을 묵살해버렸고, 넛센은 이 사안을 다시는 입에 올리지 않았다. 헨리는 넛센에게 아무런 내색도 하지 않았지만 넛센은 자신이 내린 지시와 명령이 생산 현장에서 바뀌거나 수정되고 있다는 사실을 금방 발견했다. 물론 그 배후에는 포드 모터의 창업자이자 오너가 있었다.

넛센에게는 그것이 인내의 한계였다. 1921년 4월 1일 포드 모터를 그만둘 때까지도 그는 앞으로 뭘 할지 아무런 대책도 없었다. 그런데 한 달도 채 안 돼 슬로안이 그를 스카우트한 것이다.(포드 모터가 하이야트 롤러 베어링의 주요 고객이던 시절부터 두 사람은 사업상 여러 차례 만났다.) 그리고 2년도 안 돼 쉐보레 전체를 책임지게 된 것이다. 슬로안과 넛센을 비롯한 제너럴 모터스 경영진이 빌리 듀란트가 끌어 모은 각 사업 부문의 자동차 모델 및 브랜드의 차별화와 조화를 위해 애쓰는 동안 포드 모터의 엔지니어들은 이제 세계 최대의 수직 계열화 제조 시설이 된 루즈 생산단지와 모델 T에 더욱 더 집중했다.

포드의 목표는 모든 원자재와 부품의 수급을 스스로 조절하는 것 그 이상도 이하도 아니었다. 설사 외부 생산업체가 더 싸게 공급할 수 있다 해도 그건 차후 문제였다. 포드는 켄터키에 있는 석탄 광산을 매수했고, 브라질에서 고무 농장을 사들여 포드란디아(Fordlandia)라고 이름 붙인 정글 유토피아를 건설하려고 했다. 루즈 생산단지에 철광석과 석탄을 싣고 온 선박이 화물을 부린 뒤 자동차를 싣고 떠날 수 있다고 그는 자랑했다. 하지만 그는 수직 계열화를 너무 극단적으로 몰고 갔다. 그 바람에 결국 슬로안과 제너럴 모터스가 내놓은 다양한 모델의 승용차가 인기를 끌며 모델 T의 수요가 줄어들기 시작하자 수직 계열화는 경쟁력 우위가 아니라 원가 부담의 요인이 됐다.

포드는 대량 생산을 통해 아무리 가격을 낮춘다 해도 경쟁업체들의 혁신과 엔지니어링의 발전에 따라 모델 T의 장점도 무너져 내릴 수 있다는 사실을 간과했다. 그는 또 자동차 산업의 성장이 시장 구조를 바꿔놓을 것이라는 점도 내다보지 못했다. 그러나 알프레드 슬로안은 보고 있었다.

1923년 무렵 새 차를 구입하는 사람들 대부분은 이미 한 대의 차량을 보유하고서 더 편리하면서도 편안하고 성능도 좋은 차를 새로 장만하려고 했다. 또 모델 T처럼 운송수단으로서의 기본적인 뼈대만 갖춘 차를 찾는 사람들에게는 새로운 대안이 등장했는데, 다름아닌 중고차 시장이었다. 딜러들도 새 차 구입 시 중고차를 인수해주었다. 이는 중고차 물량을 더욱 늘려 모델 T에게 가격 압력으로 작용했고, 동시에 모든 종류의 신차 판매를 더욱 부추기는 역할을 했다.

게다가 점점 더 많은 구매자가 소비자 금융을 이용해 신차를 구입하게 됐다. 제너럴 모터스는 일찌감치 1919년에 제너럴 모터스 억셉턴스 코포레이션(GMAC)을 세워 이 시장을 개척해왔다. 그 이전까지는 몇몇 중소 제조업체와 딜러가 자동차 금융을 제공했었다. 하지만 헨리 포드는 제너럴 모터스와 달리 딜러들에게 금융 지원을 해주지 않았다. 결국 포드 차를 구매하는 고객들은 현금을 내거나 은행 대출을 받아야 했는데, 은행 대출은 절차도 복잡하고 GMAC보다 금리도 높았다. 1926년에는 GMAC 덕분에 미국의 차 구매자 4명 중 3명이 현금 대신 소비자 금융을 이용했다. 이 무렵 미국 전역의 13만 개 은행 중 GMAC보다 대출 여력이 더 많은 은행은 13곳에 불과했다.

모든 소득계층, 어떤 구매 목적에도 적합한 차

소비자와 시장의 변화를 무시한 헨리 포드의 고집은 알프레드 슬로안에게 축복과도 같았다. 슬로안은 빌리 듀란트가 인수한 온갖 브랜드 가운데 가능성 있는 것과 그렇지 않은 것을 솎아내는 작업을 해나갔다. 알프레드 역시 빌리가 그랬던 것처럼, 사람들은 자동차를 단순한 운송수단 이상으로 바라본다고 생각했다. 사람들은 자동차를 자신의 사회적 지위와 명성의 척도이자 과시물로 인식했다. 자기가 어떤 종류의 차를 소유했느냐는 자신이 누구이며, 사회적, 경제적으로 어느 계층에 속하게 될지를 보여주는 징표였다. 사람들은 또 차를 운전하거나 타고 가면서 편안함과 여유를 즐기고 싶어했다: 이 두 가지는 헨리 포드가 중시하지 않는 사양이었다.

슬로안은 구매자 개개인의 특별한 선호도에 초점을 맞추는 제품 전략을 개발했다. 그 핵심은 시장을 가격대별로 세분화한 다음 해당 가격대에서 가장 매력적이고 값어치 있는 차를 제공한다는 데 있었다. 슬로안은 이것을 "모든 소득계층, 어떤 구매 목적에도 적합한 차"라고 이름 붙이고, 1924년도 사업보고서의 주주들에게 보내는 서한에서 이를 공식화했다. 제너럴 모터스의 어떤 자동차 부문이나 브랜드도 서로 다른 가격대의 자동차 부문이나 브랜드와 경쟁하지 않도록 했다; 각 부문은 고유한 정체성을 갖고 차별화된 고객들에게 다가갈 것이었다. 또한 소비자의 구매력과 선호도가 바뀌면 다음 단계의 가격대에서 그들이 원하는 차를 제공함으로써 고객을 계속 유지해나갈 것이었다.

헨리 포드가 모델 T에 집착하는 동안 제너럴 모터스는 모든 소비자의 지갑 두께와 선호도를 충족시킬 수 있는 폭넓은 제품을 개발해 제공해나갔다. 쉐보레가 소형차 부문을 커버했고, 가장 높은 가격대는 캐딜락이, 그 사이는 폰티악(1925년 오클랜드에서 이름을 바꾸었다), 올즈모빌, 뷰익이 세분화된 시장에 차례로 포진했다.

제너럴 모터스가 "모든 소득계층, 어떤 구매 목적에도 적합한 차"라는 슬로안의 전략 아래 무섭게 치고 나오자 헨리 포드도 결국 모델 T의 시대가 지나갔음을 인정해야 했다. 포드의 엔지니어들은 모델 T를 대신할 수 있는 딱 한 가지 신차의 개발에 나섰다. 포드는 1928년 출시를 위해 1927년부터 제품 설계와 엔지니어링, 기계장치 교체 작업을 해나갔다. 그러나 포드의 생산 시설이 거대한 루즈 생산단지에 집중돼 있어, 헨리는 기계장치를 신차 쪽으로 옮겨오는 동안 공장 전체를 세워야 했다.

포드의 생산 중단은 제너럴 모터스에게 아주 특별한 기회였다: 사실상 시장 전부를 가져올 수 있게 된 것이었다. 수치를 보면 다시 한번 확실히 알 수 있다. 1925년에 쉐보레 부문은 미국에서 34만1000대를 팔았고, 포드 모터는 125만 대 이상을 판매했다. 그런데 루즈 공장이 멈춘 1927년 쉐보레는 극적인 추월에 성공해 64만7810대를 판매한 데 비해 포드는 39만3424대를 파는 데 그쳤다. 이해 제너럴 모터스의 전체 자동차 판매대수는 트럭을 포함해 포드 포터의 두 배가 넘었다.

15 이행기를 거쳐 일인자로
From Transformation to Domination

슬로안의 제너럴 모터스는 포드 모터뿐만 아니라 1920년대 말 설립돼 중저가 자동차 시장의 강력한 경쟁자로 부상한 크라이슬러까지 꾸준히 앞서갔다. 이 과정에서 제너럴 모터스는 투자비가 많이 들어가는 여러 혁신적인 개발을 선도했는데, 포드는 이를 무시했지만 고객들은 대공황 중에도 기꺼이 이런 혁신에 지갑을 꺼냈다. 이 중 몇 가지만 소개한다:

- 듀코(Duco) 페인트(듀폰과 공동으로 개발했다)는 기존의 자동차 페인트가 마르는 시간을 획기적으로 줄여주었고, 색상과 색조의 선택 폭을 크게 늘렸다.
- 납(鉛)을 첨가한 휘발유(듀폰과 공동으로 개발해 에틸이라는 이름으로 스탠더드 오일과 함께 설립한 계열사를 통해 판매했다)는 엔진에서 발생하는 이상한 폭발음을 없애주었고, 훨씬 강력하고 효율적인 엔진을 개발할 수 있게 해주었다.
- 독자적인 전륜 서스펜션은 주행 중 바퀴가 장애물에 부딪쳤을 때 운전자나 승객에게 가해지는 충격을 크게 줄여주었다.

- 크랭크축 환기장치는 엔진 오일 교체 주기를 500마일 주행에서 2000마일 주행까지 늘려주었다.
- 전기 방향 지시등
- 전기 와이퍼
- 전자동 트랜스미션은 클러치와 브레이크, 액셀러레이터를 손이나 발 하나만 갖고도 작동할 수 있게 해주었다.

자동차 디자인의 새로운 패러다임

1926년 이전까지 대량 생산되는 자동차는 기능이 우선이었고 외관은 그 다음이었다. 차체는 디자인이나 미술 교육을 전혀 받지 않은 엔지니어가 만들고 수정했으며, 이들은 차체를 그저 자동차라는 기계의 위를 덮는 커버로 여겼다. 자동차의 외관을 중시하는 구매자들은 차체를 씌우지 않은 자동차를 특별 주문한 뒤 자기가 좋아하는 차체를 따로 맞추었다.

이런 차체 맞춤점 가운데 하나가 로스앤젤레스에 있었는데, 할리우드 스타들이 주요 고객이었고 사장은 스탠포드 대학교에서 디자인을 전공한 할리 얼이었다. 1926년 캐딜락 부문 대표인 로렌스 피셔(피셔 바디를 창업했던 7명의 피셔 형제 중 한 명)가 얼에게 다음해 출시할 새로운 모델 라살(LaSalle)의 차체 디자인을 맡겼다.

라살은 미국에서 대량 생산된 자동차로는 처음으로 엔지니어 팀이 아니라 디자이너가 처음부터 설계한 차였다. 또한 이미 시장에 나와있던 기존 모델을 바탕으로 수정한 것이 아니라 "완전히 백지 위에서" 개발한 최초의 차였다. 앞선 어떤 모델보다도 차체가 길고 낮았으며, 마치 "양쪽에 날개를 단 것 같은" 바퀴 위의 펜더는 문 아래로 우아하게 흘러내렸다. 특히 자동차의 모서리 부분이 전부 곡선 처리되었는데, 한결같이 각진 모양이었던 이전 모델들과는 확연히 달라 보였다.

1927년에 출시된 라살은 히트 상품이 됐다. 그러나 이보다 더 중요한 것은 알프레드 슬로안이 라살의 독특한 외관에 반해 얼을 정식으로 스카우트했다는 사실이다. 슬로안은 얼에게 제너럴 모터스의 모든 차종을 디자인할 수 있는 그의 독립된 조직을 디트로이트에 만들도록 했다. 맨 처음 아트 앤드 컬러 섹션이라고 이름 붙인 얼의 조직은 자동차 업계 최초의 디자인 부서였다.

매년 모델 교체를 정례화하다

슬로안은 저마다 독특한 브랜드와 디자인이라는 개념에다 매년 모델을 교체한다는 아이디어까지 추가했다. 이 아이디어는 자동차 업계 전체에 큰 충격을 주었을 뿐만 아니라 제너럴 모터스의 성장 동력에도 그의 조직 개편 개념보다 더 큰 영향을 미쳤다.

전통적으로는 기술적 개발이라 해도 고객들의 눈에 띄지 않거나 차대 혹은 엔진을 근본적으로 재설계하는 것이 아닌 이상 실제로 도입한다 해도 크게 선전하지 않았다. 그러나 소비자들이 자신의 사회적 지위와 명성의 척도로서 자동차를 구매하려고 한다는 점에 주목한 슬로안은 기술적 혁신을 주기적으로 도입하고 이와 동시에 각 모델의 외관도 바꾸는 방안을 시행하기로 했다.

자동차 사업 부문에서는 처음에 반발했다. 하지만 슬로안은 경영위원회와 제품 정책 및 판매위원회(1921년 조직 개편의 일환으로 설립됐다)에서 모든 이견을 자유롭게 토론할 수 있게 했다. 각 사업 부문에서 매년 모델 교체를 해야 하는 특정 시한을 못박는 대신 기술적 혁신을 가속화할 수 있도록 3년이라는 합의 기간을 주었고, 그 사이 얼의 스타일 변화는 회사 내에서는 물론 시장에서도 큰 호응을 얻었다.

1928년 쉐보레가 매년 모델 교체 방식을 도입하기로 하자 포드 모터는 마침내 수세에 몰렸다. 그 뒤로는 슬로안이 공식적으로 지시하지 않아도 회사의 확고한 정책으로 자리잡게 됐다. 슬로안은 나중에 이렇게 회고했다:

우리가 매년 모델 교체 방식을 정례화한 시점을 정확히 말하기는 어렵다. 계속 진화해나갔기 때문이다. 하다 보니 해마다 모델을 교체하게 됐고, 교체의 필요성을 인식하면서 정기적인 모델 교체가 자리잡은 것이다. 정기적으로 모델을 교체하게 되자 1930년대 들어 매년 모델을 교체하는 게 어떨까 하고 논의를 시작했다. 포드 씨는 이 문제를 한번도 진지하게 생각하지 않았을 것이다. 1928년에 첫 선을 보인 포드의 모델 A도 당시로서는 훌륭한 소형차였지만, 내 눈에는 외관은 무시하고 실용성만 강조한 또 하나의 포드 차로밖에 보이지 않았다.

1930년대 말에 이르자 제너럴 모터스 고객뿐만 아니라 차를 갖고 싶어하는 모든 사람들(특히 청소년층)이 제너럴 모터스의 새 모델 공개를 하나의 대형 이벤트로 여기게 됐다. 슬로안이 이사회 의장직에서 물러난 1956년에는 전국 각지의 딜러들이 올해의 신차 출시를 국가적인 행사로

부추기는 단계로까지 발전했다.

이 무렵은 이미 포드 모터와 크라이슬러도 매년 모델 교체라는 개념을 받아들인 다음이었다. 매년 모델 교체는 1970년대 말까지 이어졌으나, 경쟁 모델이 너무 많아지면서 해마다 공장 설비를 교체하고 공정을 바꾸는 데 엄청난 비용이 들어가자 결국 사라지게 됐다.

미국을 넘어 세계로

알프레드는 미국에서 전면적인 구조 개편과 새로운 전략을 추진하는 한편으로 제너럴 모터스의 해외 네트워크를 확대하는 작업을 조용히 하지만 공격적으로 진행해 나갔다. 제너럴 모터스는 GM 엑스포트 사업부를 통해 1911년부터 수출에 나섰다.

당시 GM 엑스포트는 뉴욕 사무소 직원 3명이 전부였고, 한 해 예산은 고작 1만 달러였다. 첫 해 수출한 자동차는 모두 1200대였다. 다음 해에는 3배로 늘었고, 빌리 듀란트가 제너럴 모터스를 떠나간 1920년에는 3만 대로 늘어났다.

슬로안이 사장이 된 1923년에는 제너럴 모터스의 수출국이 125개 국에 달했다. 또 1923~28년 사이 슬로안은 유럽과 남미, 아시아, 아프리카, 호주 등 15개 국에 19곳의 신규 공장을 건설했다.

1924년과 1925년에는 영국의 자동차 메이커 오스틴(Austin)과 복스홀(Vauxhall)을 인수했고, 1926년에는 제너럴 모터스 저팬을 고베에 설립했다. GM 저팬은 1920년대 말부터 일본이 진주만을 공습한 1941년 12월 7일까지 일본에서 자동차 생산 및 판매 1위 업체였는데, 1927~39년 사이 GM 저팬의 일본 시장 점유율은 42%가 넘었다.

1929년에는 재봉틀 기계회사에서 성장한 독일의 자동차 기업 아담 오펠(Adam Opel)을 인수했다. 창업자의 아들 5형제가 경영했던 오펠은 막대한 상속세가 부과되자 마침 인수 대상을 찾고 있던 GM에 회사를 넘겼다. 제너럴 모터스가 인수한 뒤에도 오펠은 기존 모습을 그대로 유지했고, 현지 기업과 똑같은 제조 및 영업 체제를 가져갔다. 곧 유럽 최대의 자동차 메이커 중 하나로 성장한 오펠은 재봉틀 기계 메이커에서 자전거 생산업체로, 또 자동차 제조업체로 변신해나간 독일의 상징적인 기업이 됐다. 유럽인들은 오펠을 엔지니어링 혁신의 대명사로 여겼지만 제너럴 모터스의 계열사라는 사실은 잘 몰랐다.

재무적 통제 시스템의 확립

슬로안은 빌리 듀란트의 사업 철학 및 경영 스타일과 갈수록 멀어져 갔다. 슬로안은 제너럴 모터스 경영진이 자신의 사업 단위는 물론 회사 전체의 성과에 더 큰 관심을 가질 수 있도록 미국 내 주요 시장을 재무적으로 통제하는 직간접적인 시스템을 만들었다.

처음에 도입한 개념은 도널드슨 브라운이 이름 붙인 "기준 생산량(standard volume)"이었다. 브라운은 듀폰의 재무 이사로 있다 피에르 듀폰이 1921년 제너럴 모터스의 재무 담당 부사장으로 데려온 인물이다. 기준 생산량에 대한 브라운의 정의는 경기 호황기든 불황기든 적정 이익과 투자 수익률을 가져다 줄 수 있는 생산 시설의 적정 가동률이었다: 이것 역시 자동차 업계에서 누구도 시도해보지 않은 개념이었다.

1920년 위기에서 얻은 귀중한 교훈 한 가지가 있었다. 생산 및 재고 관리를 위해서는 명료하면서도 보다 정확한 현재 및 장래 소매 판매 데이터가 필요하며, 그래야 앞으로 유사한 위기를 방지할 수 있다는 것이었다. 1921년 이전까지 미국의 자동차 제조업체들은 딜러들에게 넘기는 수치와 딜러들의 부풀려진 판매 예측치를 생산량 결정 기준으로 삼았다. 브라운이 기준 생산량을 제안한 그해 당장 제너럴 모터스는 현장에서부터 10일 판매 보고 시스템을 제도화했다. 브라운과 재무 담당 부서에서는 또 자체적으로 분석한 각종 지표와 회사의 소비자 조사 자료, 연방 정부의 경제 지표를 취합해 데이터에 기초한 판매 예측치를 산정하는 시스템을 고안했다.

기준 생산량 이론의 원리는 이랬다. 제너럴 모터스가 시장의 방향을 미리 파악하고서 전체 생산 시설의 가동률을 지속적으로 조정해나가면 시장이 아무리 출렁거려도 꾸준한 이익과 투자 수익률을 올릴 수 있다는 것이다. 이 공식대로라면 폭발적인 경기 붐이 불어 닥쳤을 때 판매 증가분이 상대적으로 적어질 수 있다. 또 판매 예측치에 따라 매달 생산 쿼터가 계속적으로 조정되기 때문에 일선 공장에서 느끼는 스트레스와 불확실성은 더 가중될 것이다. 브라운은 이 점을 알고 있었다. 그러나 제너럴 모터스가 자신의 공식을 지켜나간다면 과도한 재고의 덫에 걸리지도 않을 것이고, 최악의 불황기에도 이익을 낼 것이라고 확신했다.

브라운의 이론은 옳은 것으로 판명났다. 주주들에게는 기쁜 일이었다. 그러나 공장 경영자와 생산직 근로자들은 전혀 반갑지 않았다. 공장 일감이 늘어나거나 줄어들 때마다 근로자들은 생산량을 늘려야 한다는 압박감 혹은 해고에 대한 불안감에 시달려야 했다. 이건 적어도 빌리 듀란트가 맨 처음 플린트에 공장을 세웠을 때와는 비교할 수 없는 엄청난 강도의 긴장이었다.

최고의 인재를 데려오고 키우고 붙잡다

슬로안 자신은 경영진과 딜러 네트워크에 전력을 기울였지만 회사의 모든 계층, 특히 전문 기술직 및 현장 감독 분야의 인재를 끌어오고 업무 능력을 개발하는 데도 신경을 썼다. 회사의 임직원 숫자는 1920년 8만 612명에서 1927년에는 17만5666명, 1929년에는 23만3286명으로 늘어났다. 이에 따라 최신 기술을 구현할 수 있고, 책임 범위도 더 큰 공장 감독과 엔지니어의 공급이 절실히 필요했다.

이 같은 요구에 따라 1926년 제너럴 모터스 인스티튜트(GMI)가 플린트에 세워졌다. 이곳에서는 플린트 지역에 거주하는 모든 근로자를 대상으로 주간 및 야간 강좌를 개설했고, 근로자들은 GMI 교수진이 개발한 심화 과정을 무료로 들을 수 있었다. 또한 엔지니어링을 배우려는 신입 직원들을 위한 협력 프로그램도 진행됐다. GMI에서 전문 기술과 엔지니어링 과정을 마친 사람은 금세 특별한 애사심을 깃게 됐다. GMI는 얼마 뒤 누구나 인정하는 대학교로 자리매김했다. GMI에서 엔지니어링 과정을 전공한 학생은 이론뿐만 아니라 실제 현장에서 쓰이는 장비와 문제들을 철저히 몸에 익혀 업계에서 특별한 존재로 내우받았다.

알프레드는 자신이 가장 중시하는 최고 경영진에게 충성심을 불어넣기 위한 조치로 1923년 GM 주식 225만 주를 80명의 임원들에게 특별 매각했다. 이 주식은 피에르 듀폰과 존 라스콥이 회사에 넘긴 것인데,

제너럴 모터스는 이 주식을 시장가로 재판매한 것이었다. 임원 각자가 매수할 주식의 수량은 슬로안이 정했다. 매각 대금은 현금으로 일부를 납부하고, 나머지는 각자의 공헌에 대한 "보상"으로 충당했다. 이 프로그램은 엄밀히 말해 자발적이라고 할 수 없었지만, 슬로안이 임원들을 한 명씩 만나 각자에게 배정한 주식을 설명해주자 참여하지 않겠다고 한 경우는 한 명도 없었다.

슬로안의 진짜 의도는 경영진으로 하여금 고용인이 아니라 오너의 입장에서 생각하고 행동하라는 것이었다. 이렇게 함으로써 그들의 개인 재산을 회사의 성과와 직접 연결시키는 효과도 거둘 수 있었다. 만일 제너럴 모터스의 성적이 부진해 주가가 떨어지면 경영진의 부(富)는 임금과 상여금에도 불구하고 줄어들 것이었다. 이 아이디어 역시 멋지게 성공했다: 7년 만에 회사의 순이익은 7200만 달러에서 2억4820만 달러로 증가했고, 경영진에게 매각한 주식의 시장 가격은 61배 이상으로 불어났다.

소요 사태에도 성장세를 이어가다

1920년대가 끝나갈 무렵 슬로안은 경영자로서 최고의 정점에 와 있었고, 제너럴 모터스 역시 자동차 업계뿐만 아니라 기업 전체적으로도 독보적인 존재였다. 슬로안이 거둔 실적은 숫자에서 여실히 드러난다. 빌리 듀란트가 떠나고 맞은 첫 번째 해인 1921년도 매출액은 3억450만 달러였으나 1929년에는 15억 달러로 늘어났다. 같은 기간 순이익은 3870만 달러 적자에서 2억4830만 달러 흑자로 돌아섰다.

기업 역사상 이 같은 턴어라운드는 가히 전무후무한 것이다. 빌리가 숨결을 불어넣은 아이가 이제 기업 세계에서 당당한 주인공으로 성장한 것이었다. 하지만 제너럴 모터스의 공장 상황은 대차대조표만큼 그렇게 밝지 않았다.

빌리가 물러난 뒤 제너럴 모터스 근로자들 사이에 일었던 신뢰의 분위기는 대공황이 몰아 닥치자 사라져버린 것 같았다. 전국적으로 기업이나 단체 할 것 없이 믿음과 신뢰는 산산조각 나버렸다.

제너럴 모터스 근로자들은 고통 분담 차원에서 모든 공장에서 실시된 해고 조치를 감수해야 했다. 브라운의 기준 생산량 공식에 따라 많은 공장들이 휴업을 했다. 하지만 생산성이 제일 높은 핵심 공장들은 잔업까지 했다. 다시 말해 근로자들을 다시 채용하기 보다는 비용 절감을 위해 생산 라인의 속도를 높였던 것이다.

슬로안에게는 곧 대공황을 생산 규모 조절 및 이익 증대의 기회로 이용하고 있다는 비난이 쏟아졌다. 이런 비난은 슬로안이 거둔 실적에 의해 설득력을 더 했다. 제너럴 모터스는 대공황 기간 중에도 손실을 기록하지 않은 유일한 자동차 기업이었다. 판매대수의 감소와 매출액 정체에도 불구하고 제너럴 모터스는 1932년을 제외하고는 단 한 해도 순이익률이 10% 아래로 떨어지지 않았다. 사실 GM 경영진은 대공황 기간 중 저가 공세로 경쟁업체를 몰아내 시장 점유율을 높임으로써 폭발적인 미래 성장의 토대를 구축할 수도 있었다.

전미 자동차 노조(UAW)의 운동가들이 1930년대 초 제너럴 모터스 공장으로 들어오자 GM 경영진은 공장 관리자들에게 최루탄과 각종 무기를 지급하고, 스파이를 심는 방식으로 대응했다: 헨리 포드가 이미 써먹었던 수법이었다. 마침내 1932년 12월 29일 플린트에 있는 피셔 바디 제

2공장에서 근로자들이 연좌 농성을 벌이는 사태가 벌어졌다. 다음날 피셔 바디 제1공장은 문을 닫았다.

농성이 2주나 이어지자 경찰은 근로자의 부인과 지지자들이 음식물을 넣어주는 것을 막았다. 주 방위군이 출동했고, 제너럴 모터스는 법원의 중재를 요청했다. 플린트 공장은 핵심 부품을 공급했기 때문에 제너럴 모터스의 전국적인 생산 네트워크가 멈춰 섰다. 긴장이 고조되면서 양측은 서로를 비난하는 주장을 일간 신문에 실었다.

프랭클린 루즈벨트 대통령은 프랜시스 퍼킨스 노동부 장관을 보내 사태 해결에 나섰다. 그러나 슬로안은 끝내 UAW 지도부와 만나기를 거부했다. 슬로안은 생산 담당 책임자인 윌리엄 넛센을 보내 파업을 해결토록 했다. 1937년 2월 11일 제너럴 모터스는 조건부 항복과 함께 UAW를 협상 파트너로 인정했다.

어쨌든 슬로안을 비롯한 경영진과 공장 근로자들 간의 갈등에도 불구하고 회사 실적은 여전히 놀라운 것이었다. 1930년대 말까지 제너럴 모터스는 질풍과도 같은 성장세를 이어갔다. 1908년 1만 대에도 못 미쳤던 자동차 생산량이 1915년에는 10만2000대로 늘어났고, 1939년에는 159만7569대로 증가했다. 제너럴 모터스의 미국내 승용차 및 트럭 시장 점유율은 1915년 10% 미만에서 1939년 40% 이상으로 불어났다. 이와 동시에 제너럴 모터스의 질주를 반영하듯 미국의 자동차 생산 기업은 1915년 200곳 이상에서 1939년에는 12곳 미만으로 줄어들었다.

정치인과 경영자의 겸직 금지

회사 경영진은 절대 정치나 정부 쪽에 몸을 담아서는 안 된다는 게 슬로안의 확고한 신념이었다: 따라서 여기에 동의하지 않는 GM 경영진은 대가를 치러야 했다.

존 라스콥은 듀폰 회사가 GM에 대한 투자를 늘릴 때 들어와 제너럴 모터스의 최고 재무관리자(CFO)가 됐고, 미국의 기업 회계 및 관리 분야에 큰 족적을 남겼다. 그러나 1928년 대통령 후보로 나선 뉴욕 주지사 앨 스미스의 선거 책임자로 가려고 했다는 사실이 알려지면서 슬로안의 분노를 샀다. 슬로안은 듀폰 집안의 반대를 무릅쓰고 라스콥을 단번에 해고해버렸다.

대량 생산 시스템을 완성시킨 인물로 평가 받는 윌리엄 넛센 역시 비슷한 경우였다. 플린트 공장 파업 사태 이후 슬로안이 대중 앞에 나서기를 피하면서 그는 1937년 제너럴 모터스의 사장으로 승진했다. 슬로안은 비록 이사회 의장이라는 직함밖에 없었지만 회사 내에서 그의 권한은 어느 때보다 막강했다. 1940년 루즈벨트 대통령이 넛센에게 전시 산업동원성 장관을 맡아달라고 요청해오자 슬로안은 어떤 자리든 제너럴 모디스를 떠나 정부로 옮겨가는 것은 승인할 수 없다고 못박았다. 그러나 10대 소년 시절 덴마크에서 이민을 와 미국 시민임을 자랑스럽게 여기고 있던 넛센은 슬로안의 반대를 무시한 채 제너럴 모터스를 떠나 전시 산업동원성을 이끌었다. 통상 정부 부처로 옮겨가는 경영진은 휴직 처리하는 게 관례임에도 불구하고 넛센은 강제로 제너럴 모터스를 사직해야 했다.

넛센은 루즈벨트 행정부에서 4성 장군 대접을 받았다. 전쟁이 끝나자 그는 슬로안에게 제너럴 모터스에 복귀할 수 없겠느냐고 부탁했다. 알프레드는 안 된다고 답했다. 이유는 넛센의 나이가 제너럴 모터스의 공식 정년인 65세가 됐다는 것이었다. 그러나 당시 알프레드 본인의 나이는 70세였다.

슬로안의 경영 철학과 그 유산

알프레드가 남긴 기록은 그 자체로 놀랍기만 하다. 케터링의 공랭식 엔진 개발을 둘러싼 뜨거운 논쟁이 끝나자 그는 개발팀 전체에게 새로운 임무를 부여해 그 어떤 회사도 시도하지 못한 새로운 고안과 발명을 해내도록 했다. 이 같은 변화야말로 빌리가 처음 숨을 불어넣은 어린아이를 모든 기업의 화신으로 키워낸 동력이었다.

슬로안이 이행기를 거쳐 확고하게 회사를 지배하는 동안 남긴 유산 중에는 모든 기업의 모델이 된 새로운 조직 구조가 있다; 마케팅 기술을 새로이 정의하게 만든 신 생산 전략; 최악의 경기 사이클 기간 중에도 제너럴 모터스가 계속 생산하면서 수익성을 유지할 수 있게 만들어 준 독특하면서도 혁명적인 재무 통제 방식과 각종 지표들. 슬로안이 내놓은 모든 개념과 정책 혁신들은 어느 기업이든 규모에 관계없이 다들 모방해갔다.

하지만 알프레드가 변화시키고 유산으로 남긴 것 가운데 가장 중요한 것은 아주 간단하다: 개방된 토론과 사실에 기초한 의사 결정이다. 이런 개념은 듀란트가 이끌던 시절의 즉흥적이고 임기응변에 가까운 의사결정 과정과 반대되는 것이다. 오늘날에는 진부한 표현이 돼버렸지만 이 같은 경영 철학은 말로 하기는 쉬워도 행동으로 옮기기에는 여전히

어렵다:

> 사실을 수집하라. 모두가 인정하는 공정함을 파악하라. 매일매일의 업무를 더 잘 하는 게 필요하다는 점을 깨달으라. 열린 마음을 갖고 열심히 일하라. 마지막으로 가장 중요한 게 남았다. 지름길이란 없다.

끝으로 슬로안은 새로운 문화를 확립했다. 그 이전까지는 어떤 기업에서도 이렇게 시스템을 통한 방식을 시도하지 못했었다. 이 같은 방식은 20세기 내내 기업의 핵심적인 개념으로 자리잡았고, 새로운 형태의 경쟁과 신기술이 쏟아지면서 모든 기업과 기관이 새로운 구조를 갖출 때까지 유지됐다. 새로운 문화란 바로 위계질서에 따른 명령과 통제의 문화라는 것이다. 하지만 여기에는 창의성과 혁신, 리스크 감수 같은 특징이 들어있다: 글로벌 시대인 오늘날에도 어느 기업의 어떤 경영자라도 자신들의 조직에 불어넣으려고 애쓰는 것들이다.

슬로안이 36년간 이끌어왔던 회사의 이사회 의장에서 물러난 1956년 제너럴 모터스는 거대 기업 제국과 혁신이라는 점에서뿐만 아니라 물질주의와 번영이라는 면에서도 미국 제일의 상징이 됐다. 제너럴 모터스에서 일하는 전 세계 근로자는 80만 명으로 비정부기관으로는 최대 규모였고, GM은 미국에서만 이들 외에도 100만 명 이상에게 연금과 건강보험 혜택을 주었다. 데이비드 핼버스탐은 그의 책 《1950년대The Fifties》에서 제너럴 모터스를 "너무나 강력해 그냥 기업이라고 부르기에는 상당히 부적절한 회사"라고 표현했다. 제너럴 모터스는 연방정부 다음으로 많은 직원을 고용하고 있고, 광고비 지출도 가장 많다. 방송 진행자인 다이나 쇼가 미국인들에게 "당신의 쉐보레를 타고 미국을 둘러보세요"라고 노래 부르자 모든 가정이 이에 공감했다. 그리고 빌리 듀란트는 그가 견뎌내야 했던 모든 아픔과 상처에도 불구하고 틀림없이 미소 지었을 것이다.

■ 에필로그

제너럴 모터스에 유익한 것은……

알프레드 P. 슬로안 주니어가 제너럴 모터스를 기업 생산성과 성공의 아이콘으로 변신시켜 가는 동안 빌리 듀란트의 새로운 꿈은 공허하게 끝나고 말았다. 듀란트 모터스는 빌리의 개인적인 지명도를 밑천으로 해서 맨 처음 투자자들을 자석처럼 끌어 모았다. 그러나 제품 개발과 공장 건설, 부품 공급망 및 딜러 네트워크 구축에 들어가는 엄청난 비용을 감당할 수는 없었다. 슬로안이 제너럴 모터스의 사장이 된 1923년 무렵에는 이미 듀란트 모터스는 사라져 버렸고, 빌리의 관심은 자동차 사업을 떠나 주식시장으로 옮겨가 있었다.

"마법사"라는 자신의 명성을 무기로 그는 다시 한번 월스트리트에 자리를 잡고 조셉 P. 케네디 같은 유명 인사 여럿을 끌어들여 투자 조합을 만들기 시작했다. 투자 조합이란 오늘날의 뮤추얼펀드와 비슷한 것으로, 소액 투자자들을 모아 앞으로 주가가 크게 오를 것 같은 기업의 주식을 "연합해서" 매수하는 것이었다. 투자 조합의 주도자가 하는 역할(빌리는 이 점에서 탁월했다)은 해당 기업의 과거 실적과 성장 잠재력을 퍼뜨리고 더 많은 투자자들이 매수에 가담하도록 하고 결과적으로 수가도 끌어올리는 것이었다.(지금은 이런 식으로 주식을 "과대 선전"하는 행위는 불법이다.)

물론 성공의 관건은 주가가 정점을 친 시점을 정확히 집어내 투자 조합의 주식을 전부 팔아치우는 것이다. 이건 명백히 투기이자 시세조종

행위였지만 당시에는 합법적인 것이었고, 월스트리트에서 빌리 듀란트의 솜씨는 단연 발군이었다. 한때 그의 이름을 내세운 투자 조합과 신디케이트의 자산 규모는 40억 달러에 달했다. 그래서 듀란트에게는 "강세장의 황제"라는 새로운 타이틀까지 붙었다.

하지만 그 역시도 1928년 허버트 후버의 대통령 당선 이후 주식시장에 만연했던 풍요감을 무작정 믿지만은 않았다. 1929년 10월의 주가 대폭락 사태 직전 듀란트는 후버 대통령과 연방준비제도를 상대로 투기 억제와 소액 투자자 보호를 위해 강력한 통화 정책을 펼 것을 주문했다. 그는 대폭락을 앞두고 후버와 만나 얘기까지 나눴으나 후버는 움직이려 하지 않았다.

물론 듀란트의 판단이 옳았고 후버는 틀렸다. 그건 작은 위안에 불과했다. 빌리는 주식시장에서 치명타를 입고 경제적으로나 정서적으로 다시는 정상을 회복하지 못했다. 또 이번에는 피에르 듀폰과 존 라스콥도 그를 구제해주지 않았다.

그는 결국 1936년 파산 신청을 했다. 1938년 9월 레이미어 대저택은 비워졌고, 모든 가구와 집기는 경매에 붙여져 처분됐다. 그래도 그는 당시 플린트 최고 갑부였던 C.S. 모트한테서 3만 달러, 알프레드 슬로안한테서 2만 달러를 빌려 광산업에서 치약, 레이저, 맥주 사업에 이르기까지 다양한 분야에서 새로운 꿈을 좇았다. 하지만 두 사람에게서 빌린 돈은 끝내 갚지 못했다.

1940년 1월 슬로안은 디트로이트에서 열린 제너럴 모터스의 자동차 생산 2500만 대 돌파 기념행사에 빌리를 초청했다. 빌리는 슬로안과 같은 테이블에 앉았고, 슬로안은 그의 손을 잡고 무대로 올라가 참석한 임원진과 딜러들에게 소개했다.

그해 9월 〈새터데이 이브닝 포스트Saturday Evening Post〉에는 슬로안이 쓴 《어느 화이트 칼라의 모험》 일부가 실렸는데, 이를 본 빌리는 알프레드에게 "너무 칭찬해준 데 대해" 감사한다는 편지를 보냈다. 그런데 편지에는 성공에는 과학적 경영보다 더 중요한 것이 있음을 상기시키는 내용이 들어있었다:

슬로안 씨, 우리 두 사람이 회사의 기초를 다지던 시절부터 우리는 서로 잘 알고 있었습니다. 그때는 스피드와 행동이 필요했던 시기였지요. 제너럴 모터스가 여러 사업 단위들을 계열사로 거느리게 되면 전혀 다른 관리 방식을 도입해야 한다고 했던 당신의 주장은 아주 정확한 것이었습니다. 당신은 지식과 경험으로 무장하고서, 당신의 주위에 건전한 판단력과 비전, 목표를 향해 전력 질주하는 경쟁력 있고 신뢰할 수 있는 인물들을 두었으며, 그렇게 함으로써 오늘날의 제너럴 모터스를 진정한 거대 기관으로 창조해낼 수 있었던 것입니다.

한마디로 제너럴 모터스의 초창기 시절을 되돌아보면 이런 이야기가 떠오릅니다: 이등병부터 시작해 별까지 단 휠러 장군이 전쟁터에서 웨스트포인트 출신의 블룸필드 소령을 불렀습니다. 작전을 설명하면서 휠러 장군이 블룸필드 소령에게 이렇게 지시했습니다. "바로 저기 언덕 위에서 보병 중대가 기병대를 따라잡도록 할 것." 그러자 블룸필드 소령이 대답했습니다. "세상에, 장군님, 그건 말도 안 됩니다, 보병이 기병대를 따라잡다니요." 휠러 장군은 이렇게 응수했지요. "하지만, 자네도 알다시피, 이 보병 중대장은 웨스트포인트 출신이라는 취약점이 없다네, 그 친구는 그게 말도 안 된다는 걸 알지 못하지, 그래서 계속 해볼 것이고 어떻게든 해낼 걸세."

슬로안은 정확히 일주일 뒤 제너럴 모터스 공식 편지지에 타이프를 친 편지로 답장을 보냈다. 주요 내용은 슬로안 자신이 왜 책을 쓰게 됐는지 설명하는 것이었고, 듀란트의 편지에 관한 언급은 없었다. 옛 동료였던 두 사람간의 직접적인 접촉은 이게 마지막이었다.

한편 캐서린 듀란트는 남편과 온갖 부침을 함께 하며 곁을 지켰지만 아이는 낳지 못했다. 1929년 주가 대폭락 이후 두 사람은 딸 마거리, 아들 클리프와 더욱 소원해졌다. 캘리포니아에서 카레이서 겸 유명한 플레이보이로 이름을 날린 클리프는 마땅한 직업도 없이 몸집만 비대했는데, 아버지보다 10년 앞서 1937년 심장마비로 세상을 떠났다.

마거리는 세 차례나 이혼하며 화려했던 젊은 시절을 잊지 못했다. 결국 자신의 책을 출간하고 아버지가 월스트리트에서 파산한 뒤 마약에 빠져들었다. 빌리가 세상을 뜬 지 6개월 만인 1947년 9월 마거리는 불법 마약 거래 혐의로 체포됐다.

빌리는 1942년 심장발작을 일으키기 전 마지막 모험사업으로 플린트에 볼링장과 함께 미국 최초의 드라이브인 햄버거 레스토랑을 열었다. 꿈을 좇는 몽상가답게 그에게는 새로운 비전이 있었다. 볼링이 전국적인 가족 오락놀이가 될 것이며, 볼링을 하는 가족들은 격식을 차린 고급 음식점에서 시간을 허비하지 않을 것이라는 생각이었다. 1940년에 문을 연 노스 플린트 레크리에이션 센터는 18개 레인을 갖추고 있었다. 그는 미국 전역에 이런 레크리에이션 센터를 50개 지을 계획이었다.

볼링과 패스트푸드는 인기를 끌며 수익성 있는 상품이 됐다. 그러나 빌리는 그것으로 돈을 벌 팔자는 아니었다. 나이 여든이 넘은 1942년 심장발작을 처음 일으킨 뒤 뉴욕으로 돌아가 그레이머시 파크 아파트에 칩거했는데, 그곳에서 그의 언어 및 신체 능력은 계속 저하됐다.

빌리의 딱한 처지와 의료비 사정을 알게 된 슬로안이 다시 끼어들었다. 1944년 슬로안은 제너럴 모터스 이사회의 임원 3명에게 빌리와 캐서린을 경제적으로 돕자고 이야기했다. 세 명의 임원은 1907년 빌리의 제안으로 차축 사업장을 플린트로 옮긴 C.S. 모트, 뷰익 공장을 캐나다에 세우고 GM 캐나다 법인을 주도한 샘 맥로린, 빌리의 자문역으로 일했고 제너럴 모터스의 고문을 맡고 있던 존 스미스 등이었다. 슬로안을 포함한 이들 네 명은 3개월마다 돌아가면서 캐서린에게 2500달러를 보내주었다. 듀란트는 1947년 3월 18일 아침 평온하게 숨을 거두었고, 그때까지 이 수표는 계속 전해졌다.

제너럴 모터스가 창업 50주년을 맞은 1958년 8월이 돼서야 빌리 듀란트는 그간의 업적과 모험에 대해 공식적인 인정을 받았다: 세계 최대의 기업 제국을 설립한 인물로서 말이다. 빌리의 기념상은 동상이나 액자가 아니라 눈에 잘 띄지 않는 가로세로 1미터 정도의 화강암 석판이다. 60센티미터 높이에 무대로 사용해도 될 만큼 널찍한 이 석판은 플린트의 한 공원에 설치돼 있다. 이 무렵까지도 슬로안은 생존해 있었고, 은퇴한 상태였지만 제너럴 모터스 이사회에는 계속 참석했다. 슬로안은 그러나 듀란트의 석판 제막 행사에는 참석하지 않았다. 이 조각 작품은 제너럴 모터스가 아니라 플린트 시에서 세운 것이었다.

듀란트의 이 기념비는 알프레드 P. 슬로안 미술관 맞은편에 있는 플린트 문화센터 한가운데 자리잡고 있다. 이것 역시 제너럴 모터스가 아니라 시에서 지은 것이다. 요즘 플린트 문화센터는 주차장마저 텅 빈 채 잡초만 우거져 있다. 듀란트 기념비 위에는 깃대가 두 개 있지만 깃발이 펄럭이는 날은 거의 없다. 알루미늄으로 만든 깃대는 낙서로 지저분하다. 빌리를 추억하는 마지막 비명(碑銘)은 미술관을 바라보는 쪽 화강암에 새겨져 있다:

> 윌리엄 크레이포 듀란트, 1861~1947, 제너럴 모터스를 1908년에 창업하다: 자랑스러운 기업의 탄생 50주년을 맞아 그의 고향 도시와 미국 경제의 성가를 높여준 그의 비전과 용기, 천재성을 영원히 기리며 이 광장에 기념비를 세운다.

지나가는 사람들은 대부분 무슨 내용인지 읽지도 않고 기념비가 있는 지조차 모르는 것 같다. 대개는 어린 학생이거나 버스 여행객들이고, 플린트의 문화를 탐색하러 나선 호기심 많은 순례자는 거의 없다.

결국 빌리 듀란트의 삶은 요즘 대중매체의 한 문화로 자리잡은 아메리칸 드림 그 자체로 끝나버렸다: 15분간의 명성을 위해 3막의 인생을 사는 것이다. 이와는 대조적으로 알프레드 슬로안의 삶은 두 사람이 열정을 바친 제너럴 모터스의 성공 뒤에 신비한 모습으로 감춰져 있다. 듀란트의 이름은 기업의 세계에서 잊혀졌지만, 슬로안의 제너럴 모터스는 그가 세상을 떠난 1966년까지 자동차 산업의 기준이자 벤치마크 대상이었다.

1952년 드와이트 아이젠하워가 대통령에 당선된 뒤 당시 제너럴 모터스 사장이던 찰스 "엔진 찰리" 윌슨이 국방부 장관으로 지명됐다. 슬로 안도 이번에는 윌슨이 회사를 떠나는 데 반대하지 않았다. 윌슨이 노동 조합에 유화적인 태도를 취해왔던 게 마음에 들지 않던 차였다. 윌슨은 상원 청문회에서 유명한 말을 남겼다: "우리나라를 위해 유익한 것은 제너럴 모터스에도 유익합니다. 그 역도 마찬가지입니다." 언론에서는 즉시 이 말을 잘못 인용해 "제너럴 모터스에 유익한 것은 미국에도 유익하다"고 보도했다. 이 말은 곧 1950년대 미국 기업의 막강한 영향력과 오만함을 대중들에게 각인시키는 표현이 돼버렸다.

이후 제너럴 모터스와 미국 자동차 산업을 다룬 책과 기사는 헤아릴 수 없이 쏟아져 나왔다. 창업 100주년을 맞은 제너럴 모터스에서는 빌리와 알프레드의 증손자 뻘 되는 젊은 경영진이 앞서 선배들도 직면했던 똑같은 난제들과 싸우고 있다. 이들은 불확실한 시장 환경 아래서 수많은 기본 전제들이 무너져 내리는 것을 목격하고 있다. 기술이 변하고 있고, 소비자 수요와 원가 압력, 경쟁 관계도 다 바뀌고 있기 때문이다.

변화의 과정을 똑똑히 지켜본 알프레드 슬로안의 눈은 과연 미래를 내다보는 안목이 있었다:

> 어떤 기업도 변화를 멈출 수 없다. 좋든 나쁘든 변화는 올 것이다. 조직이 그냥 자동적으로 굴러가야 한다고 생각하면 착각이다. 어떤 조직도 의사결정을 내리지 못한다. 조직이 할 일은 확고한 기준에 따라 의사 결정의 틀을 제공하고, 그런 틀 안에서 의사결정이 순조롭게 이루어지도록 하는 것이다.……경영진의 역할은 어떤 공식을 제공하는 것이 아니라 중요한 이슈를 케이스-바이-케이스로 결정해나가는 것이다. 의사결정 과

정에서 훌륭한 사업적 판단을 내리기 위해서는 결코 고정불변의 유연하지 못한 원칙을 적용해서는 안 된다.

전 세계적인 경쟁이 치열하게 벌어지고 있는 상황에서 제너럴 모터스를 포함한 다수의 대기업들이 과연 슬로안의 이런 조직 및 경영 패러다임을 고집해야 하는가에 관한 논쟁이 이어지고 있다.

급변하는 환경에 맞춰 제너럴 모터스를 바꿔놓은 슬로안의 가르침에 세대가 다른 경영진들도 주의를 기울여야 하는가?

슬로안이 이루어낸 획기적인 턴어라운드와 오랜 세월에 걸친 꾸준한 성장은 다른 대기업들에게도 가능한 일인가?

기술의 발달에 따라 제조 기술 및 운송은 더욱 단순해지고 세계화도 가속화하고 있는 상황에서 이제 대규모 공장과 독립적인 딜러 체제는 끝나가는 것 아닌가?

서로 다른 지역에서 모듈을 조립해 최종 조립장 역할을 하는 소매 판매점으로 직접 운반한다면 자동차 자체가 근본적으로 완전히 다른 방식으로 생산되고 판매되지 않겠는가?

포드 모터나 제너럴 모터스, 심지어 도요타 같은 전통적인 제조업체들은 디자인이나 마케팅, 금융처럼 규모는 작으면서도 수익성은 높은 분야로 가야 하지 않을까?

이런 질문들에 대한 답은 변화와 대응의 속도가 가속화할수록 점점 더 희미해질 것이다. 하지만 빌리 듀란트와 알프레드 슬로안이 남긴 유산과 가르침은 이 문제를 풀어나갈 미래의 주인공들에게 더욱 더 의미 있게 다가갈 것이다.

■ 주요 연표

1861년	12월 8일 매사추세츠 주 보스턴에서 빌리 듀란트 출생.
1863년	7월 30일 미시간 주 디어본에서 헨리 포드 출생.
1870년	1월 15일 델라웨어 주 브랜디와인에서 피에르 S. 듀폰 출생.
1875년	5월 23일 코네티컷 주 뉴헤이븐에서 알프레드 P. 슬로안 주니어 출생.
1886년	빌리 듀란트가 은행에서 대출받은 2000달러로 플린트 로드 카트 컴퍼니 설립.
1899년	랜섬 E. 올즈가 미국에서는 처음으로 자동차만 생산하는 공장을 디트로이트에 건립.
1901년	미국 최초의 대량 생산 자동차 "커브드 대쉬" 올즈모빌 출시.
1902년	헨리 M. 릴랜드가 디트로이트에서 캐딜락 오토모빌 컴퍼니(1904년에 캐딜락 모터 카 컴퍼니로 변경) 설립.
1903년	데이비드 던바 뷰익이 뷰익 모터 컴퍼니를 설립. 헨리 포드가 포드 모터 컴퍼니를 설립.
1904년	빌리 듀란트가 뷰익 모터 컴퍼니를 인수.
1908년	제너럴 모터스 설립. 포드 모터에서 모델 T 출시.
1910년	은행 채권단에서 제너럴 모터스의 경영권 인수하고, 빌리 듀란트는 사실상 GM에서 축출됨.
1911년	찰스 케터링의 전기식 자동 점화장치를 장착한 캐딜락 승용차 출시. 빌리 듀란드기 쉐보레 모터 컴퍼니를 설립.
1914년	포드 모터가 디트로이트의 하이랜드 파크 공장에서 일관 작업 라인 가동에 들어가고 하루 5달러의 최저 임금제를 시행.
1915년	11월 16일 피에르 듀폰이 제너럴 모터스 이사회 의장으로 선출됨. 빌리 듀란트가 제너럴 모터스 경영권을 되찾기 위해 쉐보레 주식과 교환해주는 방식으로 GM 보통주 매수에 착수.
1916년	빌리 듀란트가 유나이티드 모터스 코퍼레이션을 설립. 곧이어 쉐보레가 GM 발행주식의 54.5%를 확보했다고 공식 발표. 빌리 듀란트가 찰스 W. 내쉬를 물러나게 하고 GM 사장 자리에 오름.
1917년	듀폰 회사에서 제너럴 모터스에 투자하기 시작해 GM이 발행한 보통주 25%를 매수함.

1919년	제너럴 모터스가 판매하는 승용차와 트럭의 할부금융을 제공해줄 제너럴 모터스 억셉턴스 코퍼레이션(GMAC) 설립.
	디트로이트에 제너럴 모터스 빌딩 건축 착수.
	빌리 듀란트가 보유하고 있던 프리지데어 코퍼레이션 발생 주식 전부를 GM에서 인수.
1920년	빌리 듀란트가 제너럴 모터스 사장직에서 사임하고, 이사회 의장인 피에르 듀폰이 사장까지 겸직함.
1921년	기존의 수랭식 엔진을 대체할 케터링의 "공랭식" 엔진 상업화 프로젝트가 피에르 듀폰의 전폭적인 지원 아래 진행됨.
1923년	공랭식 엔진 개발 작업 중단.
	알프레드 슬로안이 제너럴 모터스 사장으로 선출됨.
	GM이 덴마크 코펜하겐에 첫 유럽 공장을 건립.
1924년	알프레드 슬로안이 "모든 소득계층, 어떤 구매 목적에도 적합한 차"라는 제품 전략을 공식화함.
1927년	프로 디자이너가 설계한 최초의 대량 생산 승용차인 캐딜락 라살이 출시됨.
	쉐보레가 포드를 제치고 미국 자동차 시장 판매 1위 자리에 오름.
1929년	GM이 독일 최대의 자동차 제조업체 아담 오펠을 인수.
1934년	GM이 최초의 디젤 기관차를 출시.
1936년	빌리 듀란트가 개인 파산을 신청.
	GM 플린트 공장 근로자들의 연좌 농성 및 파업 사태 발생.
1937년	2월 11일 GM 회사 측에서 전미 자동차 노조(UAW)를 인정함으로써 연좌 농성 및 파업 사태 해결.
1940년	1월 1일 GM의 자동차 생산 2500만 대 돌파. 알프레드 슬로안이 이를 축하하는 자리에 빌리 듀란트를 초청.
1942년	GM 모든 공장 시설을 연합국의 전시 물자 생산으로 전환함.
1947년	3월 18일 뉴욕에서 빌리 듀란트 타계.
1954년	11월 23일 GM의 미국 내 자동차 생산 5000만 대 돌파.
1956년	4월 2일 알프레드 슬로안 GM 이사회 의장직에서 퇴임.
1962년	3월 14일 GM의 미국 내 자동차 생산 7500만 대 돌파.
	GM 주주 100만 명 돌파.
1963년	알프레드 슬로안의 자서전 《제너럴 모터스와 함께한 세월》 출간과 동시에 베스트셀러에 오름.
1966년	2월 17일 뉴욕에서 알프레드 슬로안 타계.

비전, 열정, 창의
GM을 만든 기업가 정신

1판1쇄 펴낸날 2011년 5월 10일

지은이 윌리엄 펠프레이
옮긴이 박정태
펴낸이 서정예
표지디자인 디자인 S&P
펴낸곳 굿모닝북스

등록 제2002-27호
주소 (410-837) 경기도 고양시 일산동구 장항동 750-1 804호
전화 031-819-2569
FAX 031-819-2568
e-mail image84@dreamwiz.com

가격 14,800원
ISBN 978-89-91378-25-4 03320

*잘못된 책은 구입하신 서점에서 바꿔드립니다.